大众化学化工史

大众科学技术史丛书
Popular History of Science & Technology Series

◎ 周嘉华　李华隆　著

“十二五”国家重点图书出版规划项目
中国科学院自然科学史研究所　策划
丛书主编　郭书春

山东科学技术出版社
·济南·

图书在版编目（CIP）数据

大众化学化工史 / 周嘉华等著 .-- 济南：山东科学技术出版社，2015.8（2024.1 重印）
（大众科学技术史丛书）
ISBN 978-7-5331-7657-0

Ⅰ.①大… Ⅱ.①周… Ⅲ.①化学工业—工业史—世界—普及读物 Ⅳ.① F416.7-49

中国版本图书馆 CIP 数据核字（2014）第 292319 号

大众化学化工史
DAZHONG HUAXUE HUAGONG SHI

责任编辑：胡 明
装帧设计：魏 然

主管单位：山东出版传媒股份有限公司
出 版 者：山东科学技术出版社
地址：济南市市中区舜耕路 517 号
邮编：250003 电话：（0531）82098088
网址：www.lkj.com.cn
电子邮件：sdkj@sdcbcm.com
发 行 者：山东科学技术出版社
地址：济南市市中区舜耕路 517 号
邮编：250003 电话：（0531）82098067
印 刷 者：山东新华印务有限公司
地址：济南市高新区世纪大道 2366 号
邮编：250104 电话：（0534）2671218

规格： 16 开（170 mm × 230 mm）
印张： 15 **字数：** 260 千 **印数：** 3001 ~ 4000
版次： 2015 年 8 月第 1 版 **印次：** 2024 年 1 月第 2 次印刷
定价： 27.00 元

《大众科学技术史丛书》编委会

Foreword 序

英国哲学家培根说，读史使人明智，科学使人深刻。科学技术史图书可以给读者提供一举数得的精神食粮，而科学技术史的普及读物对社会的影响常常比专著还要大。了解科学技术进步的历史不仅有利于掌握知识，更有利于认识科技发展的规律，学会科学发现和技术发明的方法，提高国民特别是青少年学生的素质。因此，向读者提供高质量的科学技术史普及读物，是科学技术史学者和出版机构责无旁贷的使命。

为了充分利用科学技术史传播科学知识，弘扬科学精神，培养青少年学科学、爱科学的良好素质，学术界有必要撰写系统阐述科学技术不同学科发展历史的普及读物。为此，中国科学院自然科学史研究所与山东科学技术出版社商定合作撰写、出版一套《大众科学技术史丛书》。该课题得到有关部门的大力支持，并列入《"十二五"国家重点图书、音像、电子出版物出版规划》增补项目。

本丛书展现历史上的科学技术知识以及科学技术专家的生平、科学活动和科学思想，兼具科学性和人文性，反映科学技术发展与人文思想演进的关系。本丛书力求具有科学性、系统性和通俗可读性。

所谓科学性就是科学准确地表述各学科史的内容，并尽可能汲取最新的研究成果。各册所述内容必须是学术界公认的，经得起时间考验的。对学术界尚有争论的内容，或者以一家为主，兼及别家，或者并列诸家之说。主要学术观点力求有原始文献或转引自权威著作的文献作依据，避免粗制滥造、以讹传讹。

所谓系统性一方面指在书目设置上既有基础学科，又有应用学科，覆盖数学、物理学、化学化工、天文学、地学、生物学、医学、农学、建筑、机械技术、纺织技术、军事技术等科学技术史的各个主要分支学科；另一方面指每一学科的篇章设置能够涵盖该学科的重要成就、著作和科学家、重大事件和科学技术机构等，要使读者能够比较完整地了解该学科由低到高的不同发展阶段及其在不同文化传统中的特点。

所谓通俗可读性就是既要使用规范的汉语语言和标准汉字，又要做到通俗易懂，雅俗共赏，老少咸宜。在确保科学性的同时，要尽量采用便于大众理解的表述方式，并对历史上出现的、今天已经不再使用的重要术语用现代术语加以解释。

我们希望，广大读者特别是青少年学生通过本丛书既可以领略科学技术的严谨，又能理解它们对经济和社会发展的巨大作用，受到科学精神的熏陶，激发对科学技术的兴趣，树立钻研科学技术的志向。

本丛书各分册的作者都是科学技术史学科有较深造诣的专家，有的是学科的领军人物，有的是成绩突出的中青年骨干。当然，任何工作都是阶段性的，每位学者的知识都有局限性，即使是术有专攻的专家也不例外，因此本丛书也可能有明显的疏漏和错误之处，恳请读者们不吝赐教，以便再版时修正。

中国科学院自然科学史研究所所长、研究员

张柏春

前言

Preface

中国著名的化学教育家、北京大学化学教授傅鹰（1902—1979）有一段名言："一种科学的历史，是那门科学最宝贵的一部分。科学只能给我们知识，而历史却能给我们智慧。"在他的教材中，把化学史揉进化学知识中，因而他的化学课内容丰富，评古论今，讲解生动，深受学生欢迎。凡是听过他的课的学生，都终身难忘，赞不绝口。其实这是提高课堂教学质量的一种方法。科学的历史较之科学的公理、公式，没那么抽象，而较直观形象，能激发学生的学习兴趣，培养学生的综合素质。因此，学点科学史在科学教育中是非常必要的。

科学技术的知识体系是自然界物质运动变化的规律在人的头脑中的主观反映，人类作为认识主体对自然界的变化规律的描述经历了从近似、粗放到精确、细致的漫长过程。化学化工知识体系的建立和发展正是沿着这一轨迹向前的。人类正是借助于科学技术才具有了适应自然、改造自然的能力，在与自然的协调中创造了"人化了的自然"，并与自然和谐相处。

生命是物质运动的最高形式。从自然界物质运动的基本形式来看，生命运动中包括物理运动和化学运动，它们之间是相互联系和统一的。由于它们各自具有特殊的本质，才形成了物理学、化学和生物学三个不同的研究领域。在18世纪上半叶前，这三个学科在方法、语言乃至科学思想上基本上是不相通的。直到19世纪中叶以后，特别是20世纪初，物理学、化学、生物学之间的相互渗透才日益明显，彼此之间在概念、理论、方法及实验手段上相互借鉴、相互渗透，形成了诸如物理化学、化学物理、生物物理、生物化学、分子生物学等众多的交叉学科和边缘学科，把彼此的研究引向深入和精细。具体到化学来说，在近代，化学曾被定义为分子的科学，而分子在20世纪有了新的内涵：分子包括分子本身以及分子间的各种形式的聚集体。20世纪下半叶，化学家研究分子间的问题越来越多：从晶体到LB膜，到分子聚集态，到分子工程，直至多种多样的材料和生命现象，无不涉及"分子间"的问题。这也就是化学研究的对象从相对简单的体系到相对复杂的体系的进化。人类所面临的能源、环境、健康等重大问题也许要从这种进化中去寻找解答。

从历史角度来看，化学是诸多科学门类中与人类生活、生产活动关系最密切的学科。从陶瓷、玻璃为代表的无机非金属材料和各种金属材料到纸张、火药，再到20世纪大量生产的塑料、合成纤维以及半导体、超导材料等新型材料，要么直接来源于化工生产，要么与化学研究有关。化学研究的重要作用及其辉煌成就是有目共睹的。在构建化学化工的知识体系的过程中，化学家的工作功在千秋，值得后人永远尊崇。他们的敬业精神、创新魄力、顽强意志都给后人留下了深刻的印象，成为后人学习的楷模；此外，还可以从这些前辈那里学到探索的经验和技巧，这些都是无价的宝藏，本书力图成为读者发现这一宝藏的向导。

著　者

目录

Contents

上篇　古代化学知识的沉积

中篇　近代化学体系的构建

下篇　20世纪化学的新貌

上　篇

古代化学知识的沉积

一、由火引发的早期化工实践

可怕而又神奇的火

在远古时期，雷电或自燃山火引发的森林大火，顷刻间吞没了一切，树木草场被烧焦，来不及逃脱的动物被烧死。目睹这一凄惨景象的原始人也像其他动物一样感受到了火的可怕，他们猜测这准是天神地魔在作祟。但他们又发现，火是可以利用的，它可用来防御伤人的猛兽，还可以照明取暖、烧烤食物，而且烧烤后的兽肉或植物根茎更可口（图 1-1）。此后，人们主动地把火种引进山洞，并设专人来维持火种的延续，火逐渐成为人们生活中离不开的伙伴。火不仅为生活带来了便利，而且让熟食逐渐取代了茹毛饮血的饮食方式。熟食利于消化和营养的吸收，增强了体质，减少了疾病发生，对于人类自身的进化产生了深远的影响。

图 1-1　原始人用火的场景

考古发现，中国古元谋人在距今约 170 万年前，古蓝田人在 80 万—100 万年前，都利用过火。距今 40 万—50 万年前的北京人已有较多的用火经验，在房山周口店他们居住过的山洞里不仅发现了厚达 2 米的火烬层，还有被熏黑烧裂的石头和动物骨头。世界其他民族的祖先大多都经历了这段利用火的岁月。学会利用火这种自然力是人类智慧的一个重要表现。

人类最早利用的都是自然界的野火，从野火中取得火种。但引进火种要受自然环境的制约，火种难免会遇到难以抗拒的因素而熄灭，因此人们必须找到较易取得火种的方法。在制作石器工具时，人们发现某些石块相击能产生火花，但是产生的火星一闪即灭，难以引燃起火。倒是在加工木制工具时，发现枯木间猛力相摩擦不仅会发热，而且摩擦出来的木屑热到一定程度也会自燃，假若预先准备好干草之类的易燃物，就可以借此取得火种。原始人就是这样发明了钻木取火，循此道理还发明了锯法取火、弓钻取火、犁法取火等方法(图 1-2)。进入青铜时代后,人们曾利用青铜铸的凹镜,聚日光而生火,这铜镜被称作“阳燧”。后来当人们炼得钢铁后,又发明了用高碳钢制成的火镰击石生火的方法。这一方法在中国直到宋元时期才被推广采用,取代流传甚久的锯法取火。

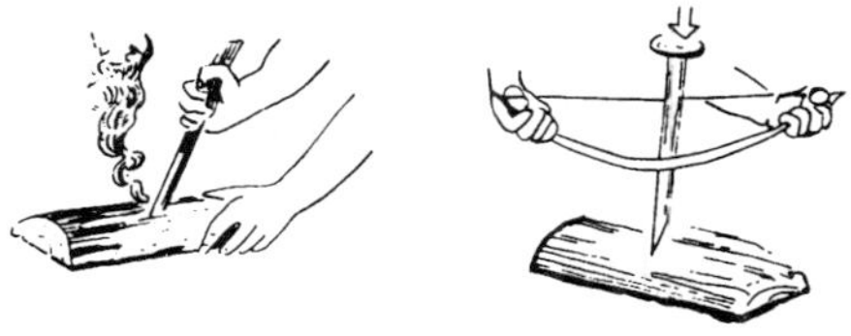
图 1-2　取火示意图

大约在公元前 2 世纪,汉代淮南王招养的方士发明了“法烛”(后世称“发烛”),它是在一根松木条上涂上硫黄,实际上是用于快速引火,现在人们把它看作原始的“火柴”。大约到了 18 世纪,人们利用易燃的白磷制得了真正的火柴,但由于白磷有剧毒,生产的风险太大,难以推广。直到 19 世纪,化学家才用红磷取代白磷生产出相对安全的火柴,火柴逐渐成为火种之源。当今使用燃气的电子打火机又淘汰了火柴,取得火种成为轻而易举之事。

有意识地控制火、利用火是人类支配自然力的伟大开端。人们用火将泥土烧成陶器,由矿石冶炼出金属,用火所产生的高温实现了众多物质的化学改造,这就引伸出了原始的化工生产。许多物质的燃烧都会释放出热和光,热和光给人视觉的直接印象即是火。燃烧是自然界常见的一种化学现象,其实质是某些物质的氧化还原反应。因此用火的过程,即实践高温下物质变化的过程,就是化学知识积累的过程。

泥沙烧出了陶瓷、玻璃

人们天天与地球表面的岩石、泥土打交道,因此岩石、泥沙成为人们最早考察和利用的物质之一。除去采用合适的岩石作工具之外,人们还发现许多柔软可塑的泥土经高温烧烤后会变得坚硬。根据对这一现象的试验,人们终于学会了制陶。美国社会学家摩尔根(L. H. Morgan,1818—1881)在 19 世纪考察美洲的制陶术后,在其著写的《古代社会》中写道:“在没有陶器以前,人们烹煮食物的方法很笨拙,其方法是:把食物放在涂着黏土的筐子里,或放在铺着兽皮的土坑里,然后再用投入烧热的石头,把食物弄熟。”在该书的注释中,他还指出:“戈盖于 17 世纪最先提醒大家注意陶器发明的过程。他(指戈盖)说:‘人们先将黏土涂在这样一些容易着火的容器之上以免被烧毁,以至后来他们发现单用黏土本身即可达到这种目的。于是世界上便出现了制陶术了。’”戈盖的说法是可信的,但是制陶术的发明绝不会只有这一种途径。

人类掌握了制陶术,标志着蒙昧时代的结束和野蛮时代的开始。生活对存储器、饮食器、烹饪器的需求，使能满足这一系列需求的陶器大受欢迎。制陶的原料丰富，取之方便，制作简单，因而制陶业获得了较快发展。考古资料表明，世界各个文明发源地大致都在新石器时代，距今约一万年前出现了陶器。陶器的品种和生产工艺的发展几乎都经历了相同的历程。陶制的生活用具和工具的使用对于原始人从以采集渔猎为主的游牧生活向以种植业和畜牧业为主的定居生活过渡有很重要的推动作用，陶器逐渐成为人们日常生活不可缺少的用具。

制陶术主要包括三个环节，一是陶土的选择和加工，二是成型工艺，三是烧成技术。尽管制陶所需的黏土大多是就地取材，但并不是所有的黏土都适宜制陶。实践使人们认识到，最好是选择那些杂质少、黏性大的易熔黏土为原料，因为这种黏土经加工后的泥料具备相当的可塑性和凝胶性。所谓的可塑性是指在外力作用下可发生显著形变而不断裂的性质；所谓的凝胶性是指在外力作用下或干燥过程中，坯体不易开裂的性质。泥条的这两种性质都取决于黏土中氧化铝和氧化硅的某些盐类胶体及铁、镁、钠、钾等氧化物所生成的电解质盐类间的合理配比，即与黏土的化学组成和化学结构有关。具体的加工方法就是对陶土进行淘洗和陈放。淘洗能去除杂质和粗大的沙砾，陈放则能使黏土中一些固态成分吸水后变成饱含结晶水的凝胶体。成型工艺主要是物理过程，可以充分展示陶工的构思和手艺。高温烧成则是实现化学变化的关键过程。通过高温的化学反应，黏土中由岩石风化而来的云母、石英、长石等会发生失去结晶水、晶型转变、固相反应及共熔玻璃相产生等化学变化。这不仅改变了黏土的形态，也改变了它的化学内涵。陶器是人类获得的第一种人工材料，制陶可以认为是一项最早的化工生产活动。通过 1978 年对云南西双版纳地区留存的传统制陶工艺的调查，我们知道，在原始社会烧陶技术大约经历了从平地堆烧到一次性薄壳封烧、竖穴窑、横穴窑的演进。从无窑到有窑烧陶，使陶器的烧成温度由 700～900 ℃提高到 950～1 100 ℃。在当时，高温技术是实现物质化学转化的主要手段，高温技术的进步意味着人们利用自然力水平的提高。

世界各文明古国制陶工艺和陶器品种的发展大致走过了相似的道路。最早的陶器大多是以红褐色为主，间杂灰黑、黄等颜色的粗陶，烧成温度不高，质地疏松，吸水率高。随着制陶技术的进步，继而烧出了较细的红陶。在采用陶轮制坯和陶窑烧成，特别是学会了陶窑内烧成气氛的调节后，人们能分别烧出红陶、灰陶、黑陶，并能采用不同原料烧出白陶、黄红陶。陶轮可以看作机械的雏形，陶轮的使用为精美陶器的造型带来了方便。追求美的本性促使人们对精美陶器的表面进行装饰和彩绘，由此产生了彩陶。如图 1-3、图 1-4、图 1-5、图 1-6 所示。在装饰加工陶器表面的过程中，人们又发明了釉。釉的使用不仅提高了陶器的使用功能，釉陶也更美丽了。

古埃及人早在公元前5000年前就已开始制造陶器，有红陶、灰陶，还有采用石墨擦磨表面而成的黑陶。而其最有特色的陶器是在黏土中掺入大量赤铁矿粉而烧成的彩陶，不仅呈瑰丽的红色，而且质地相当坚硬。在埃及底比斯（古代名城）的一座古墓中，曾出土了一幅公元前1900年的壁画，清楚地描绘了当时使用陶轮制陶的情景（图1-7）。印度、波斯和希腊在新石器时代也有了制陶工艺。无论从品种还是从工艺的演进来看，中国制陶工艺发展的过程都较完整，可以作为这时段世界制陶术发展的典范。

图1-3　裴李岗文化的泥质红陶

图1-4　河姆渡文化的黑陶

图1-5　早期的红陶、灰陶、黑陶、白陶

图1-6　仰韶文化的彩陶

图1-7　古埃及人的制陶工艺

在制陶工艺的发展中，中国先民发明了瓷器。瓷器的英文称谓为“china”，中国的英文称谓即来源于瓷器，世界都承认瓷器是中国人发明的。瓷器不同于陶器，一是质地不同；二是瓷器烧成温度更高，一般在1 200℃左右；三是表面敷釉，吸水率在3%以下，击之发出清脆的金石声。这三个技术要素是相互关联的，缺一不可。中国先民掌握制瓷是长期实践摸索的结果。

早在中原龙山文化后期，江南和东南沿海一些地区，就出现了一种采用当地某种黏土烧制出的质地较硬的灰陶，由于其表面都饰以印纹，故习惯称其为印纹硬陶。这种硬陶所采用的黏土在化学成分上接近于瓷土，其含有较多的酸性氧化物（Al_2O_3、SiO_2）和较少的碱性氧化物（CaO、MgO、K_2O、Na_2O），这一多一少促使烧成温度提高了不少，基本上达到或超过了1 100℃。当人们用草木灰或白石灰来装饰硬陶的表面时，就会在烧成过程中产生一层石灰釉，这种硬陶就变成了原始瓷器。在商代的一些制陶遗址中，印纹硬陶和原始瓷器同窑出土，足以说明它们之间的传承关系（图1-8）。为什么这类“青釉器”要冠上“原始瓷器”的称谓？这是因为经过对大量“青釉器”的科学检测，证明它们更接近于瓷器的标准，而不是陶，只是它们使用的瓷土原料较粗放，施釉技术和烧成条件也较原始，处处可见其继承制陶工艺的痕迹，离近代瓷器的标准尚有距离，故称其为“原始瓷器”更为合适。

图1-8　商代的印纹硬陶（左）和原始瓷器（右）

原始瓷器的生产技术从商代到秦汉，经过一千多年的曲折发展，直到东汉才烧出符合近代瓷器标准的成熟青瓷，完成了由原始瓷器向成熟瓷器的过渡。瓷器由于其胎质坚硬，釉面光滑，便于洗涤，经久耐用，而深受人们的喜爱。随着生产的发展，工艺的成熟，成本的下降，瓷质的餐具、酒具、容器及灯具很快进入了千家万户，并部分替代了木器、漆器、竹器，展示出瓷器发展的光辉前景。到了魏晋南北朝时期，越窑青瓷最为闻名，它胎质细腻坚硬，釉层纯净均匀，大多呈青色，其使用功能和艺术观赏价值都明显高于一般陶器。早期的瓷器之所以呈青色，是因为瓷土特别是配釉的瓷土中含有一定量的氧化铁，青色即是氧化铁还原呈色的结果。在北方某些瓷区，由于瓷土中氧化铁含量较低，故釉色偏白，从而生产出白瓷。当瓷工们逐渐认识和掌握了氧化铁的呈色作用和克服这一呈色干扰的方法后，就烧出了白度越来越高的白瓷。如图1-9、图1-10所示。与此同时，瓷工们还用增加胎釉中氧化铁含量的方法烧出了黑釉瓷。烧制青瓷、白瓷、黑瓷的关键是原料的选取和加工，当然烧成温度和气氛也会影响成品的呈色。精细白瓷的发展则为后来彩瓷的涌现提供了基础。

到了宋代，瓷业一派繁荣，各地瓷器争奇斗艳，各有特色，形成众多窑系，产出了一系列诸如定窑的牙白瓷、磁州窑的铁锈彩绘瓷、禹窑的钧瓷、龙泉窑的梅子青瓷、景德镇窑的青白瓷、耀州窑的刻花青瓷及北宋官窑——汝窑的青瓷、南宋官窑的"紫口铁足"青瓷等具有较高艺术价值的产品，如图 1-11、图 1-12、图 1-13 所示。精品迭出的宋代瓷业标志着制瓷技术发展到了一个新水平。制瓷原料更加讲究而促成了瓷质的提高，釉料的配制和运用有了丰富的经验，为后来的彩瓷发展作了铺垫，也就是说对制瓷的化学机制有了更多的切身感受。同时对窑炉和烧成技术进一步改进，使之对高温中完成化学变化的掌控有了很大提高，这就反映了化工技巧的进步。从元代开始，具有各地特殊技艺的瓷工云集江西景德镇，使景德镇的瓷业进入一个"工匠来八方，器成天下走"的繁荣时期，景德镇先后创制了釉下彩青花瓷器(图 1-14)、斗彩瓷器、釉上五彩瓷器、珐琅彩瓷器、粉彩瓷器及多种多样的高低温色釉瓷器，代表着当时中国制瓷工艺的最高水平。景德镇生产的瓷器不仅要满足国内市场的需求，而且还肩负炼制宫廷用瓷和礼品用瓷的重任，成为名副其实的"瓷都"。宋代的各种色瓷或白瓷，人们主要是调控胎釉中的氧化铁、氧化铜等的含量及其呈色反应；到了明清时期，青花瓷是利用钴元素在白瓷表面可以绘画出蓝色图案的特点，五彩瓷(图 1-15)则使用了更多元素的氧化物为呈色剂。表 1-1 仅列出了当时部分的釉彩颜料，可见瓷工们已认识和使用了大量的以金属氧化物为呈色剂的无机颜料。

图 1-9　唐代邢窑白瓷碗

图 1-10　五代吴越的秘色瓷

图 1-11　宋代龙泉窑粉青瓷瓶

图 1-12　宋代景德镇窑青白瓷壶碗

图 1-13　南宋官窑瓷洗

图 1-14　元代青花瓷瓶

图 1-15　明代万历年间五彩瓷盒

表 1-1　中国古代彩瓷的色釉化学分析

名　称		主要着色元素	主要熔剂	乳浊剂
清康熙五彩	蓝彩	Co	Pb	—
	黑彩	Fe,Co,Mn,Cu	Pb	—
清康熙青花五彩	黄彩	Fe	Pb	—
	蓝彩	Co	Pb	—
	绿彩	Cu	Pb	—
	矾红彩	Fe	Pb	—
清康熙珐琅彩	黄彩	Sb	Pb,B	—
	蓝彩	Co	Pb,B	As
	绿彩	Cu,Sb	Pb,B	—
	紫彩	Co,Fe,Mn,Au	Pb,B	As
	胭脂红	Au	Pb,B	As
	粉红	Au	Pb,B	As
	白彩	—	Pb,B	As
	黑线条	Fe,Co,Mn,Cu	Pb	—
清雍正粉彩	粉红	Au	Pb,K	As
	蓝彩	Co	Pb,K	As
	青绿彩	Cu,Sb	Pb,K	As
	黄彩	Sb	Pb	—
	黄绿彩	Cu,Sb	Pb,K	As

玻璃和陶瓷一样都属于无机硅酸盐材料，但是它们看起来很不一样。埃及和两河流域都出土了古代玻璃制品(图 1-16)，从埃及发掘出的最古老的玻璃制品距今已有 5 400 年的历史。根据对公元前 1350 年古埃及玻璃器具的分析，其化学组成为 SiO_2：61.20%，Na_2O：17.63%，CaO：10.05%，MgO：6.14%，Al_2O_3：

3.20%，K_2O：1.38%，其他：0.40%。据此可以推测这些古代玻璃大概是采用埃及湖畔盛产的天然碱（Na_2CO_3）和尼罗河沿岸的石英砂熔炼而成的。当时的玻璃熔炼技术可能来自于烧陶的高温技术。再根据对当时一处玻璃制造作坊的遗迹研究，可以发现当时的埃及工匠不仅能把石英砂、孔雀石、石灰石一起熔炼制出深蓝色玻璃，还能利用软锰矿来除去低价铁离子所产生的浅绿色，而生产出无色玻璃。古埃及的玻璃炼制技术后来传到了古希腊（图 1-17）、古罗马和不列颠群岛。在公元前后，古罗马人最先掌握并发扬了吹制玻璃的技术（图 1-18）。

印度约在公元前 5 世纪有了玻璃制造业，可能是从罗马人那里学来的。中国的玻璃制造技术萌芽于西周。通过对西周至春秋时期出土的玻璃珠（图 1-19）、玻璃管等器物的分析，发现它们大多属于高二氧化硅含量且含有大量晶态石英的烧结黏合物，距玻璃尚有一定差距，可以称其为“原始玻璃”。战国至隋代出土的珠（图 1-20）、璧、耳珰、剑饰、杯碗等玻璃制品，大多属于铅钡玻璃系统（PbO-BaO-SiO_2），是这一时期逐渐发展起来的一个具有独特化学组成的玻璃系统。铅钡玻璃制品不仅出土数量多，分布地域广，而且一直沿用到近代，这是中国古玻璃的特色。铅钡玻璃的出现可能与生产铅釉有关。到了汉代，中国生产出钾基玻璃；直到唐代，由于中外文化交流，中国才出现与西方相仿的钙钠玻璃制品。中国的古玻璃由单一组成发展为多系统，除自身探索之外，还吸收了外来技术。

图 1-16　美索不达米亚玻璃瓶（公元前 1300 年）

图 1-17　古希腊玻璃碗（公元前 200 年）

图 1-18　古罗马早期玻璃器具（公元 1—4 世纪，吹制）

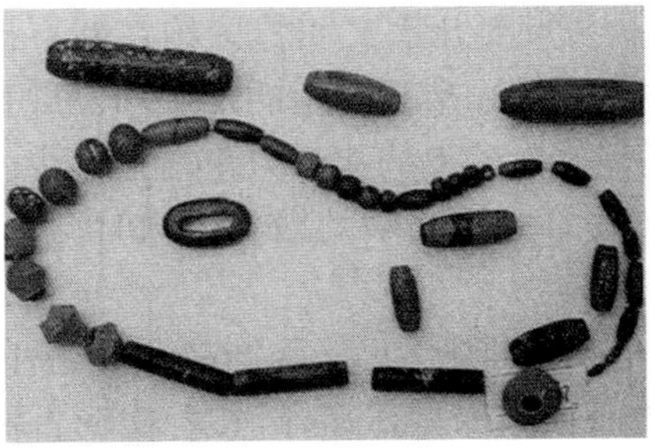

图 1-19　春秋时期玻璃珠（苏州出土）

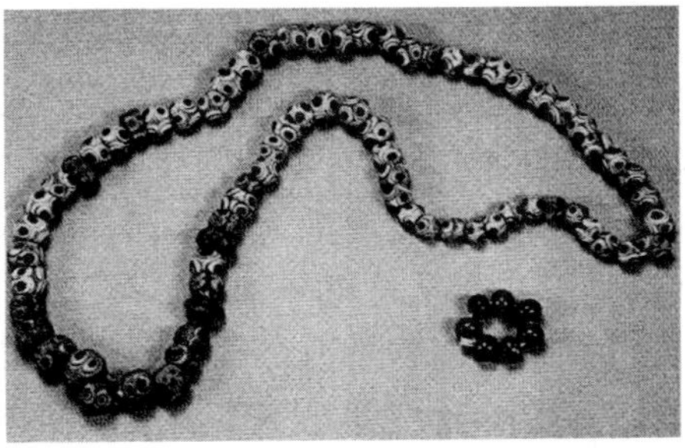

图 1-20　战国早期玻砂珠串（湖北随县曾侯乙墓出土）

中国古玻璃制品主要是装饰品，在精美瓷器的笼罩下，它没有得到充分的发展。在西方，玻璃制品大展鸿图，应用于日常生活的许多领域，特别在炼金术的发展中发挥了重要作用。玻璃由于其透明可视，在化学试验中其功用明显高于陶瓷。例如，中国炼丹家在陶制的鼎炉中进行试验时，只能获得最后的反应结果，看不到反应的过程；而在西方炼金术的试验中，对玻璃器具中的化学反应就可进行细致观察，获得的认识也就较为深刻全面(图 1-21、图 1-22)。近代化学的最初成果就是对各种气体成分的考察和认识，玻璃实验器具在这一方面曾帮了大忙，玻璃作为化学实验器具的主要材料就源于此。许多擅长化学实验的化学家都善于自己动手巧制各种玻璃实验器具，摆弄玻璃试管几乎成为化学实验的第一课。

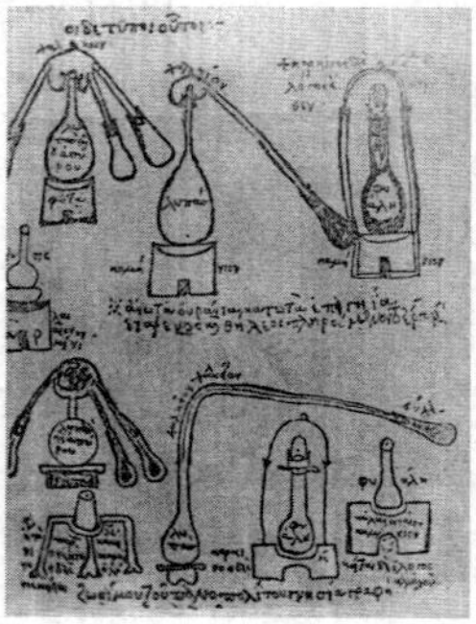

图 1-21　古希腊炼金术士的玻璃器具

图 1-22　西方炼金术实验室一角

矿石炼出了金属

烧陶所发展起来的高温技术为金属冶炼、熔铸创造了条件。当人们发现那些颜色醒目的“岩石”(天然金属及其矿石)可以烧熔改铸后，冶金技术的发明便是很自然的了。冶金技术的出现是人类继烧陶之后，用化学手段来改造自然，创造物质财富的又一辉煌成就，对社会生产力的发展起着革命性的作用，开创了人类社会的新纪元。

首先被发现并利用的金属是铜及其合金。世界几大文明古国约在新石器时代后期先后进入铜石并用时期，随后进入青铜时代。冶铜技术的推广和发展直接推动了工具的改革。有了金属工具，使人类应对自然界的能动力量增强不少。可以说，冶金技术的发明把人类生活从野蛮时代带入了文明的殿堂。同时，人们对金属的认知也是从这里开始的。

红铜质地较软，不适合做工具或兵器，大多用于制作小型装饰品，在尔后的青铜技术发展中，这些器物大多数又重回炼炉而很难保留下来，故在各文明古国的新石器时代文化遗址中，发现的红铜制品不多。在土耳其东端的凡湖附近曾发现距今约 7 000 年的炼铜遗址。据说那里有许多含铜矿物裸露于地表，在其上燃烧炭火，便可将铜还原熔化，那里的先民很可能就是这样总结出了炼铜技术。出土文物表明，约在公元前 4000 年，埃及已用冶炼铜来制造铜斧(图 1-23)。美索不达米亚的苏美尔人也擅长炼铜，在底格里斯河曾出土过 5 000 年前苏美尔人使用过的铜刀，大英博物馆至今还保存着 5 000 年前苏美尔人铸造的铜牛。图 1-24 是古希腊的青铜器。表 1-2 列举了早期近东和东南欧出土的部分铜制品。

表 1-2　炼铜技术在近东和东南欧的传播

地点	产品名称	产品类型	传统年代(公元前)	校正年代(公元前)
小亚细亚：查塔尔因克	铜珠	自然铜		7000—6500
小亚细亚：苏贝尔特	铜丝	自然铜		7000—6500
小亚细亚：阿里喀什	铜珠	自然铜(经锤打)		7000—5800
小亚细亚：锡亚尔克	铜针	铸件	4500	
小亚细亚：安瑙	铜锥、小刀		4500	5500
小亚细亚：安瑙	铜矛、铜斧		4000	5300—4300
小亚细亚：高拉	铜剑、锥、环			3500
埃及：巴达里	铜锥、铜针		5000—4000	
埃及：普雷迪纳斯蒂克	铜斧	含镍、砷	4000	
叙利亚：布拉克	铜针和薄片		4500	
叙利亚：阿姆克夫	铜工具	含镍	3500—3100	3400
巴勒斯坦：米什马尔	工具、饰物	含砷	3200	
巴勒斯坦：莫纳什村	工具	含砷	3300	
匈牙利：蒂萨波尔加	铜锤、铜斧	不含砷	3000	4500
保加利亚：卡布纳	铜珠、铜斧		3000	
匈牙利：巴登	铜锥、铜斧		2000	

自然铜往往是夹杂在铜矿石之中，在选拣自然铜时必定会连带那些含铜较高的铜矿石一起采集，又同时放入陶坩埚中熔炼，这样就很自然地发现这些铜矿石也可以炼出铜。铜的熔点虽有 1 083 ℃，而孔雀石等氧化铜类矿石在 800 ℃左右即可被炭火还原，即铜矿石比自然铜更易熔炼，所以人们是在熔炼自然铜的过程中学会了铜矿石的识别和冶炼。由于金属矿的共生，人们采集的铜矿石大多是含有多种金属的共生矿，所以冶炼铜矿石时就会不自觉地炼出了铜合金。正因为铜

矿石中含有与铜共生的铅、锡、锌、铁等金属成分，所以降低了冶炼熔点，还使冶炼出的铜合金具有比红铜更强的硬度。就这样，随着冶铜技术的发展，铜合金逐渐被人们认识了。红铜质地较软，适宜制作小型装饰品，而不适合作工具；而青铜(铜锡或铅合金)不仅较硬、较韧，还由于锡、铅的加入，降低了熔点，并具有较好的铸造性能。因此，青铜制成的工具和武器在许多领域逐渐取代了石器或陶器，开创了人类历史上的青铜时代。从使用自然铜发展到熔铸铜，再到开采铜矿石冶炼出铜合金，其间各地区由于自然资源条件和社会技术背景的不同，从铜石并用时代向青铜时代的过渡也不尽相同，有的经历了漫长岁月，有的几乎同时出现。

图 1-23　古埃及人炼铜图

图 1-24　古希腊的青铜器皿（约公元前16 世纪）

根据考古资料，中国从使用红铜过渡到青铜器，时间较短。最早的青铜器出自新石器时代后期，即相当于中原夏代早期。通过已出土的大量夏代青铜器及其广泛分布，可以判定采用孔雀石加锡石或方铅矿冶炼青铜的方法在夏代已较为流行。分析这一时期的青铜器，可以看出其化学成分是杂乱无章的，锡、铅的含量较低。到了商代中晚期特别是晚期，情况有了改变，含锡(铅)量一般控制在 12%—19%之间，可以推测当时人们开始采用金属铜与金属锡(铅)来合炼青铜，从此社会也开始进入全盛的青铜时代(图 1-25、图 1-26)。通过对出土的该时期青铜器的

图 1-25　商代中期杜岭方鼎（郑州张寨杜岭出土）

图 1-26　商代晚期青铜四羊尊（湖南宁乡出土）

分析，可以看到当时的青铜主要有两类：铜锡二元合金（含铅小于2%）和铜锡铅三元合金。无论是哪一类，铜与锡或锡铅的配比大多都维系在4∶1，由此可见，青铜冶炼在当时已有明确的配方，这个配方就是著名的“六齐规律”，收录在《周礼·考工记》中。六齐规律是当时青铜冶炼技术的经验总结，是中国也是世界上关于合金配比规律的最早描述。

在地壳（指深度达16千米的地球表面层，包括岩石层、水层）中，按重量的百分比来计算，元素的排序为：氧：49.13%，硅：26%，铝：7.45%，铁：4.20%，钙：3.25%，钠：2.4%，钾：2.35%，镁：2.35%，氢：1%，其他的1.87%中包括有90多种元素，铜也在其中。既然铁元素排第四位，那为什么含量较少的铜被使用反而在含量较多的铁之前呢？原因有三：①自然界有天然红铜，而没有天然铁；②具有红棕色和金属光泽的红铜及具有醒目翠绿色的铜矿石（孔雀石）较易被发现；③铜矿石较易熔炼。而铁元素的发现和使用则得益于炼铜技术的成熟。

考古资料表明，人类最早利用的金属铁是来自于太空的陨铁。陨铁与人工冶炼铁的差别在于陨铁不仅不含碳或熔渣之类的成分，而且还含有高低含量层呈相间分布的镍和钴。古埃及人在公元前3400年前后已使用陨铁。西亚的一些先民最早使用的铁器也是由陨铁加工而成的。在中国，先后在河北藁城、河南浚县和北京平谷等商代遗址中出土过铁刃铜钺，其刃部就是由陨铁加工而成的。

陨铁所具有的坚韧强度是青铜所不及的，这就促使人们去寻找类似的材料。在自然界中，与陨铁在外观上较接近的是某些铁矿石。人们在冶炼铜矿石时放入部分铁矿石（用作助熔剂），出现的情况让人们很失望。在炼铜的竖炉中，当炉温达到600—700 ℃时，木炭燃烧所产生的一氧化碳开始对铁矿石中的氧化铁进行还原反应，到了1 000 ℃时，铁虽然被还原出来，但是不呈液态，不能像液态铜那样通过炉口流到炉外，只能是裹挟着大量炼渣而沉积在炉底，最后待停火后破炉取得。这种方法就是早期的块炼铁技术，得到的产品是状似海绵、质地较软的铁块，很不显眼，人们起初觉得它无用，故中国的先民称其为“恶金”。但既然是冶炼出来的，当然不会白白丢弃，当人们将这种蜂窝状的软铁块加热锤打，排挤出炼渣等杂质，并在无意中渗入碳元素后，终于得到了近似陨铁的产品。人们就这样掌握了块炼铁技术，并开始生产铁工具。大约在公元前2000年左右，西亚的赫梯人开始使用块炼铁技术制造铁器。到了公元前1000年，上述的冶铁技术在西亚得到推广，并逐渐发展成为冶铁业。随后，冶铁技术在地中海沿岸和非洲北部及南欧一些地区得到传播（图1-27）。

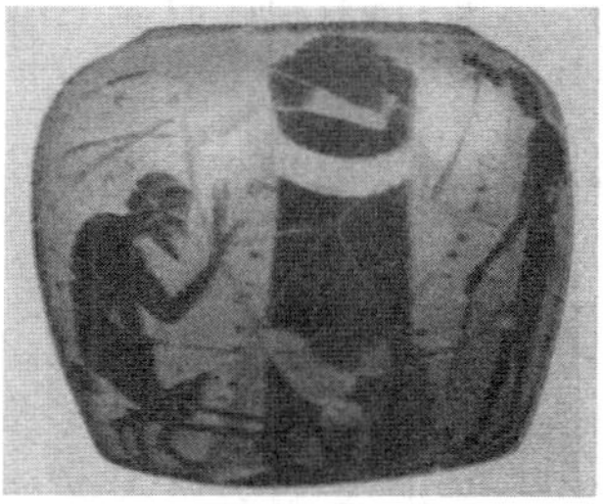

图1-27　古希腊彩陶上描述的炼铁（公元前6世纪）

在古代，西方的许多民族很早掌握的炼铁技术基本上就是上述的块炼铁技术。在当时的冶炼条件下，若能增加燃料比，强化鼓风，炉温就可以提高至 1 200 ℃以上，被还原的固态铁可熔化为铁水。但是由于铁水中溶解有较多的碳、硫、磷，这样的铁碳合金（即生铁，又称铸铁）质硬性脆，经不起锤打，不宜做兵器或某些工具，故古代的西亚人似乎找不到它恰当的用途而没有发展它。而中国则逐渐发展起了具有自己特色的钢铁技术路线。中国先民及时总结青铜冶铸的丰富经验，在掌握块炼铁技术不久之后，创造性地发展了生铁冶铸技术。生铁铸件虽然硬脆，但是只要对它采取淬火或退火等热处理技术，就可以改善其硬度和可锻性，即促使铸件的内部结构发生改变，性脆的白口铁就可变成韧性铸铁，还可以变成灰口铁，甚至于球墨铸铁。多种的改性技巧极大地提高了生铁铸件的使用性能，使铁制品在较大范围内取代了青铜合金和木、石工具，从而促进了生产力的发展，使社会真正迈进了以铁器工具为标志的新时代。

块炼铁（即熟铁）、生铁和钢实质上都是铁碳合金，它们之间的主要区别在于含碳量不同以及由此造成的结构不同。含碳量低于 0.5％的是熟铁，含碳量在 2％—5％之间的是生铁，含碳量介于生铁和熟铁之间的是钢。将生铁或熟铁变成钢是提高铁制品使用功能的有效途径。在中国古代炼钢的主要方法可以分为两类：一是以块炼铁为原料，使用渗碳技术使其成钢；二是以生铁为原料，采用脱碳技术使其成钢。这两类方法长期共存互补，平行发展。又因为生铁冶铸生产率较高，成本较低，便于普及，这就促使生铁冶铸和改性工艺成为中国冶铁业发展的主流。

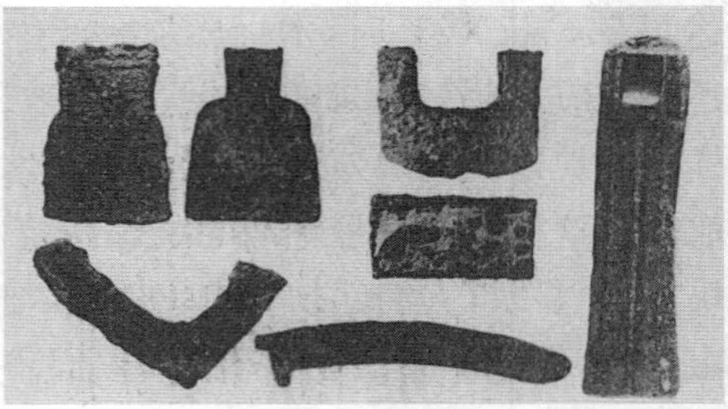

图 1-28　出土的战国时期铸铁农具

中国先民在战国后期开始生产出钢剑和钢制工具（图 1-28），它们一部分是将块炼铁直接放在炽热的炭火上加热渗碳，再经反复锻打而成（即块炼铁渗碳钢技术）；另一部分是将块炼铁配入渗碳剂、催化剂，放在一起密封加热成钢，古人称其为焖钢。在生铁柔化处理加工成展性铸铁的实践中，从两汉起，中国工匠先后创造了铸铁脱碳钢、炒钢、百炼钢等技术。在南北朝时，又发明了灌钢生产工艺。到了明代，“生铁—炒成熟铁—灌钢—锤锻成型”的工艺路线基本上成为当时最流行的钢铁技术。由于掌握了生铁冶铸及其热处理技术，特别是多种炼钢工艺，使中国的钢铁技术很长一段时间里居世界的一流水平。

金属铅的熔点为 327 ℃，当把方铅矿放在柴堆上烤烧时，熔化的液态铅会流下在地面上形成铅板。锡的熔点更低，只有 232 ℃，主要的矿石为锡石（SnO_2）。自然界很少有游离状态的铅和锡，人们很可能是在有锡石或方铅矿的地方用篝火烧烤野味时发现了闪亮的金属锡或铅。锡和铅是怎样成为冶炼青铜的配料的呢？起初很可能是铜矿石中混入了锡或铅的矿石，结果发现不仅产品（青铜）变硬了，冶炼也变得容易了（熔点降低了），从而无意间发展出了青铜冶炼技术。

古代罗马人曾用铅作水管，殊不知因此而使许多人中毒丧命。考古工作者在发掘出的古罗马墓葬的尸骨上常发现有黑斑，经化学分析，证实这是铅中毒所致，因为铅管与水在氧气的帮助下会生成微溶于水的氢氧化铅，它随水进入人体，在骨骼中慢慢积累，久而久之，人就会有腹痛等症状。古代荷兰人则喜欢用铅板做屋顶。中国先民在殷商时已用铅制礼器，也可能已发现铅的毒性，很少用它单独制成饮食器。

金属锡也能制成礼器或日用器皿，它不存在有毒的问题，但是它也有其自身的性质缺陷，那就是白锡制品在低于 13.2 ℃的环境中，会发生晶体结构的改变，体积增大，白锡会变成粉末状的灰锡，即古人所说的“锡疫”。因此锡制品在许多地方和环境中不能长期保存，出土的古代锡器也就较少。

金、银及铂、铑、铱、钌、锇在化学上统称为贵金属。贵金属在地壳中的含量少而分散。金在自然界中多呈游离状态，尽管它很稀少分散，但由于它具有光亮醒目的金黄色，还是较易被发现和识别的。金矿床分为源生脉金矿和次生砂金矿，前者称山金，采用平地掘井的方法开采；后者称砂金，采用披砂淘金的技术收集。银是一种白色金属，在自然界呈游离状态较少，多以硫化物状态伴生于其他有色金属矿中，世界上 75％的银产自含银的铜、铅、锌和金矿的处理过程中，其中 45％产自铅锌矿，18％产自铜矿，而从纯银矿中产出的银仅占 20％。

金和银起初只做装饰品（图 1-29），考虑到它珍贵，特别是不易腐蚀，逐渐被用作商品交换中的钱币。最早的金币出现在公元前 550 年左右的小亚西亚的古国。后来金、银币逐渐成为最重要的货币形式，成为人们心目中的财富象征，无论在东方还是在西方，都诱发了追逐和占有金、银的欲望，这也成为产生炼金术的缘由之一。

图 1-29　古埃及金匠洗涤、熔化和称量黄金（公元前 1900 年）

汞具有银白色的金属光泽，在所有的金属中，唯独汞在常温下呈液态。据此，汞的希腊文原意是“液态的银”，中国古代也称它为“水银”。在自然界中，汞有时以游离状态存在，但大多数时候是以红色硫化汞的形式存在。硫化汞在中国俗称“辰砂”或“朱砂”，是人们最早使用的红色颜料之一，据考古资料，中国先民在公元前2000年已使用硫化汞作颜料。很可能是在使用某种容器加热硫化汞时发现了金属汞。汞和汞化物大多有毒，古人曾用它作杀虫剂，还用它作药剂治皮肤病。另外，汞还是许多金属的溶剂，特别是能使金、银等溶解成金属泥（汞齐），从而使人们掌握了利用汞齐的鎏镀技术。汞的熔点为－39.3 ℃，直到357 ℃才沸腾，人们正是利用这一性质而用汞制成温度计。总之，汞是金属，又呈液态，当它被加热至沸腾就会跑得“无影无踪”，这一系列的独特性质让人们充满好奇，甚至于产生翩翩联想，故在后来的炼金、炼丹活动中成为重要的材料之一。

泥沙烧出了陶瓷、玻璃，矿石炼出了金属，两者即是古代最早、最大的化工生产，前者开创了无机硅酸盐材料生产部门，后者开创了金属材料生产部门，生产中的知识积累和技术进步则为近代化学、化工的诞生奠定了基础。

二、早期的化学探索

色彩中的物料认知

爱美是人的天性，想方设法用各种图案和色彩来装扮人类自身、服饰或日用品，是人类追求美的一种常见形式。为此，人们开始接触和使用许多着色材料。着色材料大致分两类。一般能溶于水的有色物质，叫作染料，它大多是植物的浸出液，也有部分是由动物分泌物制得；另一类是颜料，它们一般不溶于水，依靠油或胶等黏附在材料上，其多数由矿物加工而成。无论是染料或颜料，既有天然的，也有人工制造的。所有的民族都有使用颜料和染料的丰富经验。红色的赤铁矿粉、黑色的炭黑、白色的白垩、黄色的石黄都是人们认识和利用的天然颜料，红花、茜草、黄栌、栀子、槐花、蓝草、紫草等数十种植物都是人们熟悉的天然染料。在利用、加工这些颜料、染料的实践中，人们掌握了这些化学物质的显色本领和呈色条件，无形中积累了许多物质的化学知识。在此基础上，人们进一步学会了用化学方法来制造某种染料、颜料（表 1-3），例如中国古代使用的银朱（红）、铅丹（白）、铅粉（白）就是人工颜料。染料、颜料美化了人类的生活（图 1-30、图 1-31）。

表 1-3　秦俑彩绘颜料成分

颜色	红	绿	蓝	紫	褐	白	黑
颜料	辰砂 铅丹 赭石	孔雀石	蓝铜矿	铅丹 ＋ 蓝铜矿	褐铁矿	铅白 高岭土	炭黑

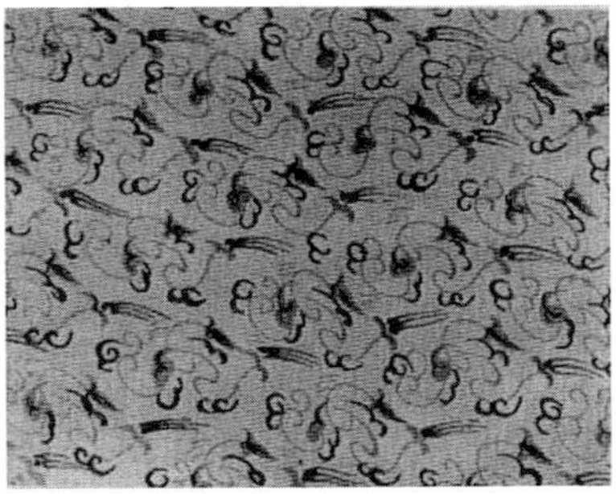

图 1-30　黄地印花敷彩纱（马王堆汉墓出土）

图 1-31　太原王氏礼佛图（敦煌壁画）

治病救命的物料

图 1-32　神农采药图（辽代佚名，古画）

“病从口入”是原始人的生活经验，故有“医食同源”的观念留传下来。究竟哪些食材能致病（有毒）或能治病，当时主要凭人体的自身检验，中国古代有“神农尝百草，一日而遇七十毒”的神话（图 1-32）。实践促使辨别草木的经验日增，千中得一，积少成多，代代相传，由此人们对自然界的物种有了一个渐进的认识。不同的民族由于所处的生活环境不同，所获得的经验会有差异，但是对同一物料的认识大致是相近的。最初认识并使用的药材大多是草木一类的植物或动物，后来逐渐扩展到某些矿物，甚至扩展到那些用牙齿很难对付的金银玉石。

图 1-33　唐代的药王孙思邈（581—682）

世界上几乎每个民族对食材和药材的认识都积累了自己的丰富经验，但是可以说，中国先民在这方面的工作是最系统、最有成效的（图 1-33）。在记载知识沉淀的中国古籍中，《诗经》、《山海经》、《黄帝内经》都收录了当时许多药物和药方。人们把众多物质看作影响人体健康的药材，从而主动地把对这些物料的观察、鉴别、试验以及服食的感受、经验记录下来，包括它们的产地、医药功能、化学性质及加工方法等都没有遗漏。通过整理这些经验知识，自东汉起产生了一系列的专著，从《神农本草经》到《本草经集注》、《新修本草》、《重修政和经史证类备用本草》、《图经本草》，直到《本草纲目》等。这些本草学的专著汇集了人们对众多物料的认知，尽管由于时代的局限，认识还很肤浅，大多只停留在对物质的表观描述上，但是书中包含的对物料的直观印象却为后来植物学、动物学、矿物学的建立作了基础性的铺垫，同时其中的化学知识沉积也为后来出现的炼丹术、炼金术提供了资源。

古代的高分子材料

有一些树能分泌特有的树汁，例如，割破橡胶树的韧皮层就会流出乳白色黏稠的液体（生橡胶）。漆树同样会分泌出大漆，它是漆树新陈代谢的分泌物，其主要的化学成分是漆酚，占 40%～70%，其次是漆酶，俗称为氧化酵素，约占 10%。人们认识利用橡胶较晚，大概在 18 世纪后，而认识利用大漆则在远古时期。中国浙江余姚河姆渡新石器时代遗址就出土了涂有生漆的红色木碗（图 1-34）。漆树是一种阔叶乔木，一般生长在气温较高、雨量丰富的暖湿地区。漆树汁经过过滤处理即是生漆，生漆经低温加热，除去水分即成熟漆。在一定的温度、湿度条件下，漆酶能催化漆酚的氧化作用而生成半醌，再经过半醌的催聚，使漆酚多聚成链，又经交联作用形成片状薄膜。因此将漆涂饰在木器、车辆、房屋上，干燥后的表面形成一层坚牢、光亮的薄膜。这层薄膜既使表面明亮美观，又有一定的耐热、耐酸碱腐蚀功能。

图 1-34　浙江余姚河姆渡出土的漆木碗

古人的生活用具中，木器占据了相当大的比例，故木器的保存是一项很重要的任务，而使用大漆涂饰则是最方便、最经济的方法。因此，漆器制作技术在古代得到较快的发展。在中国商代，贵族拥有大量漆器已不是稀罕之事。从出土的漆器可以看到，西周时期的漆器不仅数量明显增多，而且漆工已掌握了晒漆、兑色、髹漆等多种技术。在春秋战国时期，漆器已遍布饮食器、日用器具、家具、乐器、兵器、交通工具等诸多领域，并形成了楚地、巴蜀、中原三大漆器产地。此时的漆器也由商周的朱红色、黑色发展出红、黄、绿、蓝、白、金黄等多种色彩，颜料与漆及某些油（主要是桐油）的配合，不仅改善了油漆的使用性能，还明显地提高了漆器的观赏效果。漆工还利用油漆具有较强的黏合性能的特点，将金银珠玉镶嵌在漆器上而成为工艺品，镶嵌工艺的进一步发展将金属构件与漆器黏结为一体，成为更方便使用并坚固耐用的金属扣器。在汉代之后，中国的髹漆工艺进一步发展，产生了脱胎漆器、雕红漆器、犀皮漆器、百宝嵌漆器等许多精致美观的工艺品，如图 1-35、图 1-36、图 1-37 所示。

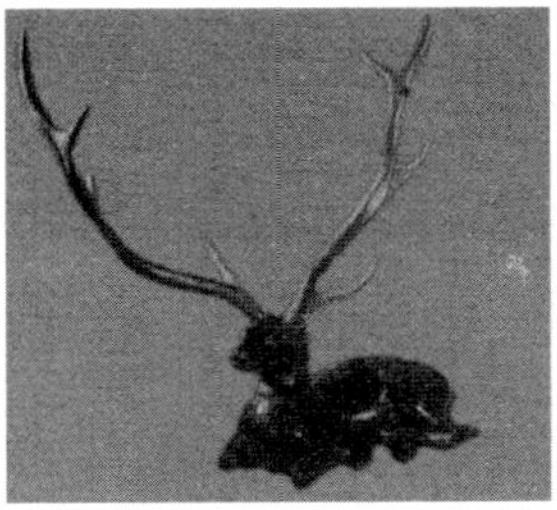

图 1-35　湖北随州曾侯乙墓出土的漆鹿

图 1-36　湖北云梦睡虎地墓出土的漆耳杯

图 1-37　元代剔红犀盒（安徽博物馆藏）

我国的漆器和髹漆工艺很早就传到了国外，朝鲜、蒙古、日本、越南、缅甸、柬埔寨、泰国、印度等地区先后在中国的汉、唐、宋时期掌握了油漆技术，并生产出具有各自特点的漆器，使漆器生产成为亚洲各国独特的手工技艺。后来中国漆器又经波斯人、阿拉伯人传向欧洲，作为来自东方的珍贵工艺品而深受欢迎。直到18世纪欧洲人才仿制成功中国式的漆器，由此可见，世界的漆器生产也曾受惠于中国。

造纸术——伟大的发明

纸作为具有传递信息、传承文化等功能的重要材料，2 000年来一直为人类历史的记录、科学技术和文化的发展、社会文明的进步发挥着其不可替代的作用。中国先民发明的造纸术对人类文明所做的卓越贡献是有目共睹的。按传统的说法，纸主要指那些以植物纤维为原料，经过一系列加工处理，去掉某些无用组分的纤维经过重组最后抄成平滑的薄片，适于书写、印刷、包装之用的材料。手工造纸的生产过程主要包括：将原料（麻、树皮、稻草、竹木等）洗净切碎，然后在碱性溶液中脱胶，除去色素和木素，再舂捣成浆呈棉絮状，最后用竹或丝制的网筛抄出一层纤维薄片，晾干或晒干、烘干即成纸张。这一生产过程的关键工序是制浆，这是一个化学加工程序，加上纸张的漂白或染色及上胶等都涉及到化学变化，因此可把造纸术视为古老化学工艺的一部分，人们从中可以认识许多物质的化学性质及其变化。

据考古资料记载，中国在西汉时期已有原始的纸，后来经过蔡伦的改革和创新，不仅使纸和造纸技术发展到一个新水平，而且对于纸张的使用和造纸技术的推广发挥了重要作用。对西汉古纸的研究表明，人们从古代蚕丝漂絮中获得了启示，进而在沤麻漂絮中发明了造纸术（图1-38）。蔡伦总结提炼了民间造纸技术并使它得到社会的认同。后来随着技术的提高，造纸原料也由麻类扩展到树皮、稻草、麦秆、竹木等（1-39）。经济文化的需求又使纸张的应用深入到生活的许多领域，发挥了广泛的作用。同时随着文化的交流，纸和造纸术传遍世界。

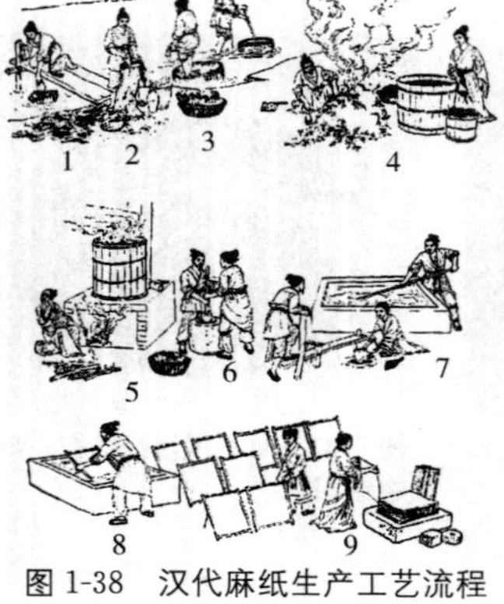

图1-38　汉代麻纸生产工艺流程

图1-39　西方人笔下的清代皮纸工艺

三、食料加工中的化学机理

酒、醋、糖、盐等食料的主要成分乙醇、乙酸、蔗糖（葡萄糖和果糖）、氯化钠都是自然界中最基本的化学物质。它们的加工制造可以说是古代化工生产最早的几项重要分支，然而对它们的生产机理的认知却经历了漫长的渐进过程。

神奇的酒

酒，泛指那些含有乙醇（俗称酒精）成分的饮料。乙醇是常见的基础有机化合物。自然界中那些富含糖分的物质，例如水果、兽奶等，在微生物（主要是酵母菌）的帮助下，都会发酵产生乙醇。存放中的水果在适当条件下会发酵变酒的现象在生活中时有遇到，人类正是模仿这一自然现象而学会了酿酒。水果酿酒受到环境条件的众多限制而难以发展，若采用成分以淀粉（多糖类物质）为主的谷物作为酿酒原料，制酒则大有前景。但是用谷物酿酒比水果要复杂些，因为谷物淀粉在分解为单糖或双糖后才能被酵母菌转化为酒，即谷物酿酒须先将淀粉分解为糖，再由酵母菌将糖转化为乙醇。将谷物中的淀粉分解为糖，古人有许多方法，其中最常见的有三种。一是让谷物生芽而糖化；二是将谷物加水加热，让其糊化而成糖；三是直接利用某些微生物（主要是根霉、毛霉、曲霉等霉菌）将淀粉转化为糖。许多西方民族都采用先糖化后酒化的单边发酵模式，唯独中国先民在尝试了三种方法后，选择了利用酒曲，让糖化和酒化同时进行的复式发酵模式。酒曲实际上是一种多菌多酶的生物制品，利用酒曲发酵是中国传统酿造工艺的关键和特色。

图 1-40　古埃及制作面包、麦芽酒的模型（公元前 2050 年）

啤酒的生产过程就是先糖化后酒化的单边发酵模式的典型。古代的两河流域和中东地区盛产大麦、小麦，古埃及、古希腊和中亚许多民族喜爱喝麦芽酒（图 1-40）。它是先将麦粒制成麦芽，再引进酵母菌发酵而成的。当时的麦芽酒有的是甜的，有的是酸的，大都不如当时的葡萄酒好喝。于是人们试着在发酵过程中加入某些香料或草药，试图改善麦芽酒的口味。直到公元 8 世纪，人们才认识到引入啤酒花（一种多年生草本蔓生植物的果穗）是最佳选择，于是使用啤酒花酿制啤酒的技术很快得到推广。

中国先民在处理发芽或发霉的谷物的过程中认识了蘖（发芽的谷粒）和曲（发霉的谷粒），并在用它们酿酒的实践中发现，用曲酿成的酒比由蘖制得的酒（醴）的酒度要高，于是从春秋战国时期开始淘汰了醴，专心致力于用曲酿酒（图 1-41、图 1-42）。此后，人们沿用以稻米、小米、高粱等为原料，以酒曲为糖化剂的传统工艺，生产出低酒度、有营养的发酵原汁酒——黄酒。到了元代，借鉴西方的葡萄烧酒工艺在中国发展起在世界上独树一帜的白酒（蒸馏酒）。由于在酿酒过程中使用了酒曲，从而使众多的有益微生物参与了发酵过程，完成了众多的生物化学反应，因而使得中国酒（黄酒、白酒）都有丰富的内涵和独特的气质，在酒类的大千世界里占有重要的一席之地。

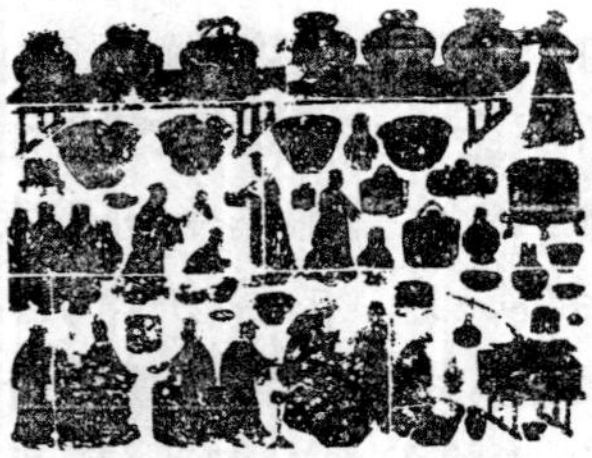

图 1-41　石刻画：酿酒备酒图

图 1-42　酿酒过程的临摹图

调味的醋

醋酸（学名乙酸）是食醋的关键成分，它是一种典型的脂肪酸，有刺激性的酸味。古人认识食醋主要有两个途径，一是酸果浆，二是放置久了的酒。前者使古人认识到“若作和羹，尔惟盐梅”；后者是因为酒度较低的酒（乙醇浓度不超过 7%）在 25—35 ℃下存放，较易被浮游在大气中的醋酸菌侵入而氧化为醋酸。人们正是通过第二种途径掌握了多种的制醋技术。

与酒一样，世界各民族的制醋方法也不尽相同。西方许多民族的食醋主要是用包括柠檬汁在内的多种果醋和蜂蜜发酵而制成的醋。中国和东亚许多民族则不同，长期食用的醋皆由谷物发酵制成。制醋工艺实际上是酿酒工艺的延伸。图 1-43 展示了中国传统制醋方法的主要步骤。

图 1-43　山西老陈醋传统工艺

中国北魏时的贾思勰在《齐民要术》中就介绍了当时他所知道的 23 种制醋法，这些方法中都把曲列为制醋技术的关键。制醋所用的曲与酿酒所用的曲是有差别的，因为发酵过程中所需的菌系不尽相同。既然采用曲，中国由谷物酿制的食醋在品质上也就不同于西方的果醋，其内涵更丰富，口感更丰满。醋和酒一样，因为它所具有的独特功效，而曾被当作药或被用来配制药。中国和西方的古代药典中都有许多药酒方和药醋方。

似蜜的糖

食糖主要是指以葡萄糖、果糖、乳糖、蔗糖、麦芽糖等碳水化合物为主要成分的味甜的食品或调味品。人体的发育生长，新陈代谢的进行，能量的补充，甚至于生命的延续都离不开这些碳水化合物。食用水果、兽奶特别是含大量淀粉的谷物，都是人们获取糖的途径。

蜂蜜是由蜜蜂生产的天然甜品，古人很早就知道采集蜂蜜作为珍贵的食品。蜂蜜不仅好吃，还有药用价值，还能用于某些食品的防腐防霉（加工蜜饯就是一例），因而大受欢迎。很长一段时间里，采集野生的蜂蜜曾是山民的重要副业。直到后来（古代中国自三国时期起）人们在观察研究蜜蜂的习性后，才逐渐发展起养蜂采蜜的技术。但毕竟蜂蜜的产量有限，人们生活中的甜品主要还是来自水果中糖的加工（蔗糖是典型的产品）和谷物淀粉的糖化处理（饴糖是主要产品）。

甘蔗属于热带、亚热带的禾本作物，在地球上的分布有一定的区域，因而不是所有的民族都熟悉它。人们嚼食它知其汁味甜应在远古，而懂得榨其汁（图 1-44）熬成糖浆，再加工成块糖、砂糖（图 1-45）就经历了很长一段时期。最早掌握制糖技术的是印度，大约在唐代传入中国。与此同时，优良品种的甘蔗被迅速推广栽培，从而发展起制糖业。蔗糖最终在糖业生产中独占鳌头。在蔗糖大行其道之前，人们食用的甜品主要是饴糖。饴糖是以谷芽为原料，经熬制而成的。其机理是谷物发芽产生的酶会将淀粉分解为糖，在熬制中溶于水，再浓缩为糖浆，就得到了饴糖。后来人们又发现了属于藜科甜菜属的甜菜，直到 18 世纪化学家才证明甜菜根中所含的糖与甘蔗完全相同，从此甜菜制糖才在北方温带某些地区得到推广和发展。

图 1-44 《天工开物》中的轧蔗取浆图

图 1-45 《天工开物》中的蔗浆结晶图

不可或缺的食盐

人体是由化学物质构成的复杂体系。在这个体系的变化中，即人体的发育生长及繁衍延续中，有许多化学物质参与其中，这些物质是必需的生命物质，食盐和糖一样，就是这类物质。食盐即氯化钠，当人类从渔猎生活步入以谷物为主要食材的定居农牧生活后，原先主要从禽兽血肉中获取的盐分必须有新的补充来源，否则会因盐分的缺乏而影响人体的健康，由此，食盐开始成为生活的必需品。

在自然界中，由于地壳几经变迁，使以氯化钠为主要成分的盐矿有广泛的分布。海里有海盐，盐湖里有湖盐，山岩层中有石盐，而地层中储藏着盐卤和盐层，掘井开采可以加工成井盐。各地各民族大都是因地制宜，就地取材发展制盐业。在长期的制盐实践中，人们不仅能将食盐与其他矿藏区分开，而且还掌握了从海水、盐湖、盐卤及泥土中分离出食盐的系统技术，还学会了运用溶解、浓缩、重结晶等物理化学手段来加工提纯食盐，了解到食盐独特的结构形态及基本的物理化学性质。

在中国古代，湖盐的采集，特别是山西运城解池湖盐的采捞在社会经济文化发展中产生过深刻的影响。由于交通运输条件限制，食盐的需求大多是就近解决。靠海边的食海盐，住内陆的用湖盐或井盐(图 1-46)。相比之下，海盐、井盐需要煮熬，岩盐、土盐又不够纯洁，故从夏商周至宋代采制的湖盐最受欢迎。湖盐采制技术从采捞到晒制经历了漫长的岁月，最终形成了独具特色的养卤晒盐工艺。这种技术在唐宋时期传播到海边，逐渐改造了那种既费力又费财的海盐淋煎法。海盐晒制技术的推广又极大地促进了海盐产业。中国内陆地区，例如四川、云南、贵州有着丰富的卤水资源，由古至今，井盐一直是这些地区的主要产业。在这里，井盐的采制从大口浅井采卤(图 1-47)过渡到宋代卓筒井(小口径的盐井,发明了冲击式的顿钻凿井法和套管隔水技术,被誉为现代石油钻井的前身,图 1-48)和用天然气来熬卤制盐,使井盐的生产迅速壮大。

不可或缺的食盐在生活中的重要地位,使它的生产和钢铁生产一样,从西汉起一直是朝廷重要的经济支柱之一。对食盐性质的探索又会把人们的视线引向其他盐类,例如对硝、矾等无机盐的认识和利用,这些无机盐知识的积累,不仅为它们在以后的生活、生产中发挥各自的作用奠定了基础,也为后来炼丹、炼金的兴起,甚至于近代化学的建立作了知识的铺垫。

图 1-46　中国宋代的湖盐(左图)、海盐(右图)生产
(录自宋·唐慎微《重修政和经史证类备用本草》)

图 1-47　保留至今的白兔井
(大口浅井采卤,重庆云阳)

图 1-48　井盐生产(录自明·宋应星
《天工开物》)

四、对物质本原的猜想

面对燃烧的烈火、动植物的腐败、空气和水对许多物质的侵蚀以及烧陶、冶金、酿造等生产实践中观察到的物质变化，古代智者提出了自己的哲学猜想，归纳起来主要有自然界的组成和本性、物质变化及物质结构等问题。不同国度的人们往往会有不同的解释或认识。

中国古代物质观和阴阳五行说

中国古代学者在春秋战国时期曾就上述问题进行了争鸣。《易经》的作者认为“易有太极，是生两仪，两仪生四象，四象生八卦”，即太极是最原始的物质。春秋时期的哲学家李聃（老子，图 1-49）在《道德经》中说：“道生一，一生二，二生三，三生万物。万物负阴而抱阳，冲气以为和。”这里视一切物质均由“道”而产生。许多学者主张万物之源是“气”。战国后期的哲学家荀况在《王制》中说：“水火有气而无生，草木有生而无知，禽兽有知而无义，人有气、有生、有知并且有义，故最为天下贵也。”东汉学者王充发展了上述元气说的观点，在《论衡·谈天》中说：“天地，含气之自然也。”这种观点后来又为唐代柳宗元、刘禹锡和北宋张载等所继承和发展。由此不难看出，中国古代自然观中充斥着朴素的唯物论和辩证思想，但是它们离近代化学思想确实还有相当的距离。

图 1-49　老子（宋·法常，日本冈山县立美术馆藏）

随着对各种物质的数量、形状、大小、颜色、性质及其变化的感性知识的积累，人们发现大量的、常见的自然现象既是相互对立的又是相互关联的，例如：干与湿、硬与软、热与冷等，学者们从中抽象出阴和阳两个基本概念，作为那些具体的、相对的个别事物属性的抽象概括，以说明事物的基本性质及其变化，这样就产生了阴阳说。老子在《道德经》中明确指出：阴阳二气相交而生万物，万物都具有阴阳两方面的性质，足以说明阴阳说在当时的广泛影响。

源于远古人的数字崇拜和诸神崇拜，汲取了对物质变化的经验观察，在春秋战国时期逐渐形成了五行说。“天生五材，民并用之，废一不可。”“五行，一曰水，二曰火，三曰木，四曰金，五曰土。水曰润下，火曰炎上，木曰曲直，金曰从革，土爰稼穑。润下作咸，炎上作苦，曲直生酸，从革作辛，稼穑作甘。”这就是五行说的最初内容。后来学者们又提出了五行相生相克的关系(图 1-50)。中国的先民就是以此来认识世界的本质和物质的变化的。

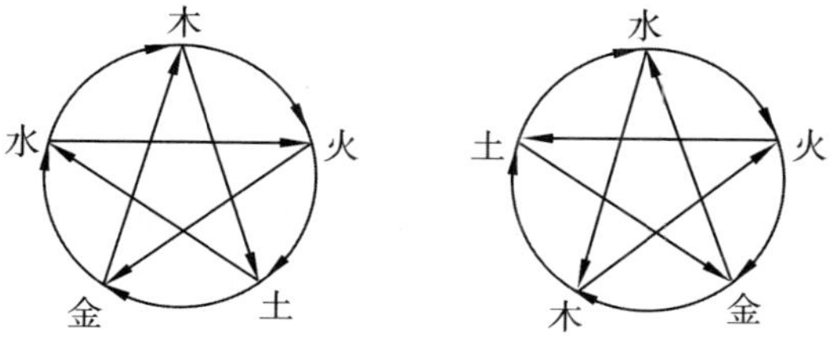

图 1-50　中国古代五行相生相克关系图

阴阳说和五行说从不同的角度表达了中国先民对世界物质性的总结，因此人们很自然地把它们揉合在一起构成了中国古代的物质观。这种物质观不仅成为后来兴起的炼丹术的指导思想，而且成为阐明化学工艺物质变化的理论根据和中医的理论基础。

在诸子百家兴起的战国时期，人们称那些能言善辩的学者为辩者。他们曾就物质结构这个命题进行过争论。韩非子在《韩非子·解老》中提出：有形的物体都有长短大小，都可以分割，但能否无限地分割下去呢？值得考察。有一位叫公孙龙的辩者认为：一尺之捶，日取其半，万世不竭，即物质是无限可分的。另一位叫惠施的辩者则认为：至大无外，谓之大一；至小无内，谓之小一，就是说宇宙有无限的空间，而万物则有个最小成分的界定。最著名的观点是墨子提出了“端”的学说，他认为物质存在一个“端”，即不可分割的最小微粒。墨家的观点是中国古代关于物质结构的观念中最接近古希腊原子论的观点，可惜后人没有继续研究使其发展。

墨子在讨论“端”时，曾指出：凡是存在的东西就不会消失。这是最早关于物质守恒的思想。后来东汉的王充、宋代的张载、清代的王夫之等学者发展了它，提出：世界按其本体来说是由物质性的“气”构成的，此外更无他物；气有聚散的变化，但是不会消灭或任意创生，即物质是守恒的。可惜的是关于物质守恒的这一命题和思想并没有引起更多人的关注，更没有人用实验的方法去论证它，故没有发展成科学的物质守恒定律。

印度、古埃及和巴比伦的物质观

在公元前，印度有一种叫“顺世论”的哲学流派，其认为世界的基础是物质的，物体的运动取决于物质的内因。其中以伽比罗为代表的学者曾提出过与中国五行说相类似的元素论。他们认为世界上的一切都是从统一的原始物质发展而来，在发展中首先产生五种精细元素：声、触、色、味、香(气味)，再由这五种精细元素衍生出五种粗糙元素:以太(空)、空气(风)、火、水、土,并依上述顺序从一到五包含了精细元素。另有学者提出的五种元素为:土、水、空气、以太、光。后来由伽那陀创立的胜论学派发展了上述元素论,认为构成上述五种元素的单位是一些极其微小的、大小相等的、永恒存在的原子,这些原子是不灭的,有颜色、味道和气味(因此不同于古希腊的原子),呈球形,比日光照射下的最小尘土还要小几倍。

后来的遮缚伽学派又将五大元素说修正为四大元素说,认为世界上一切生物和非生物的物质都是由地、水、火、风四种元素构成的,而这四种元素又由原子所组成。他们主张感性知识是认识的唯一源泉。可惜的是这些朴素的唯物论思想在宗教神学的扼杀下沉寂了下来,但是它曾影响了古希腊一些学派,实际上与后来的古希腊学术混合起来了。

巴比伦人认为宇宙是个密封的箱子或小室,大地仅是它的底板,底板上既耸立着冰雪覆盖的高山,又有绿水环绕的河流。水对于地球是至关重要的。古埃及人认为,地球像一个由水撑着的扁平圆盘或长方盒子。尼罗河被看作生命线,它的定期涨落成为农业丰收的渊源。由此他们推测世界万物都是从水中创造出来的。

古埃及和巴比伦的思想家有一个观点很引人注目,即在他们清理自然界物质和现象所包含的大量对立因素时,总感到在对立面之间有条鸿沟需要填平,例如,既然有正又有反,就必然存在中,于是神秘的数字“三”应运而生。从那时起,“三”这个数字就大有讲究。总之,古埃及和巴比伦人是用对立物的概念(像中国的阴阳说)和折中的第三者概念来解释许多化学现象的。

巴比伦人喜爱观察星辰天象,他们认为太阳、月亮及五大行星是地球上一些物质的主宰,从而将天体与金属元素联系起来。在威尼斯的圣马克教堂里就存放有一份10世纪的手稿,其上就有巴比伦的金属元素符号之表(表1-4),反映了当时占星术对化学思想的影响。

表1-4　古巴比伦金属元素符号

金属		行星		符号	
χρυσοs	金	Ηλιοσ	太阳	☉	金
αργυροs	银	Σθληυη	月亮	☾	银
μολιβοσ	铅	Κρουοs	土星	♄	铅
ηλθκτροs	金银合金	Ζευs	木星	♃	青铜
σιδηροs	铁	Αρηs	火星	♂	混合金属
χαλκοs	铜	Αφροδιτη	金星	♀	锡
κασσιτηροs	锡	Ερμηs	水星	☿	铁

上述古代文明的宇宙观和科学思想相互交融，彼此影响。当这些思想传到希腊后，汇合发展成有关物质世界的一些新观念，在近代科学的奠基中发挥了重要作用。

古希腊的原子论和亚里士多德的元素说

公元前800—前600年，位于欧亚大陆交汇处的古希腊进入全盛的奴隶社会。沿海地带的城邦小国争雄称霸，长期混战，和中国的春秋战国时期的情况相似，那里也出现学术思想的争鸣。古希腊的思想家也热衷于将各种具体的事物或现象置于宇宙之中予以概括和阐述，他们惯用的方法是思辨和逻辑，而不做实验。他们冥思苦想创立了各种宇宙观、物质观，是用最严谨的逻辑进行推理，却没有任何令人信服的实验根据。这是古希腊科学的一个特征。

被尊为古希腊科学之父的泰勒斯认为，水能气化（蒸发），又能凝固（结冰），具有气、液、固三种物态，故水被看作万物的本原。他的弟子阿那克西曼德引申了本原的概念，认为本原是一种无限的不固定体，分别蕴藏着冷和热、干和湿等对立性质。阿那克西曼德的弟子阿那克西米尼进而认为气是原始物质，因为气稀释就能生成火，凝聚就能变成水，进一步变化又会变成土和岩石。另一位学者赫拉克利特则看中了火。他强调宇宙的一切如同河流一样，在不停流动。火向下流动变成水，进而凝结成土，形成世界；反之向上升腾则变成火，太阳高悬天空就是证明。总之，古希腊的原始化学概念就集中反映在上述对物质本原的探索中。

大约在公元前5世纪中叶，古希腊学者阿那克萨哥拉曾设想宇宙中存在着无数多种的“种子微粒”，是它们的不断聚合和分离而形成万物。与他同时代的另一位学者思培多克勒对此也有独到的见解，他认为构成万物的种子不是无限多，而只有四个不同的种类。他接受了前人关于火、水、土是原始物质的观念，指出宇宙间只存在四种元素，即火、气、水、土，它们都由恒定不变的细小微粒组成，一切物体都含有这四种元素，只是含量各自不同，在“爱力”作用下结合，在“憎力”作用下分离。这是首次尝试用一种力来说明物质的相互作用。

也在这一时期，留基伯和他的学生德谟克利特创立了物质微粒结构学说，即古希腊的原子论。留基伯主张用单一的原质来说明万物的本原，承认火、水、土等多种多样的原子，但构成各种原子的材料在本质上是没有区别的。德谟克利特发展了他老师的原子论，认为世界上各种物质都是由不可分割的原子组成，物质的千变万化都是原子间的分离或重新组合。原子虽然是多种多样，其本质是相同的，只是形状和大小不同。例如火原子是球形的，土、水、气三种原子都有各自不同的几何形状。在原子重新组合中，各原子本身保持不变，既不能创造，又不能毁灭。德谟克利特的原子论是当时一种了不起的伟大设想。

公元前6—前5世纪，活跃在意大利西西里岛的毕达哥拉斯学派热衷于数、几何图形及其和谐的研究，当他们接受原子论后，赋予了它新的解释。其学派的核心人物柏拉图认为，元素的原子具有精心设计的、各自特定的几何图形。例如，土原子呈立方体，故土和岩石都是质密、坚实、稳固的；火原子被设计为由三角形构成的四面体，有尖锐的棱角，使人有灼热的感觉；气原子呈八面体，故有一定的穿透性；水原子呈二十四面体，接近于球形，故有润滑性。他还认为原子几何形状的改变可以促成元素之间互相转化。作为柏拉图的弟子，亚里士多德(图1-51)虽然也继承了老师的某些思想，但是他同时也接受了许多前辈的观念。他不只是热衷于抽象思维，也比较注重实际。他认为自然界中人们能感触到的、确实存在的对立面中，热和冷、干和湿才是本质的物性。把这四种物性赋予原始物质，就构成了世界上各种物质的单质。四种物性的两两组合，即热和干、冷和湿、热和湿、冷和干分别构成了火、水、气、土，这就是四元素的原性说(图1-52)。这一假说成为后来炼金术的理论根据之一。此外，亚里士多德还把天文学、物理学、化学中的演绎思辨与生物学、医学中的敏锐观察及综合归纳的研究方法结合起来，成为古希腊知识的集大成者。他的著作在中世纪被奉为经典。

图1-51　古希腊学者亚里士多德

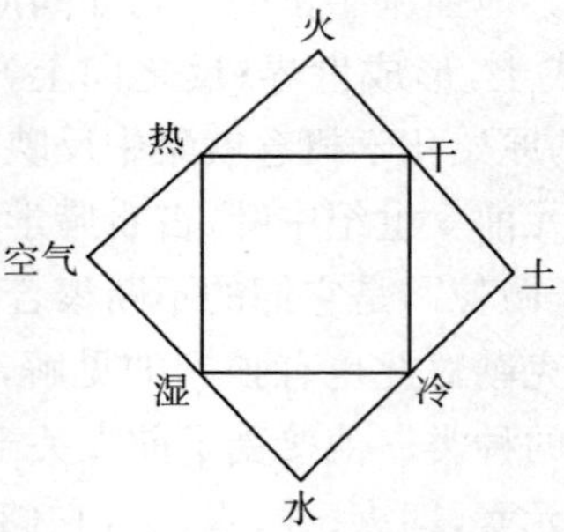

图1-52　四元素的原性说示意图

五、为近代化学奠基的化学实验

在熟睹了自然界千变万化的大量现象后，一些人在世界万物由某些元素构成，而且它们之间可能相互转化的观念引诱下，希图通过试验找到或提炼出那种能改变物质本性的神奇东西，就像神话中那种能满足人的愿望的法宝，中国古人称之为“灵丹妙药”，西方古人称其为“哲人石”。由于文化背景的差异，在古代中国，皇帝等权贵希望能吃到让人长生不死的“灵丹妙药”，以图永享富贵；而在西方贵族心里，拥有“哲人石”，就能获得众多黄金白银而家财万贯。因此，中国古人侧重于炼合神丹，其活动习称为炼丹术；而西方先民更注重黄金白银，故其试验活动习称为炼金术。

在帝王、贵族的资助下，在古代很长一段时间里，无论是东方的中国，还是西方的古希腊、古罗马和阿拉伯，炼丹（金）术都曾活跃一时，那些烧铅炼汞、变化五金八石的试验没有炼得他们所期望的灵丹妙药或哲人石，活动以付出大量物力人命的失败而告终，但是这些试验还是为后人认识许多化学物质和化学反应积累了丰富的经验。人们正是从失败的教训中找到了化学的真正使命。鉴于这点，可以认为炼丹（金）术是化学的原始形态，炼丹（金）家是一批致力于化学探索的勇士。

中国的炼丹术

在中国流行了近 2 000 年的炼丹术起源于战国时期。当时就有诸侯派人到处寻找长生不老的仙药，统一了中国的秦始皇更是想获得这种仙药，他派人寻仙找药，最典型的事例就是委派徐福率上千名童男童女乘船过海到东瀛找寻仙人和丹药。到了汉代，有人说服食黄金珠玉就可以长生，汉武帝就信了，他在宫中豢养了很多方士，为他炼制可以服食的丹药。上行下效的趋势掀起了炼丹的高潮。汉武帝的叔叔淮南王刘安也招致数千门客为其收集养生秘方和炼制丹药。

到了东汉末年，沛国人张道陵创立了道教，并使炼丹成为部分道士的活动内容，这样炼丹术就有了更广泛的社会基础，从而有了新的发展。唐代的皇帝姓李，为了政治上的需要，自称是“太上老君”李聃的后裔，尊老子为圣祖。因为道教也奉老子为其祖师爷，于是唐朝皇帝立道教为国教，从而出现了道教与皇权结合的局面。炼丹术在唐朝的发展进入了黄金时期。

当时所谓的金丹仙药大多是一些含汞、铅、砷的化合物，特别是与血的颜色相近的丹砂（硫化汞）和能“轻举飞升”的水银被用作炼丹的主要原材料，但是许多人忽视了其有毒这点。据史籍记载，晋哀宗（341—365）为防止衰老，沉迷于服食金丹，结果25岁便中毒身亡。北魏道武帝（386—409）在京师设立仙坊典煮炼百药，令判死罪者试服，多死无疑。他仍不甘心，最后还是因服了五石散，精神失常而亡。北魏太武帝（424—452）征召方士，炼制金丹，也以丧命而告终。最典型的例子发生在唐朝。一种说法称唐太宗便因服丹药中毒，罹暴疾而驾崩。唐高宗也好长生之术，只因父亲的教训而不敢服仙丹。唐玄宗迷恋金丹有加，垂暮之年仍不忘炼丹。唐宪宗因服丹药后，难熬燥渴，怒责左右，被不堪虐待的宦官弑杀。此后的穆宗、武宗、宣宗皆因服食丹药中毒身亡。“上之所好，下必甚焉”，服食丹药之风弥漫朝野上下，那些达官显贵群起效仿，连许多文人墨客也浸染这一习气。著名诗人白居易在其《思旧》诗中：“退之（韩愈）服硫黄，一病讫不痊。微之（元稹）炼秋石，未老身溘然。杜子（杜牧）得丹诀，终日断腥膻。崔君（崔玄亮）夸药力，经冬不衣绵。或疾或暴夭，悉不过中年。”对此作了客观的评述。

惨痛的服丹之祸逐渐使人们有所觉醒，大约自南宋起，炼丹术开始走下坡路。明清时期虽有短暂的反复，但是人们对服食丹药已十分谨慎，更多的人在痛斥外丹黄白术的谬论的同时，转向以修炼气功为主的内丹术。当近代化学知识传入后，炼丹术则彻底地败落了，而在炼丹和制药中积累的化学知识很自然地融入到近代化学之中。

为什么服食金液还丹助长生的观念能流行千年呢？这是因为炼丹家有一套玄虚的理论自欺欺人、自圆其说。其理论概括起来大致有三点。一是“假外物以自坚固”的丹药观。认为黄金等具有抗蚀性而长存，若把这种性能移植到人体，人体就会长生。开始时人们直接吞金或饮金屑酒，后果就是死亡，此路不通。于是改试服用炼制得到的与金相似的药金或金液，结果可想而知。这是一种把物质的物理、化学性质与人的生理、生命现象混同起来的错误观念。二是以阴阳五行说为统摄的药性论。这一理论的依据是阴阳五行说，它人为地把物质分成阴性药和阳性药，认为阴、阳药相互交媾，能使构成万物的精气得以抒发。人服食了由阴、阳药配制提炼而得的丹药就能获得精气而长生。三是加速金石进化的炼丹观念。认为炼丹过程模拟了天地阴阳造化的环境，辅以水火相济的强化手段，加上祈祷上仙的护佑，天然金石便会缩短其进化所需的时间，犹如“山中方七日，世上已千年”。这样炼出来的丹药凝聚了被压缩的时间，服食后被压缩的时间又释放出来，从而使服药者长生不老。由上述理论可见，炼丹术的观念中虽带有某些唯物论的色彩，但更多的是充斥着神仙说的迷信成分。

炼丹方士又是怎样炼丹的呢？首先炼丹选址要在名山之中的无人之处，结伴不过三人，显得很神秘(图 1-53)。丹房(修坛建灶，炼制神丹的房舍)、丹井(提供水源)、符室(方士饵服丹药、供奉丹经、贮存药物的静室)的修建都有一定之规。炼丹的方法有火炼和水炼两种，以火炼为主。升华法是最常用的火炼方法。火炼法的具体操作包括：炼，指为干燥物质而加热；煅，即长时间高温加热；炙，是指将物质进行局部烘烤；熔，即加热熔化；抽，即蒸馏；飞，主要指物质升华；伏，是指经过加热使物质变性。水炼法的具体操作包括：化，是指溶解物质；淋，是指用水溶解出固体的部分物质；煮，是将物质放在水中加热；熬，是将物质放在水中长时间加热；渍，是用冷水在盛物质的容器外降温；此外，还有点、养、封等技术手段。由此可见这些操作手段大多是化学实验的基本技术。在炼丹中使用的设备和仪器(图 1-54、图 1-55)大多是自己设计的，有丹釜(即升炼丹药的反应器具或升华器具)、合子(间接加热药物用的器具)、神室(炼制丹药、变化物质的反应器具，用金或银制成的合子也叫神室)、柜和柜药(将装入药物的合子放入较大的外盒，这外盒称为柜，柜与合子间的填料称为柜药)、鼎(炼丹中的反应器具)以及丹炉、神灶、丹坛等。这些器具归纳起来分别具有升华、蒸馏、冷凝及研磨的功能，后来其中一部分被中药作坊所传承。

图 1-53　中国古代炼丹图

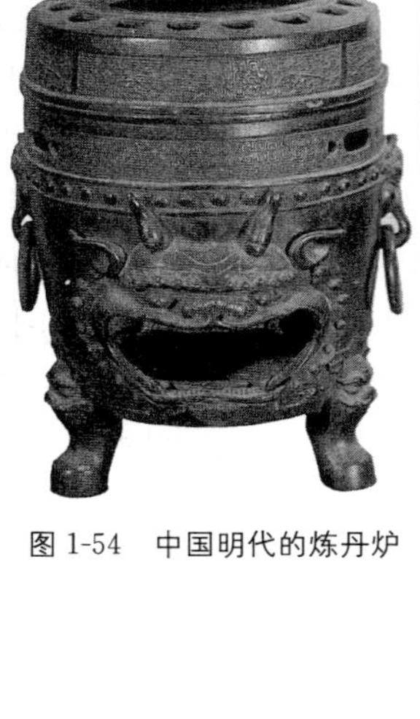

图 1-54　中国明代的炼丹炉

图 1-55　出土的古代炼丹设备：东汉彩虹鼎(左)、唐代银石榴罐(右)

历史以大量的鲜活事例证明令人长生不死的灵丹妙药是炼不出来的。民谣中就流传着"服食求神仙，多为药所误"的说法，就是普通百姓对服食灵丹妙药求长生的讽刺。但是也应看到炼丹方士在所进行的大量炼丹试验活动中，观察到许多物质间的化学反应，还制得了一些自然界中不存在的化合物，合成了一些纯净的化学试剂(图 1-56)，从而唤起了人们对诸多化学变化规律的思考，并形成了一些原始的化学观念，这对近代化学的建立是有积极意义的。中国古代的炼丹活动多与制药相通，一些炼丹家兼通医术，例如东晋的葛洪，南朝的陶弘景，唐代的孙思邈、孟诜等都是有声望的医药大师。在炼丹中制得的某些药剂确有疗效，因而流传下来被收入中医药的宝库。例如，中国丹药中仍有 30 多个方剂在使用，从成分上看，它们可归纳为硫化汞、氧化汞、氯化汞三个类型，包括玄门(道家)四大金刚："乾坤一气丹"、"金龟下海丹"、"混元丹"、"毒龙丹"。总之，中国古代的丹药研制，对中国药剂学的发展还是有一定促进作用的。

图 1-56　明代《本草品汇精要》中制药彩绘：制水银粉（左）、制丹砂（右）

中国炼丹术的最大成就应是发明了黑火药。构成黑火药的主要原料硝石和硫黄，都是炼丹的常用材料。在火法炼丹中，当将硝石、三黄(硫黄、雄黄、雌黄)及一些富含碳的物质混合起来加热时，假若预先没有防范措施，有可能出现猛烈燃烧，甚至会发生燃爆(图 1-57)。东汉以来的许多炼丹书就多次记载这类事故。唐代炼丹书《真元妙道要略》就明确指出："有以硫黄、雄黄合硝石并密烧之，焰起烧手面及烬屋舍者。""硝石……生者不可合三黄等烧，立见祸事。"为了改变硝、硫的易燃爆性，丹家们设计了多种伏火方法来制伏这一特性。大约到了唐末、五代十国那个穷兵黩武的年代，不知哪位炼丹家将这个易燃能爆的配方献给了军事家，首先用于战场上的火攻。火药的威力逐渐显现了出来，很快使用火药的火炮、火箭、火蒺藜等火药武器相继出现。宋朝初年编撰的兵书《武经总要》就介绍了这些火药武器及其制法和使用方法(图 1-58、图 1-59)。早期火药武器的主要威力在于助燃，稍后发明的"霹雳炮"、"震天雷"等火药武器则属于燃爆型，这表明火药的原料和配方都在改进。到了"火枪"、"突火枪"、"火铳"等管型火药武器的大量使用，则标志着火药武器已逐渐成为常规武器中的佼佼者，在军事武器史上引发了一场革命。火药和火药武器的发明是中国古代重要的科技成就之一，也是中国先民对世界文明进步的重要贡献之一。

图 1-57　古代炼丹中的燃爆事故

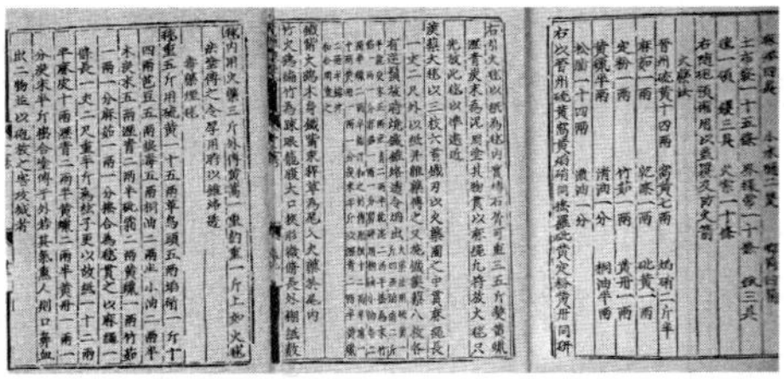
图 1-58　宋代《武经总要》所记载的火药配方

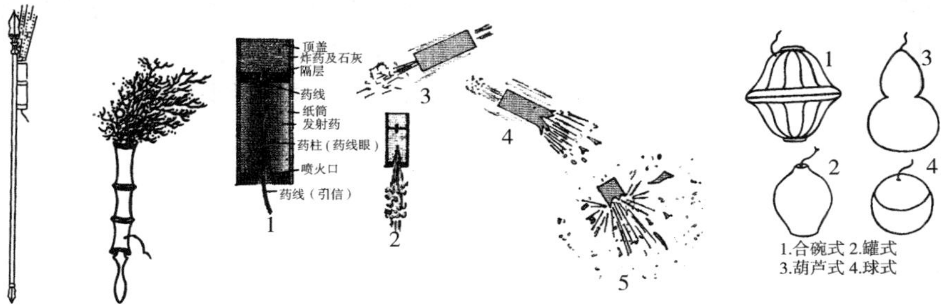

图 1-59　宋代的火药武器：火药箭、突火枪（左图），霹雳炮示意图（中图），震天雷（右图）

西方的炼金术

在东方，中国曾出现炼丹术；而在西方，也曾有炼金术，古希腊是炼金术的发祥地。

公元之初，强悍的罗马军队占领了曾是文化中心的亚历山大城和整个埃及。大批希腊学者被赶出了研究院，沦落街头。为了生计，他们不得不迈进许多小生产的作坊当苦力，跟那些打铁炼铜或雕金琢银的埃及工匠学艺。他们发现工匠们会偷偷摸摸地往黄金、白银中掺入黄铜、白锡，以次充好，从中渔利。很快他们也学会了这种发财手段，不过他们是学过亚里士多德哲学思想的人，认为可以通过努力和采取适当方法使贱金属变成黄金而趋于完美，从而开始了炼金的试验。据 1885 年在荷兰莱登和 1913 年在瑞典斯德哥尔摩发现的有关公元 3 世纪古希腊炼金术的手稿，可以对当时的炼金活动有个大概的了解。

古希腊炼金术士接受了亚里士多德的物质观，认为变贱金属为贵金属是可能的，这种可能性在神秘手法的掩盖下，逐渐变成了一种炼金的新观念。这种观念认为灵气寓于万物之中，是物质生长、衰亡的根据。因此变化贱金属，首先要使它失去固有的灵气，即死亡，再赋予它新的灵气，从而产生新的属性和形式。在各种物质的属性中，颜色是最本质的属性，金属的灵气就体现在它的颜色上。如果能在贱金属表面镀上一层金或金色，就能把黄金的灵气移植给它，就能促成其向黄金的转变。按照这一观念，炼金大致的操作过程实际上是色模法：先黑化，制得死物质；第二步是白化，即让死物质又活过来；第三步是黄化，即让活金属进入完善境界；最后一步是净化，即让“黄金”完美逼真。对于色模法，古代埃及工匠擅长的加工染色和使用媒染剂的技术是十分重要的。水银和硫黄也是古希腊炼金术的两味主药。与中国炼丹术不同的是，古希腊炼金术士注重的颜色而不是物质的分解或化合。

到了 3 世纪末，罗马帝国皇帝戴克里先（约 250—312）下令取缔炼金术，并将有关炼金术的书籍收缴焚毁，因为当时社会上伪金假银泛滥成灾，严重地影响了国家的财政和经济。古希腊的炼金术虽然被埋入废墟，但是炼金术士发明的一批仪器成为遗产留给了后人，例如，在高温下熔化金属、炼制合金的熔炉、坩埚以及配制试剂的烧杯、加热锅和多种蒸馏器、过滤器等，这些器具后来成为化学家手中的有力工具。

8 世纪初，一直默默无闻的阿拉伯游牧部落兴盛起来，凭着快马弓箭征服了埃及，占领了希腊、叙利亚、波斯等国，建立了比罗马帝国还要庞大的帝国，地跨亚非欧，成为东西方文化交流的汇集地。先进的希腊文明为阿拉伯人所神往。在全面翻译、学习古希腊学术著作的热潮中，希腊的学术思想披上阿拉伯外衣而迅速在阿拉伯帝国传播开来，中国造纸术的传入更是推动了这一传播。躲藏多年的古希腊炼金术借机在这块沃土中复萌了生机。

在西方称雄的阿拉伯帝国与中国唐王朝东西呼应，成为当时世界文化的两大中心。通过陆上和海上的丝绸之路，经济、文化的交流十分活跃。这种交流也反映在炼金术上，在现存的阿拉伯炼金术文献中，就有中国铜、中国盐（即硝酸钾）及多种药金、药银的记载，特别是中国炼丹术中的硫汞理论在阿拉伯炼金理论中留有明显的痕迹。阿拉伯炼金术士认为：金属具有两种组分，一是土性的烟，二是水性的汽，这两种气体在地球内部凝结成硫和汞，各种金属都由硫和汞合成。六种金属的差别皆因它们所含的硫汞比例不同。黄金中的硫汞比例平衡，而铜、铁、铅、锡，不是汞少即是硫少，可以通过调整比例，使这些金属变成金（图 1-60）。由这一观点也能看到阿拉伯炼金术理论中确是汇集了古希腊炼金术和古代中国炼丹术的一些观念。

图 1-60　炼金术士在试验（15 世纪的木刻画）

在阿拉伯炼金术领域中有两位炼金家最为著名。一是出生在巴格达附近的札比尔·伊本·赫扬（约 721—约 815），他是阿拉伯炼金术的早期代表人物。他从小跟随一位伊斯兰教什叶派头领闯荡江湖，收集了不少有关炼金术的资料。开始他依照文献记载进行炼金试验，屡屡失败。后来他大胆采纳了来自东方的新观点，变换试验手段，改良传统的蒸馏、升华、结晶技术，终于有一些新发现。据传他发现了硫酸、碳酸铅等多种化合物。他写出了《炉火术》、《东方之汞》、《善行录》等著作，论述了炼金术的原理和方法。在他去世后，人们在重修库法城街道时，发现了赫扬的实验室和一块半斤重的黄金，顿时轰动了全城，传说他真正掌握了炼金术。他的著作立刻被传抄刻印，成为炼金术的入门书。赫扬的物质观类同古希腊炼金术所宣扬的观念，主张采用蒸馏的手段使"要素"从物质实体中分离出来，因此，蒸馏成为炼金的主要化学操作。他把物质分为三类，一是遇火即挥发的精英，二是可以锤锻并发出清脆金属声的金属，三是矿体。另一位著名炼金家是兼作医生的拉茨(865—925)。他写过不少炼金术著作，其中以《秘典》最受关注。该书不仅有物质的分类和制备，还介绍了当时炼金术士常用的设备和方法。他的著作对后来欧洲炼金术产生了很大影响。

公元 476 年，西罗马帝国崩溃，此后的 500 年间，西欧大地处于四分五裂、割据混战的状态。1095 年基督教会决定将内战的祸水外引他国，以宗教的狂热把那些好战而难以驾驭的骑士组织起来去对付宿敌穆斯林，征战的首选目标是基督教的发源地中东，由此引发了战争规模空前、持续达 200 年之久的十字军东征。

狂热的十字军战士在攻占巴勒斯坦、叙利亚等地区后，被眼前的阿拉伯文化奇迹所惊呆。阿拉伯的建筑、服饰、绘画、音乐、哲学、医学及科学都是他们闻所未闻的文明硕果。逐渐地在西欧骑士心目中，征战的胜负已不重要，他们向往的是阿拉伯的物质文明。于是在西欧，首先在西班牙、意大利掀起了一个翻译、学习阿拉伯著作的热潮。赫扬的文集、拉茨的《秘典》与其他阿拉伯名著一样都有了拉丁文本。从书籍中西欧学者才知道炼金术的活动及其相关知识。12 世纪初炼金术活动在西欧兴起，13 世纪进入高潮。在教会和封建贵族的操纵下，在教堂或宫廷升起炉火，驱使炼金术士像矿工一样为主人炼变黄金。例如，德意志国王亨利六世(1190—1197 年在位)就曾雇佣 3 000 多名炼金术士为其变炼"黄金"。这些大多是铜合金的"黄金"被铸成钱币，进入商品流通领域，破坏了正常的经济秩序。一些知名的经院学者也逐渐对炼金活动产生了兴趣，到 1350 年，至少已有 72 本炼金术著作问世。

图 1-61　西方炼金术士在试验（16 世纪油画）

西欧炼金术(图 1-61)也取得一些成果，其中一项成果和两个人在历史上留下了印迹。这项成果就是酒精的制取。大约在1167年前,几位热衷于炼金术的意大利医生,仿照阿拉伯人的做法,在葡萄酒中加入一些据说能吸收"湿素"的盐,进行蒸馏,然后又在馏出液中加入生石灰重新蒸馏,结果得到一种挥发性很强的无色的"水"。这种"水"点火即燃,化作蓝色的火焰消失得无影无踪。其实这种"水"就是酒精。可在当时,人们看到它既可燃烧,又不留一点灰烬,很是惊奇。有的炼金家就猜测它可能是"热素"的精英,是"火"的基质。不久,人们又发现这种"水"可以饮用,只是饮后会脸红身热,精神亢奋,飘飘欲仙。那些向往长生的炼金家还推测它可能就是一种"长生之水"或"生命之水"。消息传开后,人们纷纷仿制,并竞相痛饮这种"生命之水"。由此开创了一种新的产业:蒸馏酒生产。有的医生曾认为这种"水"具有防腐性,可能是第五种元素,不过饮用这种"水"导致的大量事实告诉人们,它不是"生命之水"。直到16世纪,根据帕拉塞尔苏斯的建议,人们命名它为"酒精"。酒精的制取使蒸馏技术更被看好,人们借着蒸馏技术的发展,根据阿拉伯炼金手稿的提示,又掌握了硫酸、硝酸及王水的制备。无机酸的使用无疑对考察许多物质的化学性质,特别是溶液中的化学反应起了重要作用。酒精和无机酸的生产尽管当时主要在药房中进行,但也可视为早期化学工业发展的一个重要展示。

德国的马格努斯(A. Magnus,1200—1280)和英国的罗吉尔·培根(R. Bacon,1220—1292)是在欧洲炼金史上产生过重要影响的代表人物。前者倡导对自然科学的研究应成为基督教义中一门合法的学科,从而使炼金活动获得教会的庇护。他是中世纪唯一一个对亚里士多德著作加以注释的学者。他著写的《炼金术》记载了明矾、铅丹、砒石、苛性碱等物质的化学变化,描述了当时的蒸馏设备。特别是他在晚年对炼金术的虚妄有所醒悟,把它称之为"天才与火的卑下结合",勇于揭穿某些炼金术士的欺骗行径。

出身于富有家庭的罗吉尔·培根曾就读于牛津大学,毕业后留校任教。1247年后,他迷上了炼金术试验,为此埋头在牛津的乡村做了大量的炼金试验,同时也做了一些光学和机械学方面的试验。他坦诚的言行被教会首领指责为"妖妄怪诞",1260年被软禁在巴黎的寺院里。在寺院里他完成了百科全书式的著作:《大著作》、《小著作》、《第三著作》。在著作中,他把炼金术列为七大自然知识之一,认为汞是金属之父,硫是金属之母,炼金术应是论述和制备某些灵药的科学。根据炼金的实践,他提出:唯有实验才是炼金术及全部科学的真正出路。培根这种新思想竟敢怀疑教会对真理的拥有,提出要用实验来检验大师的经典论述。于是他的观点被教会视为异端邪说,1277年他被投入监狱,并被剥夺了读书、写作的权利,直至病入膏肓,1292年悄然去世。

六、孕育近代化学的医药化学和冶金化学

炼金术士制造的伪金币扰乱了经济市场，以炼金术为幌子的骗术遭到人们的普遍谴责。1326 年罗马教皇颁布了取缔炼金术的敕令，从此，炼金术在欧洲衰退了。

医药化学和无机化学的兴起

当笼罩着神秘主义和隐喻色彩的炼金术被人们嘲弄时，一些对炼金术有所了解的学者，特别是其中长期从事治病救人的医生率先觉醒了。他们认为炼金术应该也可以为研制药物作出贡献。事实上，一些炼金术士曾配制出某些有医疗价值的药物，因此，这些医生的见解得到赞同并影响了炼金术的发展方向，进一步促使炼金术活动转向以研制药物为主。与此同时，在医生队伍中也出现一个研究化学药物的新学派，这一学派被称为医疗化学派。

医疗化学派的代表人物是瑞士的荷赫希姆(P. T. B. Hohenheim，1493—1541)。他是一个医生的儿子，在目睹了疾病给人们带来的痛苦后，他决定子承父业，并下决心要超过古罗马的名医塞尔苏斯，自称为帕拉塞尔苏斯(图 1-62)。他对当时的医学和炼金术都有所了解，并指出：炼金术的目的不应在点金，而应该是制药。他强调实践的第一性，并扩展了炼金术的定义，主张凡是将自然原料转变为对人类有用的成品的活动，都可以称之为炼金术。他赋予炼金术的新定义实际上把它从神秘隐晦的研究转向了实用、可见的研究，从而为近代化学的诞生扫清了道路。

图 1-62　瑞士医生帕拉塞尔苏斯

帕拉塞尔苏斯在意大利取得医学博士学位，并于 1527—1528 年被任命为医学教授。他虽然是位有本事的外科医生，却因革新思想而遭到攻击和羞辱。他曾在一次上课时，当众烧掉当时被视为经典的伽仑和阿维森纳的著作，以示其革新医学的决心。他告诫学生，一定要注意研究药物的化学性质，千万不要盲目地给

病人用药。为了从理论上解释和指导用药，他发展了炼金术的硫汞理论，提出了万物都由硫、汞、盐所构成的三要素说。他认为硫是可燃性要素，相当于人体的灵魂；汞是可溶性和金属性的要素，相当于精神；盐则是固态实体的要素，相当于肉体的作用。三要素说实质上是亚里士多德原性说的变种，然而它毕竟是基于硫、汞、盐等实在的物质，所以较原性说要务实一点。他也赞同炼金术的某些观念，并将它运用到医疗中。认为小宇宙（人体）和大宇宙是相似的，都由三要素构成。医生的任务是使病体康复，因而要促使体内三要素恢复平衡，因此他力主采用某些矿物药。

为了研究矿物药的化学性质，他做过不少实验，完成了许多无机物的转化和分离提纯。他大胆地使用了一些汞、铅化合物作药物，在获得一些成功的同时，也治死过不少人。由于帕拉塞尔苏斯标新立异的医学观点和平时的过激言论惹怒了某些人，最终可能被人谋害在一个小旅店中。

图 1-63　16 世纪西方的炼铜作坊

继帕拉塞尔苏斯之后的代表人物是德国的内科医生李巴乌（A. Libavius，约 1540—1616），他曾担任过卢森堡中学的学监，创办过卡森米端诺大学预科。随着年龄的增长，他对化学的兴趣日益浓厚，后半生基本上都献给了化学药剂的研制。出版于 1597 年的《炼金术》是他的代表作。该书力图将当时分散在炼金术、制药学、冶金学（图 1-63）以及相关学科中的化学知识都包罗进来，成为第一本真正的化学教科书，确立了 17 世纪德国教科书的传统。

李巴乌虽然也用“炼金术”一词来概括化学的全部含义，但是他给炼金术的定义有所不同：炼金术是通过从混合物中析出实体的方法来制造特效药和提纯洁净精华的一门技术。这显然比帕拉塞尔苏斯前进了一步。李巴乌宁肯放弃理论，也要强调实用，为此他写出了《工艺大全》来总结他多年实验研究的心得。该书叙述了硫酸、盐酸、硝酸、王水等无机酸及许多化学物质的制备，为医药化学增添了不少新内容。

李巴乌的著作可以视为对 16 世纪化学逐渐从炼金术的阴影中摆脱出来的一个写照。他的《炼金术》使人们有了第一本化学教科书。他的《工艺大全》进一步展示了实用化学的现实意义，人们开始感觉到化学值得人们去进行独立研究。

17 世纪初继承李巴乌实用化学传统的代表人物是生于德国巴伐利亚的格劳伯（J. R. Glauber，1604—1670）。他自学化学，并跑遍了大半个欧洲学习各种化学知识和实验方法，后来定居在荷兰的阿姆斯特丹，在那里建立了一个出色的实验室(图 1-64),在实验中度过了后半生的时光,并可能是因为汞、砷化合物中毒而病逝。他写过大量著作,其中最著名的有 1650 年出版的《新式炼金炉》,书中着重阐述了许多化学实验设备和操作方法。他对金属冶炼和酸、碱、盐的制备作了介绍,特别值得一提的是对浓硫酸的制备的介绍。他还改进了李巴乌的盐酸制法:用硫酸来处理食盐,然后通过蒸馏而制得盐酸。他用无机酸来处理各种金属和金属氧化物,从而获得了许多质地纯净的盐。通过对许多盐的实验考察,他认识到盐是由两部分构成,一部分来自酸类,另一部分来自金属或金属氧化物。通过研究,他认识到中性盐可以彼此反应生成新盐,即现在所说的复分解反应。他还认识到,不同的酸具有不同的反应能力,并用"爱"和"憎"来描述化学物质间的相互作用,可见他是形成亲和力观念的先行者。总之,格劳伯做了大量的化学实验,特别是无机化学反应,把人们对许多物质间的化学反应的认识提高到了一个新水平。

图 1-64　德国化学家格劳伯和他的实验装置

在 17 世纪上半叶,推动化学前进的最重要人物应算比利时医生海尔蒙特(J. B. van Helmont,1577—1644,图 1-65)。他曾系统地学习过古希腊的医学专著,他善于独立思考,能对当时因循守旧的医学进行严厉的批评。他热衷于化学实验,大半生几乎都是遁世隐居,专心做化学实验,因此人们称他为"炉火术哲学家",意思相当于职业化学家。

图 1-65　比利时化学家海尔蒙特

海尔蒙特对当时流传的各种"元素说"都不以为然,他认为唯有水才是所有化学物质的基础。为此,他做了大量的实验来证明水在自然界中的重要地位,其中关于柳树的定量试验最为著名。他在一个瓦盆中盛上定量的土,种上一棵柳树,不时浇水使它在 5 年后长成一株不小的柳树。再经称量,土差不了多少。因此他认为树是因吸收土中的水长大的。这个结论虽然是片面的,但是足以表现出他那种科学实验的态度,而且表明他已经开始探索进行定量实验。

在无机制备化学方面,他也取得了众多成果。例如,发明了多种无机酸的新制法。通过对气体的认真考察,他也取得了自己的独到见解。他认为由化学反应制得的空气不同于大气,不同方法制得的气体也不尽相同。他还认为在生物体内控制各种反应的是一种“酵素”，尽管当时他也说不清楚这“酵素”是什么，但是足以看到海尔蒙特的创见。总之，海尔蒙特所做的大量化学实验和他对化学反应的独到见解，对后世产生了重要的影响。

冶金化学的总结

就在医药化学逐步取代炼金术的同时，采矿、冶金、玻璃制造、酿造、染色及无机酸的制备等化工生产也有较快发展，特别是曾作为炼金术基础的冶金和矿物化学有了显著的进步。反映这一进步的是16世纪在欧洲出版的三部著作。

第一部是于1540年出版的曾任教皇保罗三世的兵工厂厂长的意大利人毕林古乔(V. Biringuccio，1490—1539)的遗作《炉火术》。该书的内容都是他亲身实践的记录。书中着重叙述了利用火的各种生产技艺，包括多种金属的冶炼，还记述了火药的制备。

第二部是曾经作过罗马帝国皇帝鲁道夫二世的矿山总管的德国人埃克尔(L. Ercker，1530—1594)所写的《论矿石和试金》(1574年出版)。这本书较系统地叙述了当时金、银、铜、锑、汞等金属的检验技术及精制这些金属的技艺。特别强调了天平的制造和使用，可以认为这是当时一部有指导意义的冶金化学和分析化学的手册。

第三部是德国冶金学家兼医生鲍尔(其拉丁文名为阿格里柯拉，G. Agricola，1494—1555)的于1556年出版的共分10卷的《金属学》(图1-66)。这部巨著对开矿和各种冶金过程作了十分透彻的描述。书中还记述了矿石的贫富分析、矿石的富集以及金属的提纯、分离等化学内容。此外对盐、碱、矾、硫黄、沥青及玻璃的制造也作了介绍。该书因内容充实、体裁新颖、插图精美而风行一时，具有较高的学术价值，也为后世的化学著述树立了一个典范。

图1-66　德国冶金学家阿格里柯拉和他的著作《金属学》中有关蒸馏和冶炼的插图

中　篇

近代化学体系的构建

一、勇于探索的先驱

17 世纪是近代化学开始建立的时期。从中世纪到 17 世纪的几百年时间里，科学一步步冲破宗教神学的禁锢，以实验为基础，经历了一场以天体运行论、血液循环论和万有引力定律等三大发现为标志的科学革命。

当炼金术逐渐被唾弃时，以帕拉塞尔苏斯、阿格里柯拉为代表的新型炼金家通过大量的实验研究，丰富了化学的内容，特别是定量实验逐渐受到重视，物质不灭定律获得了直观的认同，酸、碱、盐及其化学反应的性质为人们所进一步了解，实用化学的精密程度得到明显提高。在这种认知的新背景下，那些从事化学研究的人们已难以接受那些流行了 2 000 年的包括亚里士多德原性说在内的旧理论，陆续提出了一些自己的新见解。化学研究必须摆脱炼金术的束缚，探索新的“元素说”和其他一些化学理论，为众多的化学现象特别是实验室里源源不断的新发现给出科学的解释。然而，几乎每个化学家对物质的基本构成都有自己的一套说法，从而导致化学理论的发展处于一个混乱不堪的状态。正是在这种态势下，以波义耳为首的一批科学家开始对当时流行的错误化学概念及某些偏见进行认真的研究和批判，逐步建立了具有真正科学意义的近代化学。

把化学确立为科学的波义耳

1661 年出版的《怀疑的化学家》标志着近代化学的开始，该著作的作者就是英国科学家波义耳(R. Boyle，1627—1691，图 2-1)。少年时的波义耳并不比别人聪明，但是他非常好学，常是书不离手。由于体弱多病，为了治病他决心研究医学，自己配制药物。在海尔蒙特的影响下，他也建立了自己的实验室，有空就沉醉在实验探索之中(图 2-2)。他的兴趣很广，研究的大都是自选的课题，主要在化学和物理方面取得了突出的成绩。

图 2-1　把化学确立为科学的波义耳

和当时的许多科学家一样，他首选的研究对象是空气。通过大量的气体特性实验，他总结出“空气弹性和它的体积成反比”的气体定律，即现在物理学上的波义耳定律。

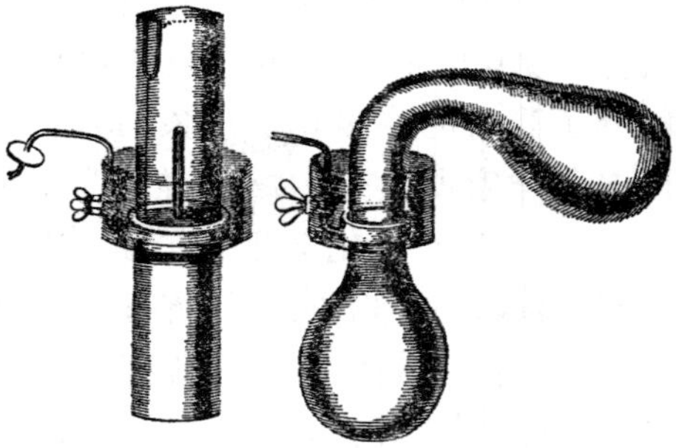

图 2-2　波义耳的减压蒸馏装置

在阅读了前人许多著作，特别是格劳伯的著作后，波义耳深切地感受到有必要重新认识化学，即把化学研究的重点从为什么发生化学反应转移到化学反应是如何进行的上。这样，他首先要解决的问题就是给元素一个明确的定义。在用微粒说统一说明自然界物质及其运动的基础上，他提出：“元素是确定的、实在的、可观察到的实物，它们应该是用一般化学方法不能再分解的某些实物。”这一定义相对于古代的元素概念显然更为科学。同时，他还指出，化学科学应该用实验方法而不是抽象的空谈来建立自己的理论，从而为化学的发展指明了途径。波义耳的这些思想通过《怀疑的化学家》一书得到阐述和传播，开辟了近代化学发展的新时代。

燃素说和亲和力说的由来和发展

在早期的诸多化学理论中，燃素说和亲和力说是最引人注目的。

无论是陶瓷和玻璃的生产、金属的冶炼，还是炼丹、炼金的试验都离不开火，燃烧现象自然成为人们考察的重要对象。从理论上阐明燃烧的机理，曾是早期化学家致力研究的一个问题。1673 年波义耳曾做过煅烧金属的定量实验，发现许多金属在煅烧之后重量有所增加，于是认为这是因为在金属煅烧过程中，火微粒穿过容器与金属结合而变成煅灰。

早在 1669 年，德国化学家贝歇尔（J. J. Becher，1635—1682）根据医药化学派的“硫汞盐”三元素说，提出了“燃素”这一假设。他认为组成物质的除了空气和水外，还有三种土质：可燃的油质土、可熔的玻璃状土、汞状土。他的学生斯塔尔（G. E. Stahl，1660—1734，图 2-3）在 1703 年发展了这一思想，系统地提出了燃素说。他认为，一切可燃烧的物质中均含有一种人们看不见的燃素。可燃物是由燃素与灰渣按一定比例构成的。富含燃素的物质（例如木材）在燃烧时，燃素离开了物体，留下了灰烬。当冶炼金属

图 2-3　提出燃素说的斯塔尔

时，燃素从燃料中跑出，来到矿石中，矿石就变成了金属。斯塔尔深信，燃素是一切化学变化的根本，即化学反应仅是燃素的种种表现。由此，他用燃素说的观点解释了当时的许多化学现象，最后形成一个首尾一贯、条理井然的理论，并为许多化学家所接受。燃素说作为主要的化学理论长达百年之久。

在18世纪的化学理论方面，与燃素说同样有影响的是亲和力说。自古以来，人们一直认为在物质粒子间存在着类似于爱和憎的超自然力，它主宰着各种物质粒子的结合与分离，人们习称其为亲和力。到17世纪末波义耳用机械论的观点批驳了用爱与憎的超自然力对亲和力的解释后，人们开始强调用定量实验的方法来研究亲和力，从而把这一研究提高到了一个新水平。特别是在牛顿的力学理论获得了普遍承认后，化学家们开始努力用牛顿学说即化学反应同样由反应物粒子相互吸引而引起的观点来研究亲和力，其结果是列出了反映各个化合物之间反应能力的亲和力表。

1718年，法国药剂师日夫鲁瓦(E. F. Geoffroy，1672—1731)作了第一次尝试。他用炼金术符号列出的亲和力表以竖行排列，最顶端的物质可与后面的所有物质化合，反应强度越往后越小。1775年，瑞典化学家伯格曼(T. O. Bergman，1735—1784)完成了集大成的工作，做出了两个亲和力表，表示了59种物质在两种状态(低温的溶液和高温的干燥熔融状态)下的不同亲和力。他还把反应分为置换反应和复分解反应。研究中，他还发现在很多情况下，反应物的数量和实验条件都会影响反应的结果。正是沿着后一发现，18世纪后期，法国化学家贝托雷(C. L. Berthollet，1748—1822)认识到除亲和力外，研究反应能力还必须考虑反应物的数量和反应进行的条件，从而为反应实验定律的发现创造了条件。

二氧化碳的发现和对空气的实验

图2-4　18世纪中叶欧洲化学家的实验室

由于一般气体与空气很难区别，所以人们对气体及其性质的研究较矿石、金属要晚。18世纪化学实验室(图2-4)所取得的最大进步就是分离出许多气体，并认识到空气是多种气体的混合体，每种气体都有自己特有的化学性质，从而为化学研究开辟了一个重要阵地。

18世纪初，一位爱好观察植物的英国牧师黑尔斯(S. Hales，1677—1761)做了许多关于气体的实验。他所做的实验主要是关注加热各种物质到底能收集到多少气体，忽视了收集到的气体的化学性质，因此他没有发现气体的多样性，但是他发明的在水面上收集气体的方法却为后人研究气体提供了重要的技术手段。

图 2-5　发现二氧化碳的布拉克

1754 年前后，在英国格拉斯哥大学攻读博士学位的布拉克(J. Black，1728—1799，图 2-5)在实验中发现，加热一种“镁石”(碱式碳酸镁)，其重量会损失过半，而在接收器里只有少量的水生成，由此他认为镁石减重主要是由于放出了存在于固体内的气体。他将该气体命名为“固定空气”。而当镁石与稀酸作用时，他发现也有“固定空气”生成。在加热白垩(一种石灰石)时也能收集到“固定空气”。由此，他认为“固定空气”不是普通空气，而是分散在大气中的一种独特的化学实体。布拉克的发现证实了气体与固体、液体一样，都是由许多具有不同化学性质和物理性质的实体组成的，从而使化学家对许多“物质”有了新的认识。气体既然能同固体结合，也就推翻了前人关于气体不能参加化学反应的观点。从此，许多化学家都投入对气体的研究。

图 2-6　实验成果丰硕的舍勒

药店学徒出生的瑞典化学家舍勒(C. W. Scheele，1742—1786，图 2-6)，因家境贫穷没有受过太多的教育，他却能利用短暂的工作余暇，用极简陋的器具，在条件极差的实验室里完成了大量的化学实验，取得了堪称一流的众多化学发现。舍勒认为，化学的目标和主要任务是巧妙地把物质分解为各个组分，并研究它们的性质和以各种不同的方式使它们化合。在这一思想指导下，他对燃烧这一神秘现象进行了一系列考察。通过实验(图 2-7)，他认为大气是由两种气体混合而成，一种他称之为“浊空气”，另一种称为“火气”。1773 年，他把空气通入一个盛有硫化钾、可以吸收氧气的容器里，获得了比普通空气轻、不能助燃的“浊空气”。他又通过加热硝石而制得了能助燃的“火气”。由于他赞同燃素说，故认为“火气”是一种对燃素有极强吸引力的气体。其实，这种“火气”就是氧气。舍勒应是第一个发现并制备氧气的化学家，可惜的是他相关的文章发表晚于普利斯特列，对当时的化学革命没有产生直接的影响。

图 2-7　舍勒离析出火气的实验

舍勒没有亲眼看到科学的氧化—燃烧理论的创立，但是在他 44 年的人生中，发现了一大批重要的化合物，其中包括氯气、氟化硅、氢氟酸、砷酸、钼酸、钨酸、酒石酸、乳酸、尿酸、草酸、柠檬酸、苹果酸等；此外，他还研究了光对银盐的作用，识别了硝酸与亚硝酸，从骨灰中制取了磷，成果之丰硕令人瞩目。

把化学扶上正道的化学革命

图 2-8　牧师、化学家普利斯特列

把"学到老，要不断地扩张自己的知识"作为座右铭的英国牧师普利斯特列(J. Priesetley，1733—1804，图 2-8)在讨论神学之余，酷爱科学。早期对电学的研究成果使他于 1767 年被选为伦敦皇家学会会员。他没有学过化学，直到 38 岁时才开始探究化学，起因是 1767 年 9 月他被派到利兹的一所教堂传教，恰巧教堂隔壁是一家啤酒厂。厂里发酵池里不断冒出的气体使身体虚弱的他感到头晕气短，全身乏力。他决心研究这种气体。一系列实验后，他发现这种气体不助燃，老鼠在这种气体中很快就死去，而植物可使这种气体变得可供呼吸。他于 1772 年获得一项实际成果，即用这种气体(二氧化碳)制成汽水，并广受欢迎。在此后的 5 年里，他扩大了研究内容，首先改进了集气的装置(图2-9)，使其可以制备和收集一氧化氮、二氧化氮、氮气、一氧化碳等多种气体，数量之多超过同时期的其他人。

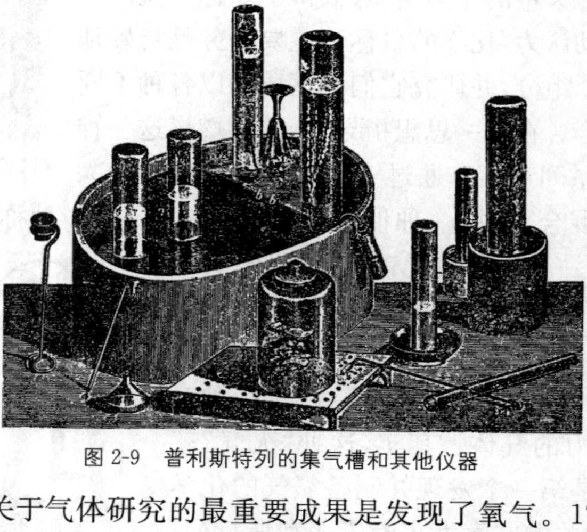

图 2-9　普利斯特列的集气槽和其他仪器

普利斯特列关于气体研究的最重要成果是发现了氧气。1774 年，他弄到一个大凸镜来研究一些物质在高温下放出的气体。加热汞灰(即氧化汞)而获得的气体一度使他大惑不解。这种气体能强烈助燃，小动物在这气体中要比在普通空气中活得更久。显然它是一种新气体。普利斯特列也相信燃素说，并由此命名这种新气体为“脱燃素空气”。其实这种气体就是氧气。由于受燃素说的束缚，普利斯特列和舍勒一样，未能揭示燃烧过程的本质，真理碰到了鼻尖却没有发现。

与普利斯特列一样由于业余爱好而成为当时化学大师的还有一位怪人，他就是在18世纪的英国堪称“有学问人中最富有的，有钱人中最有学问的”的卡文迪许(H. Cavendish，1731—1810，图2-10)。

卡文迪许出生于贵族家庭，由于亲属的遗赠和父母的遗产使他成为巨富。他从来就没有为吃穿发过愁，然而他的生活却是非常俭朴，他甚至于不知道钱该怎么用。他从不涉足贵族们花天酒地的社交生活，而长期深居独处，整天埋头于他为自己建造的科学实验室(图2-11)里，遨游在永远新鲜的科学研究的天地中。

图2-10　发现氢气的卡尔迪许

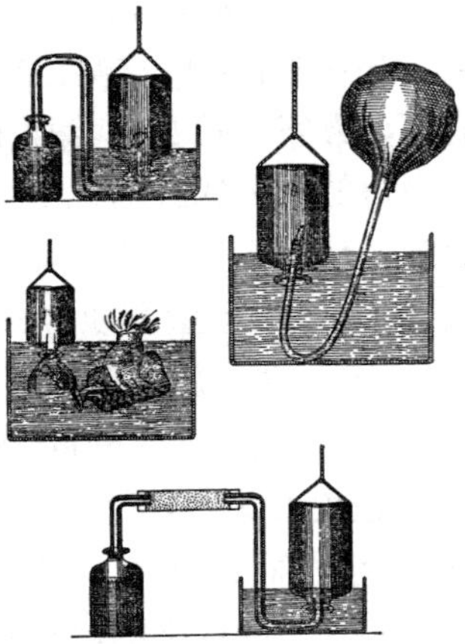

图2-11　卡文迪许气体实验的装置

1766年，卡文迪许发表了他的第一篇论文《论人工空气的实验》，主要介绍了他对“固定空气”(二氧化碳)和“易燃空气”(氢气)的实验研究。布拉克发现的“固定空气”经卡文迪许的继续研究，使人们对它的化学性质有了更多的了解。当时许多人都曾制得氢气，而认识氢气的化学性质却是卡文迪许的努力结果。特别是他以精确的实验测定出氢气确有重量，从而否定了有人认为氢气就是燃素，并具有负重量的错误观点。

1781年，卡文迪许继普利斯特列之后，通过在氢气和氧气混合气中通电而发生电火花燃爆的定量实验，确认了水是由氢气和氧气化合而成的。后来拉瓦锡又通过电解将水分解为氧气和氢气从而彻底地否定了水是元素的传统观点。卡文迪许发表的那些富于成果的实验报告，得到了皇家学会组织的委员会的重现和验证，人们公认卡文迪许是一位有着卓越实验技巧的伟大科学家。

另一位伟大的科学家，却被法国大革命送上了断头台，令当时和后来的许多人感到困惑、遗憾。这是真实的历史。这位科学家就是上文提到的拉瓦锡(A. L. Lavoisier,1743—1794,图2-12),他是18世纪化学革命的主将。

拉瓦锡出生在巴黎一个富裕的律师家庭,从小受过良好教育,他父亲力主他学习法律继承父业。21岁毕业于法政大学并取得律师资格后,他并没有安心做一名律师。他从小就对自然科学有着浓厚兴趣。在上学的课余,主动投拜一些著名的学者为师,学习数学、天文、地质、矿物学、植物学和化学。从20岁开始,他坚持每天作气象观测,假期还作科学考察旅行。

图 2-12　18世纪化学革命主将拉瓦锡和他妻子

1765年,法国科学院以重奖征集一种能使路灯既明亮又经济的设计方案。拉瓦锡参加了竞赛,并以优秀方案而荣获国王颁发的金质奖章。崭露头角的拉瓦锡此后以更大的热情投入到科学研究中,并不断地取得引人注目的成果,年仅25岁就被任命为皇家科学院的成员。1775年担任了法国火药生产总监,为火药的产量及质量的提高做出了贡献。1785年担任科学院的负责人,并参加了统一度量衡的改革工作。

几乎在投身于科学研究的同时,精力旺盛的拉瓦锡没有忘记赚钱的生意。1768年他加入包税商集团,承包了国王的部分税种从中得利。结果1789年法国大革命爆发后,包税商遭到指责,革命法庭于1794年判处包括拉瓦锡在内的20多位包税商死刑。一位科学的巨星就这样陨落了。

从1772年开始,拉瓦锡系统地做了有关燃烧的实验。尽管实验大多是重复前人已做过的,但是他坚持做定量的研究,同时给予新的解释。例如,他跟踪做了普利斯特列关于脱燃素空气的实验后,否定了燃素的存在,确认了氧元素的存在并提出了燃烧的氧化理论。此外他还通过定量实验批驳了水能变成土的观点。

为了帮助人们更好地理解他的理论,拉瓦锡改革了化学命名体系(图2-13),把所有的物质分为元素和化合物两类。所谓元素是指一切简单物质,即化学方法不能再分解的物质。他建议用新的观念来命名元素,并用构成物质的元素命名化合物。这个命名体系后来扩充为现代的命名体系,沿用至今。

从波义耳到拉瓦锡,凡是有作为的化学家,在定量的化学实验研究中都自觉或不自觉地遵循一个物质反应的变化规律——质量守恒规律。只不过真正用精确实验论证了它,并将它科学地表达出来的是拉瓦锡(图2-14)。质量守恒定律的确立是认识物质化学反应,建立化学计量定律的基础。

	Noms nouveaux.	Noms anciens correſpondans.
Subſtances ſimples qui appartiennent aux trois règnes & qu'on peut regarder comme les élémens des corps.	Lumière	Lumière.
	Calorique	Chaleur. Principe de la chaleur. Fluide igné. Feu. Matière du feu & de la chaleur.
	Oxygène	Air déphlogiſtiqué. Air empiréal. Air vital. Baſe de l'air vital.
	Azote	Gaz phlogiſtiqué. Mofete. Baſe de la mofete.
	Hydrogène	Gaz inflammable. Baſe du gaz inflammable.
Subſtances ſimples non métalliques oxidables & acidifiables.	Soufre	Soufre.
	Phoſphore	Phoſphore.
	Carbone	Charbon pur.
	Radical muriatique.	Inconnu.
	Radical fluorique	Inconnu.
	Radical boracique	Inconnu.
Subſtances ſimples métalliques oxidables & acidifiables.	Antimoine	Antimoine.
	Argent	Argent.
	Arſenic	Arſenic.
	Biſmuth	Biſmuth.
	Cobolt	Cobolt.
	Cuivre	Cuivre.
	Etain	Etain.
	Fer	Fer.
	Manganèſe	Manganèſe.
	Mercure	Mercure.
	Molybdène	Molybdène.
	Nickel	Nickel.
	Or	Or.
	Platine	Platine.
	Plomb	Plomb.
	Tungſtène	Tungſtene.
	Zinc	Zinc.
Subſtances ſimples ſalifiables terreuſes.	Chaux	Terre calcaire, chaux.
	Magnéſie	Magnéſie, baſe du ſel d'Epſom.
	Baryte	Barote, terre peſante.
	Alumine	Argile, terre de l'alun, baſe de l'alun.
	Silice	Terre ſiliceuſe, terre vitrifiable.

图 2-13　拉瓦锡的元素分类表

图 2-14　拉瓦锡有关煅烧氧化汞的实验装置

从 1770 年开始的 20 年中，化学经历了一次全面、深刻、前所未有的变革。此前，燃素说被奉为化学的基本原理，大多数化学家都对此深信不疑。到了 1790 年，不仅绝大多数化学家转而接受了燃烧的氧化理论，而且改革了化学的命名体系，确定了现代意义上的元素概念。这一系列的奠基工作大多是由拉瓦锡完成的，故人们称拉瓦锡为这场化学革命的主将。1789 年出版的拉瓦锡名著《化学概要》，总括了化学革命的主要成果，是世界化学史上的一座里程碑。这场化学革命的意义还在于端正了理念，把化学发展扶上了正道，开始缔造全新的近代化学。

二、无机化学的两个里程碑

原子—分子论的创立和元素周期律的发现是无机化学的两个里程碑。

拉瓦锡的声望和化学革命的成果促使法国成为18世纪末世界化学研究的中心。在巴黎那些拥有良好实验条件的实验室云集了一批接受化学新观念的化学家。通过定量的实验研究，进一步用研究成果巩固了化学革命的成就。其中最突出的成果就是化学计量定律（当量定律、定比定律、倍比定律）的建立。

为原子论铺垫的化学计量定律

1766年，卡文迪许在实验中发现用不同的碱中和一定重量的某种酸，所需用的重量不同，他把碱的这一重量称为当量。1791年德国化学家里希特（J. B. Richter，1762—1807，图2-15）发现通过测定与一定数量的碱发生中和作用所需的各种酸的量，或是测定与一定数量的酸发生中和作用所需的各种碱的量，就可以得出亲和力的精确数据。他把实验结果总结成一张表，其实这张表就是第一张当量表。可能因为里希特的表述方式极其繁复，又过于追求数学关系，他的工作不受化学家的欢迎。直到1802年，法国化学家费歇尔（E. G. Fischer，1754—1831）发表了经重新整理并简化了的当量表，大家才逐渐认同了当量定律。

图2-15　列出第一张当量表的里希特

图2-16　提出定比定律的普罗斯

每种化合物都有完全确定的组成，不因制备方法的不同而改变，这就是定比定律（又称定组成定律）。许多化学家很早就注意到，在化学反应中，反应物与生成物之间存在一定的重量比例关系。运用科学实验的事实明确地阐明这一关系的是法国化学家普罗斯（J. L. Proust，1754—1826，图2-16）。从1799年起，他连续发表了十几篇论文，并与当时法国著名的化学家贝托雷（图2-17）展开了长达八年的学术争论，终于正确地区分了什么是化合物，什么是混合物，使定比定律为大家所认可。他们的学术争论一直抱着相互尊重的态度，对事不对人，很注意维护他们之间在辩论中建立起来的友谊。他们对科学问题都很严肃、认真，都尊重实验事实。虽然最终在争论中，贝托雷输了，但是，定比定律的确立也有他的一份功劳。正因为他对普罗斯的文章的认真挑剔，促进了普罗斯的全面思考；贝托雷提出的一些观点和论据，正是存在于化学界的一些模糊的认识，普罗斯回答了这些疑问，无疑提高了大家的认识。所以在争论中，贝托雷实际上是更好地帮助大家认识了普罗斯的定比定律。

图 2-17　法国化学家贝托雷

这些计量化学定律的确立，一方面引导化学研究进一步向定量方向发展，为原子论的提出作出了铺垫，另一方面也为原子论的确立提供了许多令人信服的实验依据。

道尔顿提出了科学的原子论

从古代到 19 世纪初，原子说一直被浓厚的形而上学的色彩所笼罩。18 世纪关于亲和力的研究，对于拨开这层浓雾起了两个作用，一是使人们更加明确物质必须是由微小的粒子所组成，才会有亲和之力；二是证实了简单物体以固定比例化合从而形成各种已知的化合物(即当量定律和定比定律)。这样人们才有可能用纯科学的术语来表达原子假说。

出生在英格兰北部穷乡僻壤一个贫苦工人家庭的道尔顿(J. Dalton，1766—1844，图 2-18)，从小依靠不懈的努力而自学成才。从教小学到大专的漫长教师生涯中，他对科学问题有着特别的爱好和专注。他从 21 岁开始作气象观测，直到临终的前一天，由此可见他在科学研究上的韧劲。

图 2-18　提出科学原子论的道尔顿

道尔顿的科学研究是从对气体的定量实验起步的。通过对大气成分、性质的细致观察和有关蒸气压、气体扩散等实验研究，他于 1801 年提出了混合气体的分压定律：混合气体的总压力为各组分气体分压力的和，每一组分气体的分压力等于该气体独占混合气体原有体积时的压力。同时他还思考："为什么由两种或两种以上气体混合成的大气，在外观上竟能构成一种均匀体，如同单一气体一样?"他由古代原子论得到启发,假定各种物质都是由微粒构成,一种气体微粒可以均匀地分布在另一种气体的微粒之中,他称这种微粒为原子。1803年他正式提出了原子学说(图2-19)。其主要内容为:①元素(单质)由简单原子组成,原子既不能创造,又不能消灭,也不能分割,在化学变化中保持本性不变。②每一种元素以其原子的质量为基本特征,同种元素的原子其形状大小、质量及性质都相同;不同元素的原子则不同。③不同元素的原子以简单数目比相结合,形成化合物,其原子称为"复杂原子"(即分子)。"复杂原子"的质量为所含各种原子的质量之和。

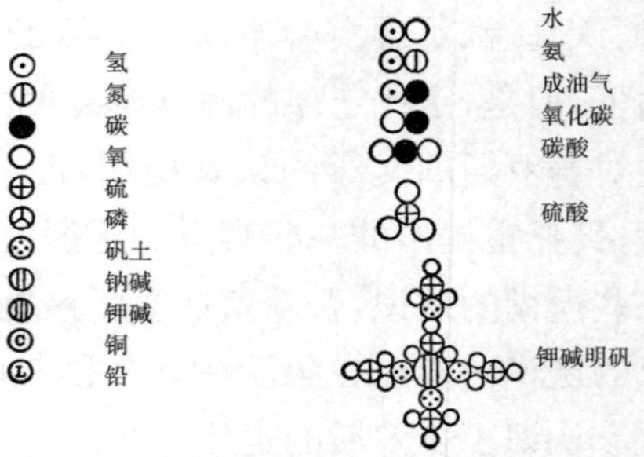

图2-19 道尔顿《化学哲学新体系》中的符号和化学式

与此同时,根据实验的结果,道尔顿提出了化学计量学的又一定律——倍比定律:如果甲乙两种元素能化合生成几种不同化合物,则在这些化合物中,与一定重量的甲元素相化合的乙元素的重量,互成简单的整数比。倍比定律是原子学说的实验依据之一,两者相辅相成。

道尔顿原子学说的核心是引进了"原子量"这一重要概念。据他的挚友汤姆孙(T. Thomson,1773—1852)在其著作《化学史》中说:"道尔顿是为了从理论上说明他自己通过实验确立的倍比定律与普罗斯确立的定比定律间的关系而联系到原子量问题的。"就在原子学说发表后的第三年(1805年),道尔顿在《曼彻斯特文学科学协会报告》刊物上发表论文《关于水及其他液体吸收气体问题》,在论文的末尾,他作了气体对水的溶解度可能与气体的原子量成比例的推论,并在后面附了原子量表。这是世界上最早公布的原子量表。其实,翻阅道尔顿的实验笔记就会发现,他早在1803年9月6日便记下了最初的原子量表。只是他比较慎重,在反复进行有关气体对水的溶解度实验,有了更多的实验依据后,才最终公布了自己的原子量表。

道尔顿的原子学说为古代的原子概念赋予了可检验的具体内容,并能统一地解释当时化学家所熟知的许多化学现象和经验定律,因此为许多化学家所认可,并被确定为化学的基础理论。道尔顿虽然赢得了人们广泛的崇敬,但是他很谦逊地说:"如果说我比其他人获得了较大成功的话,那主要是——不!完全是靠不断勤奋地学习钻研而来。有的人能够远远地超越其他人,与其说他是天才,不如说是由于他具有专心致志地坚持学习，不达目的不罢休的那种不屈不挠的精神所致。”

道尔顿最早一张原子量表的内容如下：

氢—1	氮—4.2	碳—4.3
氨—5.2	氧—5.5	水—6.5
亚硝气—9.3[9.7]	气态氧化碳—9.8	氧化亚氮—13.7[13.9]
硫—14.4	硝酸—15.2	硫化氢—15.4
碳酸—15.3	硫的酸—19.9	硫酸—25.4
死水的矿坑气—6.3		成油气—5.3

由于时代的局限，道尔顿的原子学说必然存在许多不足之处。最大的缺点就是关于复杂原子（即分子）的表述模糊不清，一场学术争论也由此引发。

图 2-20　勇敢无畏的科学探险者盖·吕萨克

在支持道尔顿原子学说的队伍中，有一位赫赫有名的大学教授，他就是在巴黎大学任教的盖·吕萨克（J. L. Gay-Lussac，1778－1850，图 2-20）。为了考察不同高度的空气组成是否一样，他曾在 1804 年勇敢地乘热气球升到 7 016 米高空采集气体样品并因此闻名于世。为了确认气体反应是否存在相同的关系，1808 年他在气体实验中发现了气体反应体积定律，即现在的盖·吕萨克定律。该定律指出：在同温同压下的气体反应中，参加反应的各种气体体积呈简单的整数比。例如，氨气（NH_3）是由一个体积的氮和三个体积的氢化合而成的。这个定律在实验上说明了在同温同压下，相同体积的不同气体含有相同数目的简单原子或复杂原子。盖·吕萨克自认为，这一定律的发现是对道尔顿原子学说的有力证明，并得到许多化学家的重视。但道尔顿却不是这样认为的。在道尔顿看来，这一实验的结论有问题，例如一个体积的氧和一个体积的氮化合生成两个体积的一氧化氮，岂不是一个复杂原子（NO）是由半个氧和半个氮化合而成？这就违背了他关于原子不可分割的基本思想，于是道尔顿拒绝承认气体反应体积定律。这场争论，一方是提出原子论的道尔顿，另一方是掌握了实验数据的盖·吕萨克。

分子假说和电化二元论

道尔顿与盖·吕萨克的学术争论引起了科学界的广泛关注。首先发现问题的症结并提出了解决矛盾方法的是一位当时默默无闻的意大利物理学教授阿伏加德罗(A. Avogadro,1766—1856,图 2-21)。阿伏加德罗仔细地考察了道尔顿的观点和盖・吕萨克的气体实验及他们的争执,于 1811 年写出了第一篇关于分子假说的论文《原子相对质量的测定方法及原子进入化合物的数目比例的确定》。在文中,他首先声明自己的观点来自盖・吕萨克的气体实验事实,接着他提出了分子的概念,认为单质或化合物在游离状态下能独立存在的质点称作分子,单个分子由多个原子组成。为此他修正了盖・吕萨克的结论,提出:在同温同压下,相同体积的不同气体具有相同数目的分子。这里将"原子"改为"分子"的一字之差,体现了科学概念的严谨性,同时也展示了阿伏加德罗的智慧和创新。对此他解释说,之所以引进分子的概念,是因为道尔顿原子概念与实验事实存在矛盾,只有用新的假说才能解决矛盾,假设单个气体分子是由偶数个原子组成,概念与实验事实就能统一起来了。

图 2-21 提出分子假说的阿伏加德罗

阿伏加德罗有关分子假说的第一篇论文根本没引起化学家的注意。三年后,他又发表了第二篇有关分子假说的论文。与此同时,法国物理学家安培(A. M. Ampere,1775—1836)也独立地提出了类似的分子假说,依然没有引起化学界的重视。1821 年阿伏加德罗发表了有关分子假说的第三篇论文。他写道:"我是第一个注意到盖・吕萨克气体实验定律可以用来测定分子量的人,而且也是第一个注意到它对道尔顿原子论具有意义的人。沿着这种途径我得出了气体结构的假说,它在相当大程度上简化了盖・吕萨克定律的应用。""在物理学家和化学家深入地研究原子论和分子假说之后,正如我所预言,它将成为整个化学的基础和使化学这门科学日益完善的源泉。"也可能因为提出分子假说的都是物理学家,化学界就没有认真去思考,更没有认识到这个"分子"的概念对于科学原子论的完善是多么地重要。化学家们依然不承认分子假说。这种不承认,果然给化学家的许多研究带来了麻烦,首先反映在原子量的测定工作中。

原子量的概念是道尔顿原子学说的核心内容。道尔顿根据氧、硫、碳等元素在其氢化物中的重量比推算出它们的原子量。自此,那些信奉道尔顿原子理论的化学家都把确定元素原子量作为头等大事。要确定一种元素的原子量,首先必须掌握该元素与另一种已知原子量的元素(例如氧)所成化合物的精确分析数据,即这种化合物的正确表达式。由于大多数元素都能与氧生成较稳定的化合物,因此人们常以氧作为标准。然而氧的原子量到底是多少,一直没有达成共识,无形之中又为其他元素原子量的确定设置了障碍。瑞典化学家贝采里乌斯(J. J. Berzeus，1779—1848，图 2-22)有着出色的分析技术，他采用多种方法来推算化合物的表达式(即分子式)，再计算原子量。他分析了 2 000 多个无机化合物，分别在 1814 年、1818 年、1826 年发表了三张原子量表。现在看来有些元素的原子量数值与现代值很接近，这是很不容易的。

图 2-22　化学元素符号首倡者贝采里乌斯

贝采里乌斯是道尔顿原子论的忠实支持者，他也不接受阿伏加德罗的分子假说，因而在确定化合物的表达式时，一旦遇上了氧、氮等气体成分，化学式的表达和原子量的测定都陷入一片混乱。例如，代表醋酸的分子式就多达 19 个。面对这种状态，许多化学家之间不仅争论不休，而且还怀疑到原子量能否测定，原子论是否可靠，化学发展陷入了困境。

许多化学家接受道尔顿原子论，却拒绝接受阿伏加德罗的分子假说，这里面还有一个原因，就是贝采里乌斯提出的电化二元论。

自 1800 年意大利物理学家伏打(A. Volta，1745－1827)发明伏打电堆(图2-23)以后，一些化学家积极地将电与化学反应联系起来，当时许多物理学家和化学家都认为化学亲和力与电作用力是一样的。年轻的英国化学家戴维(H. Davy，1778－1829，图 2-24)依据这一思想，通过电解实验，先后得到了金属钾、钠、钙、镁等 6 种金属，在科学界引起轰动。人们对电在化学亲和力中的作用就更感兴趣了。贝采里乌斯就是在这种情况下，发展了戴维等人的见解，提出了电化二元论。他认为根据电解实验的事实，化合物中的不同元素的粒子都带有相反的电荷，它们之间的化合主要靠静电引力。这一理论在当时能解释相当多的化学反应，因而在化学界颇有影响。更何况贝采里乌斯在当时已成为化学界的权威。

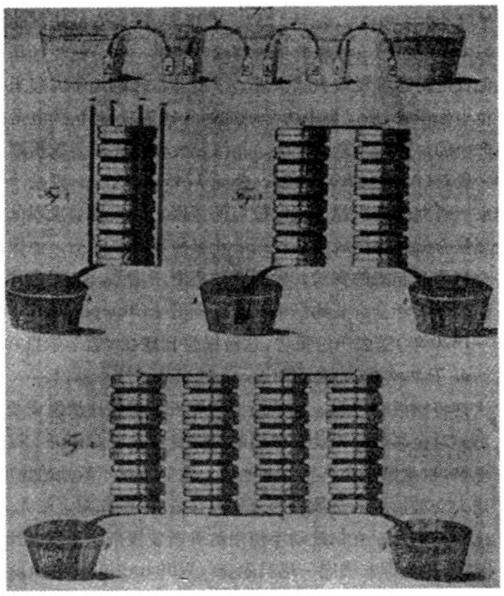
图 2-23　伏打电堆示意图

图 2-24　电解得到金属钾、钠、钙、镁的戴维

根据电化二元论，相同元素的原子带有相同的电荷，同性相斥，故它们不能化合，具体应用到气态分子，例如

氢，两个氢原子怎么可能结合成氢分子呢？因此，许多化学家没有勇气对分子假说进行认真的考察。直到19世纪30、40年代，有机化学的取代反应等实验事实的发现，揭示了电化二元论的缺陷，而导致它在使用中受到质疑，并最终在20世纪被淘汰。电化二元论尽管是个有严重缺陷的理论，但它毕竟在化学与电学之间起了桥梁作用，也可以将它视为后来离子理论早期应用的一种形式。

彷徨歧路的五十年

原子、分子是物质结构理论中最基本的两个概念，原子论、分子论是该理论中不可分割的有机整体。相信原子论，却否定分子论，甚至把原子和分子的概念混淆起来，后果可想而知。从1811年分子假说的提出到1860年长达50年的时间里，许多分子式无法确定，一些元素的原子量也无法确定，致使化学理论处于一个混乱的局面。在化学界，化学家对原子量和分子式都是各行其是，争论不休，化学发展遇到了礁石。

除了上述关于道尔顿原子论与盖·吕萨克的气体实验定律的争论无法仲裁外，许多化学家的深入探讨也常是事倍功半。最典型的例子是在继贝采里乌斯之后成为欧洲化学泰斗的法国化学家杜马(J. B. A. Dumas，1800—1884，图2-25)。

图2-25　发现有机化学取代反应的杜马

从当药剂师学徒开始步入化学研究领域的杜马，依靠自己的勤奋努力，在19世纪30年代的气体研究中取得了一项重要成果：解决了蜡烛冒烟问题。根据实验，他指出：在蜡烛制造中，人们用氯气漂白蜡液，而在漂白中蜡中的氢被氯所取代，因而在燃点蜡烛时，其中的氯就会被释放出来，并产生刺激性的气体。由此他发现了有机化学的取代反应，批驳了电化二元论。同时还因他在研究某些液体特别是酯、煤焦油等物质的物理性质上取得了一系列重要成果而在化学界享有盛誉。1848年后，他曾先后担任过法国政府的教育部长和农商部长。杜马在1826年发表的论文中曾表示他赞同分子假说，但在随后他采用自创的蒸气密度法来测定不挥发性物质的分子量时，认为单质的蒸气压之比不仅等于其分子量之比，也等于原子量之比。由于没有区分原子与分子，结果测得的原子量值与用其他方法的测定值不一样，于是他转而开始怀疑分子假说，武断地指责分子假说不能成立。他的例子在当时具有一定的代表性，因为其他一些化学家也曾遇到同样或类似的情况。

在贝采里乌斯、杜马等权威的影响下，对分子假说的否定似乎成了一边倒的状况。但是也有个别化学家敢于发表自己的不同意见，杜马的学生高丁(M. A. Gaudin，1804—1880)就是其中一个。他在1833年发表的论文《对气氛物体和采用它来测定原子量的新观点》中提到：将原子理解为小的球形的物质微粒，是绝对不可分的；并将分子理解为单个原子以任何数量或任何性质的组合。在文中他从单质气体是双原子分子的观点出发，绘图解释了氯化氢、水、氨分子的形成。他这种正确的认识却遭到贝采里乌斯的公开责难，说他的思想纯粹是一种臆想。就这样，高丁的见解被打入冷宫。

当杜马利用蒸气密度法测定硫、磷、汞等元素原子量遇到挫折后，许多化学家都对原子量的准确测定失去了信心。1833年著名的科学实验大师法拉第(M. Faraday，1791—1867，图2-26)提出了电化当量定律，指出由相同电量产生的不同电解产物，有固定的当量关系。当量这个概念再一次为化学家所重视。有些化学家，例如英国的武拉斯顿(W. H. Wollston，1766—1828，图2-27)很早就主张：当量比原子量可靠，因为原子量缺乏实验基础，而当量直接来源于实验且不需要任何假说，显然比原子量方便。甚至于连德国化学大师李比希(J. F. Von. Liebig，1803—1873，图2-28)也认为，任何时候都没有确立真实的原子量，所以最好还是使用当量。

图2-26　电化学奠基人法拉第

图2-27　英国化学家武拉斯顿

图2-28　革新化学教育的李比希

在19世纪30年代至50年代，上述对原子量不信任的气氛一直笼罩在化学界。在化学研究中出现了两个系统，一个是贝采里乌斯等人测定的原子量，另一个则是当量。不承认分子假说所造成的理论混乱也波及到了正在蓬勃兴起的有机化学研究：被批驳的活力论变换了形式又在一些化学家中复活，刚刚为有机物分类建立的基团理论也遇到了挑战。面对此状，杜马提出，有机化学和无机化学是两个截然不同的学科，有机物的基团就相当于无机物的元素，应该各有自己的原子量体系。杜马的学生罗朗（A. Laurent，1807—1853，图 2-29）和他的好友热拉尔（C. F. Gerhardt，1816—1856，图 2-30）就不同意杜马的观点，他们试图澄清这种混乱，把无机化学和有机化学统一起来。他们援引了阿伏加德罗—安培的假说，分析了大量的实验资料，强调指出：当量、原子、分子并不是同义词，必须严格地区分它们；在原子和分子这两个词之间建立区别也是必要的，因为它们在化学著作中常常混在一起；分子是靠物质的引力维持在一起的原子结合体。他们把气体的分子量定义为占有和 2 克氢相同体积的蒸气的重量，实际上就确定了测定分子量的正确方法。他们赞同有机物的基团理论，并指出在有机物与卤素的置换反应中，基团的主要特征不变。这些观点激怒了贝采里乌斯：带负电的卤素置换了带正电的氢而不改变化合物的主要性质——这简直是不可思议的！贝采里乌斯对罗朗和热拉尔的观点进行了猛烈的抨击。罗朗在学术上的直言不讳同样招来了老师杜马的敌意，不久即被同行排挤出巴黎，死于贫病交困的忧郁中。热拉尔也因不顾老师李比希的警告，直率地发表了某些不同的学术观点，遭遇了与罗朗同样的境遇，40 岁便英年早逝。

图 2-29　法国化学家罗朗

图2-30　法国化学家热拉尔

面对化学界这种混乱的状况，许多化学家们都感到忍无可忍。年轻的德国化学家凯库勒（F. A. Kekule，1829—1896）提出了一个建议：召开一个国际化学家的会议来讨论并解决这些问题。1859 年凯库勒与他的朋友、时任卡尔斯鲁厄技术学院化学教授的威尔采恩（C. Welzein，1813—1870）讨论了这个计划，次年由威尔采恩筹办了这个“卡尔斯鲁厄国际化学会议”。他向欧洲所有的知名化学家发出了邀请，并提出会议的宗旨：一是要精确定义原子、分子、当量、原子价、碱性等概念，二是要讨论物质的当量及其化学式，三是要酝酿一个关于物质命名的计划。

会议于 1860 年 9 月 3 日举行，据官方报道有 127 位欧洲著名化学家出席。在会议的第三天，讨论的主题之一便是化学符号。一些赞同热拉尔观点的年轻化学家建议优先选择[C]＝12、[O]＝16 的原子量值，不再采用以前流行的[C]＝6、[O]＝8。会议还讨论了在化学式中是否要用上加横杠的符号来区分两个相同的原子。来自意大利的康尼查罗(S. Cannizzaro，1826—1910，图 2-31)做了著名的报告。报告的重要之处，是他极力倡导热拉尔的原子量，并认为原子是组成分子或化合物的最小成分。

图 2-31　为确立原子—分子论立功的康尼查罗

会议上各种观点争论激烈，思想没有达成一致，当代表们离开会场时，康尼查罗的朋友帕韦西(A. Pavesi)散发了一份小册子：康尼查罗两年前发表的一篇论文的副本。德国化学家迈尔(J. L. Meyer，1830—1895)在回家的路上阅读了这本小册子，并立即被吸引住了，觉得会议上争论的许多疑惑顿时消失。看了小册子的化学家多有同感。康尼查罗的小册子究竟有什么魔力呢？

这本名为《化学哲学教程提要》的小册子，对原子论、分子假说、电化二元论作了历史的考察，同时对道尔顿、盖·吕萨克、阿伏加德罗、安培、贝采里乌斯、杜马、罗朗、热拉尔的工作作了客观的评述。然后指出分子假说是有根据的，电化二元论是不全面的；当量与原子量不同，当量和原子价的乘积就是原子量；可以运用蒸气密度法来测定气态物质的分子量；有了分子量和原子量就可以确定分子式。

康尼查罗分析细致，论据充分，条理清晰，方法严谨，很有说服力地把原子论和分子假说整理成一个协调的系统，原子—分子论终于为化学家们所接受。尽管当时许多化学家认为卡尔斯鲁厄会议是失败的，但事实上，正是康尼查罗的小册子中所陈述的历史分析和不可抗拒的逻辑性逐渐转变了化学家对分子假说的态度，人们终于明白 1860 年前化学知识的混乱局面正是由于对原子论、分子论的怀疑而造成的。

康尼查罗出生于西西里的巴勒莫，15 岁进入巴勒莫大学学医，后来开始对化学感兴趣，但是由于学校里的化学教学太差，1845 年他来到比萨，给著名化学家皮里亚(R. Piria，1814－1865)当助手。1847 年他回到巴勒莫，遇上了波澜壮阔的 1848 年欧洲革命。他奋不顾身地投入革命，并成为起义的领导人之一。1849 年起义失败，他只好流亡法国，继续他的化学研究。1851 年应支持革命的意大利皮埃蒙特王国的聘请，他先后在技术学院和热那亚大学任教。在这里，他系统、深入地考察了理论化学的发展和存在的问题，完成了名著《化学哲学教程提要》。在1860年德国卡尔斯鲁厄化学会议上的报告就是这本书的一部分内容，散发的小册子就是这本书的副本。

原子—分子论得到了公认，使整个化学科学有了坚实的理论基础，化学再次获得了迅速的发展。第一项重大突破是元素周期律的发现，有机结构理论也在此基础上得到发展完善。原子—分子论的确立是19世纪化学发展最重要的成就，19世纪化学发展也是围绕着阐述和应用原子—分子论而展开的。

原子—分子论在19世纪的遭遇揭示了一些哲理，其中令人印象较深刻的是，一种正确的新理论对于实践的指导往往是很重要的，但是它被多数人所承认接受却是很不容易的。对于直接来自实践经验的规律总结，人们认识它是较快的，而对经过理论思维或逻辑推理得出的理论，人们理解它就需要一个过程。在这个过程中，开展正常的学术讨论或争鸣，有助于提高认识，因而是十分必要的。但是，实际情况中却会由于固守传统观念的保守势力的存在和强大，使得这种讨论或争鸣的过程是艰辛的。代表新生事物的思想或人物，经常遇到挫折和沉重打击，甚至要付出血和泪的代价。在这些争鸣中，学术权威的态度具有重要的影响，他们的态度则由他们的学术观点和个人思想品行所左右。因此，对权威既要尊重，又不能盲从。在学术讨论中，应该遵守在真理面前人人平等的原则。

从三元素组到八音律

从中国古代的五行说、古希腊的四元素说开始，人们一直对世界万物的构成、物质或元素的分类及它们之间的关系进行着不懈的探索。拉瓦锡在对元素进行定义后也列了一张元素表，把元素分为四类：气体元素、金属元素、非金属元素、能成盐的土质元素。但是他把光和热也作为元素并归入气体元素，把石灰和氧化镁归为土质元素，在分类中明显表现出主观和经验性。后来人们又依元素性质而分族，例如把卤素归于造盐元素族，把金、银等不易被空气腐蚀的元素称为贵金属，这种分类方法也表现出任意性。直到19世纪上半叶，人们的努力初有成效，已发现的元素猛增至50多种。特别是原子论的提出，科学地理顺了元素与原子的关系。原子量的引入使元素有了可比性的量度。在这个基础上，元素之间关系的研究才有可能取得突破性的进展。

在1860年以前，许多科学家从事这一课题的探讨，其中给人留下较深印象的是德国耶拿大学化学教授德贝莱纳(J. W. Dobereiner，1780－1849，图2-32)的研究成果。他注意到碱金属、碱土金属在化学性质上十分相似，似乎存在一种族的特征。经过长达十年的研究，在当时已知的 54 种元素中，他发现几个化学性质相似的元素组，每组包括三种元素：锂、钠、钾；钙、锶、钡；氯、溴、碘；硫、硒、碲；锰、铬、铁。每组元素中，中间那个元素的原子量恰好为前后二种元素原子量的算术平均值。1829 年他把上述元素的这种关系称为三元素组（图 2-33）。

三元素组的发现尽管对元素的性质随原子量而作周期性变化的描述是局部和含糊的，但是，鉴于当时原子量尚未统一，这一发现实属不易。它最大的贡献是给后人以启迪，人们可以遵循这一思路，扩大对元素能成族这一特征的考察。三元素组之所以有此局限，是因为当时原子量的测定仍处于一片混乱之中。

图 2-32　德国化学家德贝莱纳

德伯莱纳的“三元素组”举例（当时的原子量[O]＝100）

[Li]＝95.310　　[Na]＝290.897　　[K]＝489.916

$$\frac{[Li]+[K]}{2}=\frac{95.310+489.916}{2}=292.613\approx[Na]$$

[Ca]＝256.019　　[Sr]＝547.285　　[Ba]＝856.880

$$\frac{[Ca]+[Ba]}{2}=\frac{256.019+852.880}{2}=556.449\approx[Sr]$$

图 2-33　三元素组的例子

1860 年以后，原子—分子论得以确定，使原子量的测定获得统一，数值日益精确；同时对元素性质的研究也积累了丰富的资料，研究元素原子量与其化学性质的关系更为直观。许多化学家的努力相继取得了成果，其中较突出的有法国地质学家尚古多（B. de Chancourotois，1820—1886）、英国化学家奥德林（W. Odling，1829—1921）、纽兰兹（J. A. B. Newlands，1837—1898，图 2-34）。

图 2-34　提出“八音律表”的纽兰兹

尚古多在 1862 年提出了元素性质有周期性重复的规律。为说明这一规律，他将元素按原子量大小循序记在一个圆周线分成十六份的圆柱体的螺旋线上，那些性质相似的元素排列在同一垂直线上，从而显示其变化的周期性。

奥德林在 1865 年排出了以原子量大小为序的新元素表，在横排上出现一些性质相似的元素组，说明元素性质随原子量递增而呈现周期性。他初步排列出今天元素周期表中的卤族、氧族、氮族等，虽然错误不少，但比尚古多的螺旋图前进了一步。

纽兰兹于 1866 年发表了论文《八音律与原子量数字关系的起因》。在文中他按原子量大小给元素编上序号，依次也排出了一个元素表（表 2-1），把 62 种元素排列成类似于音乐乐谱中八音阶（即第八个元素性质相近于第一个元素）的排列图式来表示元素性质随原子量大小顺序的变化周期性。由于他既没有考虑到尚有未发现的元素，也没有估计到他所用的原子量有误，加上排法机械，混乱和错误是难以避免的，致使他未能将元素的变化规律揭示出来。上述科学家的努力都没有引起重视，甚至在纽兰兹宣讲他的论文时，还遭到某些人的讥讽，说他的观点是无稽之谈。但是不能不承认，他们的工作实际都为门捷列夫和迈尔发现元素周期律作了技术上的铺垫。

表 2-1　纽兰兹的《八音律表》

No.	No.	No.	No.	No.	No.	No.	No.
H 1	F 8	Cl 15	Co & Ni 22	Br 29	Pd 36	I 42	Pt & Ir 50
Li 2	Na 9	K 16	Cu 23	Rb 30	Ag 37	Cs 44	Os 51
Be 3	Mg 10	Ca 17	Zn 24	Sr 31	Cd 38	Ba & V 45	Hg 52
B 4	Al 11	Cr 19	Y 25	Ce & La 33	U 40	Ta 46	Tl 53
C 5	Si 12	Ti 18	In 26	Zr 32	Sn 39	W 47	Pb 54
N 6	P 13	Mn 20	As 27	Mo 34	Sb 41	Nb 48	Bi 55
O 7	S 14	Fe 21	Se 28	Ru 35	Te 43	Au 49	Th 56

提出元素周期律的门捷列夫和迈尔

1869 年明确提出元素周期律的是俄国化学家门捷列夫（D. I. Mendeleyev，1834—1907，图 2-35）和德国化学家迈尔。

图 2-35　年轻时的门捷列夫

在 1869 年，在 63 种已知元素中，42 种元素有了较精确的原子量，但尚有 7 种元素的原子价未能正确判断，原因是原子量算错了。在总结和汲取了前人工作的经验教训基础上，门捷列夫全面考虑了元素的各种性质，制作了 63 张卡片，把各个元素的名称、原子量、氧化物及物理、化学性质都分别写在各自的卡片上，然后他排列这些卡片时，不仅根据元素的原子量，而且还考虑元素性质之间的联系。1869 年 2 月 17 日，门捷列夫按原子量递增的顺序把 63 种元素排成几列，同时把各列中性质相似的元素左右对齐，当按原子量顺序安排的位置与元素的特征发生冲突时，他遵从元素的特征而掉换位置，或者留下空位。这样就可以看出每一横排化学元素的性质相近，每一纵列化学元素性质的变化也呈现出规律性，整个元素系列呈现出周期性变化。根据这一研究，他撰写了论文《根据元素的原子量和化学性质相似性的元素系统的尝试》寄给了俄国和欧洲的一些同行，在文中以清晰、明确的陈述提出了化学元素周期律。在同年 3 月 13 日召开的俄罗斯化学协会的会议上，门捷列夫因病无法到会，于是委托朋友在会上宣读他的论文《元素性质与原子量的关系》，再次陈述了化学元素周期律，同时公布了他的第一张化学元素周期表。周期表中留下四个空位，空位上没有元素名称，只有预计的原子量，表明那是尚待发现的元素。

无独有偶，1868 年德国化学家迈尔（图 2-36）所绘制的“原子体积周期性图解”，揭示出化学元素的原子量和原子体积间关系。1869 年 10 月，迈尔修改了他于 1864 年和 1868 年发表的元素体积，同时制作了一张化学元素周期表，表中不但明确按原子量递增的顺序来排列元素，还留下一些空格表示未知元素。虽然迈尔的研究测重于元素的物理性质，但是已明确指出元素性质是它们原子量的函数。

图 2-36　德国化学家迈尔

比较两个人当时的周期表，应该说是各有所长，又都存在缺陷。似乎迈尔对元素的族的划分较细致，并在表中已初步形成了过渡元素族。尽管门捷列夫的工作没有获得重视和支持，但是他坚信自己的探索非常重要，他汲取了迈尔周期表的长处，对周期表继续进行更加深入研究，于 1871 年重新制定出新的周期表，这个新表在许多方面都超过了迈尔的工作。其内容可概括为以下几点：①元素按照原子量的大小排列起来，呈现出明显的性质上的周期性。②原子量的大小决定元素的性质，性质相似元素的原子量或者大致相同，或者呈有规律的递增。③元素原子量可以根据元素位置来修正，还可以预知一些未发现的元素，例如类铝、类硅等。门捷列夫叙述的元素周期律不仅说明了化学元素的质量与性质变化的规律，还体现了科学理论的前瞻性和对实际工作的指导。

元素周期律的验证和发展

一个科学发现要被认可，一个科学假说要成为科学理论，必须在科学实验中经受住检验。起初，许多人都认为门捷列夫提出的元素周期律只是运用玩纸牌的手法，把元素按原子量的大小顺序排列而得到的一张表格而已，没有什么意义。

但是随着科学实践的深入，人们逐渐认识到元素周期律的意义和指导作用。

首先，门捷列夫以自己的元素周期表为依据，大胆地指出某些元素公认的原子量是不准确的，应重新测定。例如当时公认金的原子量为169.2，按此，在周期表中，金应排在锇、铱、铂（当时公认它们的原子量分别是198.6、196.7、196.7）的前面。而门捷列夫认为金在元素周期表中应排在这些元素的后面，所以它们的原子量应该重新测定。重新测定的结果是：锇为190.9，铱为193.1，铂为195.2，金为197.2。实验证明门捷列夫的意见是正确的。又例如，当时铀的公认原子量为116，是三价元素。门捷列夫根据铀的氧化物与铬、钼、钨的氧化物性质相似，认为它们应属于同一族，因此应为六价，原子量约为240。经测定，铀的原子量为233.07，再次证明门捷列夫的判断是正确的。基于同样的道理，门捷列夫还修正了当时的铟、镧、钇、铒、铈、钍等的原子量，事实验证了元素周期律的正确性。最让人们折服的事件发生在1875年。这一年，法国化学家布瓦博德朗(P. E. L. de Boisbaudran，1838—1912，图2-37)在检测一种闪锌矿时发现了新元素镓。10月号的《化学新闻》刊载了他的发现报告，公布了他所测得的镓元素的主要性质。第二年的5月，他收到门捷列夫的来信，来信以肯定的口吻指出稼的比重不应该是4.7，而应在5.9～6.0之间（表2-2）。对此，布瓦博德朗感到十分惊奇：现在世界上掌握并研究元素镓的只有他一个人，门捷列夫又是怎样知道镓的性质和比重的？他是一个谦虚谨慎的人，于是决定重新提纯镓并再次测定其性质和比重。测定的比重果然是5.94。这不能不使他感到惊讶，他认真地阅读了门捷列夫关于周期律的论文后，感慨地说："我没有什么可说的了，事实证明了门捷列夫这一理论的巨大意义。"这一科学新闻在科学界产生了轰动。1880年瑞典的化学家尼尔森(L. F. Nilson，1840—1899)发现了钪，1885年德国化学家文克勒(C. A. Winkler，1838—1904)发现了锗，这两种新元素与门捷列夫预言的类硼、类硅元素完全吻合。元素周期律的科学性再次接受了实践的检验。元素周期律不仅预言了一些元素的存在，还预言了它们的性质和发现它们的方法，充分展示了元素周期律的科学性和前瞻性。

图2-37　发现元素镓的布瓦博德朗

表 2-2　门捷列夫关于类铝的预言和其后的验证

类　铝 （1871 年门捷列夫的预言）	镓 （1875 年布瓦博德朗发现镓后测定）
原子量约为 69	原子量为 69.72
比重约为 5.9～6.0	比重等于 5.94
熔点应很低	熔点为 30.1
不受空气的侵蚀	灼热时略氧化
灼热时能分解水汽	灼热时确能分解水汽
能生成类似明矾的矾类	能生成结晶较好的镓矾
可用分光镜发现其存在	镓是用分光镜发现的

事实证明门捷列夫发现的化学元素周期律是自然界的一条客观规律，它揭示了物质世界的一个秘密，即这些似乎互不相关的元素间存在有规律的关系，它们组成了一个完整的自然体系。从此新元素的寻找，新物质、新材料的探索有了一条可遵循的规律。元素周期律作为描述元素及其性质的基本理论有力地促进了现代化学和物理学的发展。

图 2-38　物理学家瑞利

有了元素周期律的指导，伴随着化学分离提纯技术的提高，到 1894 年已发现的元素达到了 75 种。这时，元素周期表再次遇到意想不到的挑战，这就是 0 族元素的发现。从 1882 年起，英国物理学家瑞利（L. Raglegh，1842—1919，图 2-38）在英国剑桥大学卡文迪许实验室研究各种气体的密度。他发现对空气中氮气的测定，其密度为 1.257 2 g/L，对氨分解之氮气的测定，其密度为 1.250 8 g/L，二者相差 0.006 4 g。实验重复多次，结果依旧，这使他困惑不解。1892 年他把实验结果在《自然》杂志予以介绍，以期得到读者的帮助，结果没有回音。1894 年他又在皇家学会上宣读这一实验报告，这次有了回应。化学家拉姆塞（W. Ramsay，1852—1916，图 2-39）找上门，表示愿意合作。经过研究终于发现，在空气中还存在一种极不活泼的气体：新元素氩，它在空气中约占 1/80。

1895 年，拉姆塞在沥青铀矿中找到"太阳元素"氦，证明氦也存在于地球上。经测定氦和氩的原子量分别为 4.2 和

图 2-39　发现整整一族元素的拉姆塞

39.9，在周期表中应该排在氢与锂、氯与钾之间，而当时的元素周期表没有给氦和氩留下空位。怎么办？对元素周期律有深刻理解的拉姆塞妥善地解决了这一难题：他认为氦和氩应该与几个尚未发现的元素组成一族，存在于卤素和碱金属之间。再经细心和耐心的努力，1898 年拉姆塞又找到了氪、氖、氙等惰性元素。0 族元素也就是惰性元素族在元素周期表的安家落户在化学史上具有深远的意义。拉姆塞发现了整整一族新元素，这在元素发现史上是空前绝后的。他又把它们安排在了元素周期表中的恰当位置，不仅丰富了周期表，还使从卤素到碱金属性质的突变有了一个科学的过渡，为后来原子结构理论的建立提供了实验依据。由此，拉姆塞和瑞利一道荣获了 1904 年诺贝尔化学奖。在取得这项荣誉后，拉姆塞只是告诫他的学生："做学问应当多看、多学、多试验，如取得成果，决不炫耀。"瑞利则给后人留下一句名言："一切科学上最伟大的发现，几乎都来自精确的量度。"

三、有机化学理论体系的建立

从人类开始使用天然物质以来，就天天与那些被称为“有机物”的各种动物、植物的构成物质打交道。对这些物质，主要按照它们的特殊性能而加以利用，即感兴趣的是这些物质的使用价值和它们的加工方法，很少去考究它们特殊的组成，因此对有机物的化学组成和化学反应基本上是蒙昧无知。把从动物、植物体内得到的物质与矿物质分开来加以研究的工作大概始于炼丹术和炼金术。炼金术士与早期的化学家们在工作中常涉及血液、唾液、尿、蛋白及树胶等有机物质，而酒精是最早得到的几种纯态有机物中的一种。随着化学知识的不断增加，人们方才认识到生命有机体的产物远远没有大多数无机物那样稳定，而是具有很高的活性。1780 年，瑞典化学家伯格曼第一次提出无机物和有机物的划分标准后，贝采里乌斯在他写的教科书中第一次提到了“有机化学”这个词。不过他当时所说的有机化学，主要是指当今的生物化学的范畴。即便到了 1770 年，人们已知的有机酸只有四种，可见这方面的知识还很贫乏。直到 19 世纪初，有机化学的研究比无机化学仍落后许多，难怪在 1835 年，已在有机化学领域取得突破性进展的德国化学家维勒在给他老师贝采里乌斯的信中还感叹地写道：“对我来说，有机化学好像是充满着最新奇的东西的热带原始森林。”

活力论的破产

在古代，人们认为那些生物体产生或来自生物体之物质必有“生命力”的特征，因而是很神秘的。随着炼金术的发展，特别是随后的医药化学的进步，这种“生命力”的思想逐渐有了理论的形态。帕拉塞尔苏斯、赫尔蒙特等人都认为，自然界的万物都是由原始物质中生成的种子衍生出来的，每一种子中含有一生命活力或元气。在 18 世纪和 19 世纪初，活力论在有机化学领域中十分盛行。活力论者认为，动、植物有机体具有一种生命力，有这种生命力才能有有机物质。因此，有机物质只能在动、植物有机体内产生；其余所有物质来自于矿物，统称为无机化合物。他们还认为，在实验室里人们只能合成无机物质，不能合成有机物质。在他们看来，有机化合物与无机化合物之间有一条不可逾越的鸿沟。

对有机化合物进行成分分析的开创者是法国的拉瓦锡。在1781年提出了氧化的燃烧理论之后，他试着将这一理论推广至有机物。通过对有机物的完全燃烧后产物的体积量度和重量测定来确定生成的二氧化碳和水，从而开拓了有机化学的定量分析的主要途径。他还通过对很多有机化合物的分析，确认它们都含有碳，大多都含有氢、氧、氮，有些还含有硫、磷等元素，这些实验事实说明有机化合物并不神秘。1810年，法国化学家盖·吕萨克和泰纳（L. J. Tnenard，1777—1857，图2-40）对糖、淀粉、蜡等有机物进行分析，取得了有机化合物元素分析的又一批成果，再一次对有机物的神秘性给予了否定。1814年，作为化学界最具盛名的分析大师，贝采里乌斯改进了有机化合物的分析方法，使有机分析为更多的化学家所掌握，意味着有更多的化学家投入到有机物的研究中。1830年，德国化学家李比希又对分析方法做了重大改进，使有机分析发展成为精确、系统的定量分析技术。他所制定的有机常规分析标准，有的至今仍被沿用。正是有机物的提纯、分析技术的发展，为整个有机化学从研究到理论建设提供了一个坚实的基础。

图2-40　法国化学家泰纳

继拉瓦锡、盖·吕萨克等化学家揭开了有机物的神秘面纱之后，再次用实验事实明确证明有机物并不神秘的是瑞典的舍勒。他于1768年证明植物中含有酒石酸。后来又从柠檬中制取了柠檬酸的结晶，从肾结石中分离出尿酸，从苹果中发现了苹果酸，从酸牛奶中提取到乳酸，还提纯过没食子酸。舍勒一共研究过21种水果和浆汁的化学成分，探索过蛋白质、蛋黄、多种动物血的化学成分。在当时有机化学尚处于蒙昧状态的环境下，他能发现十几种有机酸实在难能可贵。

给予有机物的“活力论”以巨大冲击的是德国化学家维勒（F. Wohler，1800—1882，图2-41）。他用无机物人工合成了有机化合物尿素的实验事实宣告了“活力论”的破产。维勒的父亲是位有名的医生。可能由于家庭环境的影响，他从小就好学，喜欢各门自然科学，特别是需要动手做实验的化学。1820年秋天，维勒进入马堡的医科大学，白天一心一意地攻读学校安排的所有的课程，下课回到自己的宿舍，他又专心地做起自己喜爱的化学实验。做实验好像成为他的一种癖好。入学仅几个月他就完成了第一篇论文，并由老师推荐发表在《吉尔伯特年鉴》上。这篇关于不溶于水的硫氰酸银和硫氰酸汞的性质的实验报告，引起了贝采里乌斯

图2-41　完成人工合成尿素的维勒

的重视和好评。这一成果也激励了维勒，使他信心十足地继续各种化学实验。1822 年，他来到学习条件更好的海德堡深造。他先后在著名的化学家格美林（L. Gmelin，1788－1853）和生理学家蒂德曼（F. Tiedemann，1781－1861）的实验室学习和工作。维勒表现出来的卓越研究才能和化学上的较深造诣，深得格美林和蒂德曼的欣赏，师生之间结下了深厚的友谊。在格美林的实验室里，维勒着手研究氟酸及其盐类。在蒂德曼那里，根据教授建议，他研究随动物有机体尿液排泄出来的各种物质。他从尿中分离出纯净的尿素，这是一种易溶于水的无色晶体。维勒对它进行了全面分析，从而有了初步认识，例如一日三餐中哪些食物能够促进尿中尿素的增加。这一实验结果，让蒂德曼教授感到十分满意。

1923 年 9 月 2 日，维勒通过了毕业考试，获得了外科医学博士学位。在格美林的推荐下，他来到了贝采里乌斯的私人实验室工作。此时的贝采里乌斯正在研究氟、硅、硼化合物。在这里，维勒熟练地掌握了分析和制取各种元素的新方法，同时他还继续研究氰酸。一年的研究转眼而逝，1824 年 9 月维勒告别了贝采里乌斯，回到了故乡法兰克福。回家的第二天就着手继续研究氰酸，在自己的家同时也是实验室里，他埋头考察制取氰酸铵的最简便的方法。他首先让氰酸和氨气进行反应，结果使他感到意外，生成物不是氰酸铵，而是草酸。他多次重复实验，结果却是一样。于是他改用氰酸与氨水的复分解反应，试图制取氰酸铵，结果得到了草酸和一种肯定不是氰酸铵的白色结晶物。这种白色结晶与苛性钾反应，并不放出氨；与酸反应也不能产生氰酸。维勒肯定，他发现了一种与氰酸铵不同的新物质。这白色结晶到底为何物？限于当时的实验条件，维勒没法测定。为了有一个实验设备齐全的实验室，维勒应聘到待遇不高的柏林工艺学校。在这里他终于分析证实这种白色结晶物是尿素。他还发现，用氯化铵与氰酸银或以氨水与氰酸铅反应，都能得到比较纯净的尿素。对此维勒感到无比兴奋，经过艰辛的工作，他终于实现了由无机物来人工合成尿素的设想。为此他写出论文《论尿素的人工合成》，并发表于 1828 年的《物理学和化学年鉴》第 12 卷上。

图 2-42　德国化学家柯尔伯

人工合成尿素在化学史上具有重要意义。首先，它强烈地冲击了形而上学的“活力论”，为辩证唯物论的自然观的诞生提供了科学依据，填补了活力论制造的无机物与有机物之间的鸿沟。其次，它提供了同分异构现象的早期实例，成为有机结构理论的实验证明。再次，它还开创了一个新的研究领域——有机合成。

继维勒之后，德国化学家柯尔伯（H. Kolbe，1818—1884，

图 2-42)在 1844 年用木炭、硫黄、氯气及水等无机物合成了有机酸——醋酸。此后的化学家又陆续合成了酒精、葡萄糖、苹果酸、柠檬酸、酒石酸等有机物,特别是在生命过程中有重要作用的油脂类、糖类也陆续被合成。活力论彻底破产了,有机化学作为化学的重要分支独立了。

从基团论到类型论

有机物虽然主要由碳、氢、氧、氮等几种元素构成,但是它的品种却远远地超过了无机化合物,因此有机物的分类一直是个难题。在 1860 年以前,物质化学式的表达处于一片混乱之中,有机化合物的分类和命名更是一塌糊涂。在原子—分子论确认后,无机化合物的分类和命名随着元素周期律的发现而逐渐规范和统一,有机化合物的知识整理同样也经历了一个较为复杂的渐进过程。

早在 18 世纪末,拉瓦锡在自己设计的气体分析仪器中,确认了有机物的主要组成元素为碳、氢、氧、氮等。他试图将有机物的分子描绘成近似氧化物那样的构成,尝试着提出了基团的概念,认为酸即是一种基团与氧的化合。对于矿物酸即无机酸来说,基团即为元素,而对于那些来自动物或植物体的酸(有机酸)来说,基团则是那些由碳、氢等元素组成的化合物。

瑞典化学家贝采里乌斯接受了基团的概念,但他用自己的电化二元论来阐释它。1815 年他发表了自己对大量有机铅盐的分析报告,认为有机盐与无机盐相似,例如有机铅盐中,带正电部分是氧化铅,带负电部分是有机酸,醋酸铅可以写成 $C_4H_6O_3 \cdot PbO$。贝采里乌斯就是这样把他的电化二元论强加给有机物,变成了有机化学的基团论。其实,$C_4H_6O_3$就是我们今天所说的酸酐。

同在 1815 年,法国化学家盖·吕萨克也发展了基团的概念。他对氰(CN)、氢氰酸和氢氰酸盐进行了研究,发现在一系列反应中基团的表现与氯或碘有点相似,于是把 CN 基团称作为氰基,这就意味着基团代表一个非常稳定的原子团。1828 年,杜马等人把一系列乙基和乙酯类化合物都看作是成油气(乙烯)与酸形成的加合物,并指出乙烯为这些化合物的“有机基团”,它具有碱的性质。直到 1832 年,两位德国化学家维勒和李比希在合作研究中发现,许多有机物有一个共同的基团,这一基团的性质在化学反应中保持不变。据此,他们明确提出了有机物是由基团组成的基团理论。1838 年,李比希对“基团”下了个定义:“基团”是一系列化合物中共同的、稳定的组成部分。“基团”可与其他简单物相结合,这种结合也可以被其他等当量的其他简单物所取代。李比希等人都认为矿物化学中的“基团”是单质,而有机化学中的“基团”是化合物。这种认识今天看来显然是太肤浅了,因为上述两种“基团”在性质很少有相同之处。虽然基团理论并没能揭示有机化合物的本质，但是它还是促进了人们对有机化合物作更深入的探讨。

就在许多化学家接受基团理论之时，杜马等人进一步研究了取代反应，特别是对那件发生在法国巴黎王宫宴会上的蜡烛散发出有毒的氯气事件，杜马认为在蜡烛中发生了取代反应：蜡中的氢被氯所取代。杜马的学生罗朗同意老师的观点，并指出氯取代了氢，在原物质中扮演了氢的角色，故原物质的功能不变。杜马和罗朗的观点遭到贝采里乌斯的强烈反对，杜马退缩了，而罗朗坚持两个核团即原始的含氢核团和后来的衍生核团(氯取代了氢)都存在，从而发展了原来的理论，只是他在名词上用“核”代替了“基”。其实，这个“核”就是今天化学家所说的“碳骨架”。

杜马一直不相信罗朗的观点，直到1838年，他得到了一种氯化醋酸即三氯乙酸，并注意到它与醋酸非常相似。于是他把罗朗提出的“核”改称为“类型”，并提出类型论，即在有机化学中存在某些类型，化合物中的氢可以被同体积的卤素所取代而形成同一类型化合物，它们之间化学式相似，化学性质也相近。简单地说就是基团中的氢可以被其他原子所取代，而其类型保持不变。类型论显然比基团论前进了一步，因为它能表现出有机物不同于无机物的某些特点。后来，在毫无实验依据的情况下，杜马又将类型论作了轻率的扩展，提出在一种类型中，其他原子如碳原子等都可以被取代。这就引起包括维勒、李比希在内的一些化学家的批评，双方展开了激烈的争论。

在各种取代反应的实验事实冲击下，贝采里乌斯的电化二元论的地位被动摇了，基团论也逐渐被类型论所替代。但由于杜马的轻率又给类型论带来了危机，有机化学分类又呈现出一种混乱状态。在这种情况下，罗朗的好朋友、年轻的法国化学家热拉尔提出要恢复定性分析的地位，因为只有它才能得出唯一可信的事实。他坚持有机化合物为一个整体，反对电化二元论的观点，因此他提出了一个根据经验公式来对有机物进行分类的方案。1843年他引入了同系列的概念，发展了类型论。他指出：有机物存在多种系列，在同系列中各种化合物的化学性质相似，物理性质也呈规律性变化，例如烷烃、醇类、脂肪酸类等。在类型论和同系列的观点指导下，化学家们先后整理出氨型、水型、氢型、氯化氢型(图2-43)等，使人们对有机物的分类又前进了一步，也为后来揭示有机物的结构摸到了门路。1848年，热拉尔再一次论述自己的新观点，强调物质应该被视为统一的整体，并对原子、分子和当量的概念做了明确区分，指出某些简单物质特别是金属，能够有几种当量，要随反应而定，绝不能用元素的当量代替原子量。这个同系列的概念在有机化学中是十分重要的，但是却没有被重视，它连同热拉尔的其他观点直到30年后，也就是原子—分子论得到确认后，才得到化学界的公认。

氨型 $\left.\begin{matrix}H\\H\\H\end{matrix}\right\}N$

$\left.\begin{matrix}C_2H_5\\H\\H\end{matrix}\right\}N$ 乙胺　　$\left.\begin{matrix}C_2H_3O\\H\\H\end{matrix}\right\}N$ 乙酰氨

$\left.\begin{matrix}C_2H_5\\C_2H_5\\H\end{matrix}\right\}N$ 二乙胺　　$\left.\begin{matrix}C_7H_5O\\H\\H\end{matrix}\right\}N$ 苯酰胺

$\left.\begin{matrix}C_2H_5\\C_2H_5\\C_2H_5\end{matrix}\right\}N$ 三乙胺

水型 $\left.\begin{matrix}H\\H\end{matrix}\right\}O$

$\left.\begin{matrix}C_2H_5\\H\end{matrix}\right\}O$ 酒精　　$\left.\begin{matrix}C_2H_3O\\H\end{matrix}\right\}O$ 醋酸

$\left.\begin{matrix}C_2H_5\\C_2H_5\end{matrix}\right\}O$ 乙醚　　$\left.\begin{matrix}C_2H_5\\C_2H_3O\end{matrix}\right\}O$ 醋酸乙酯

$\left.\begin{matrix}CH_3\\C_2H_5\end{matrix}\right\}O$ 甲乙醚　　$\left.\begin{matrix}C_2H_3O\\C_2H_3O\end{matrix}\right\}O$ 醋酸酐

$\left.\begin{matrix}C_2H_3O\\C_7H_5O\end{matrix}\right\}O$ 醋酸—安息香酸混合酸酐

氢型 $\left.\begin{matrix}H\\H\end{matrix}\right\}$

$\left.\begin{matrix}C_2H_5\\H\end{matrix}\right\}$ 氢化乙基(乙烷)　　$\left.\begin{matrix}C_2H_5O\\H\end{matrix}\right\}$ 乙醛

$\left.\begin{matrix}C_2H_5\\C_2H_5\end{matrix}\right\}$ 二乙基　　$\left.\begin{matrix}CH_3\\C_2H_3O\end{matrix}\right\}$ 丙酮

$\left.\begin{matrix}C_2H_3O\\C_2H_3O\end{matrix}\right\}$ 丁二酮

氯化氢型 $\left.\begin{matrix}H\\Cl\end{matrix}\right\}$

$\left.\begin{matrix}C_2H_5\\Cl\end{matrix}\right\}$ 氯化乙基　　$\left.\begin{matrix}C_2H_3O\\Cl\end{matrix}\right\}$ 氯化乙酰

$\left.\begin{matrix}C_2H_5\\Br\end{matrix}\right\}$ 溴化乙基　　$\left.\begin{matrix}C_2H_3O\\Br\end{matrix}\right\}$ 溴化乙酰

$\left.\begin{matrix}C_2H_5\\I\end{matrix}\right\}$ 碘化乙基　　$\left.\begin{matrix}C_2H_5\\CN\end{matrix}\right\}$ 氰化乙基

图 2-43　在类型论指导下的有机物分类

化学结构理论的形成

随着对有机物和有机化学反应的深入研究，类型论的弱点也逐渐暴露出来，它无法对多官能基团的有机物进行分类。事实上，无论是基团论还是类型论都没有从本质上说明有机物为什么应该这样分类，分类的科学依据是什么。真正能解释清楚上述问题的是由“碳原子呈四价”和“碳成链”构成的有机结构理论。

热拉尔的分子式是以假设元素或基团都有固定的取代值为基础，以氢和氧的取代值为基准，氧和硫被认为有2个取代值，氨和氮则可取代3次，硅和碳可取代4次。含不同原子(如单原子、双原子、三原子)的元素取代值稍有不同。这种区别时常引起混乱。化学家们逐渐用“价”来替代这个“值”。从这种混乱思路中整理出头绪来的是英国化学家弗兰克兰(E. Franklana，1825—1899，图2-44)。他在试图分析出游离的基团的实验中，特别是用金属与有机氰化物反应时希望能产生出游离状态的有机基团。无论是锌与乙基碘的反应，还是锌与甲基碘的反应，结果都相似，他得到了游离的乙基(实际上是丁烷)。这些实验的确能证实游离基团的存在，并开辟了金属有机化学这一新领域。1852年，弗兰克兰又用其他金属与卤代烷反应制得了更多的金属有机化合物。在考察了自己制备的各种金属有机物后，他发现原子具有某种固定的化合能力，这与原子的性质无关，即元素在形成化合物时，总是和一定数目的其他元素的原子相结合。他把每一元素具有的这种特殊的结合能力称为元素的化合价。例如氮、磷、锑、砷等元素，通常是与3或5个其他元素的原子化合。尽管当时他提出的这个概念还相当模糊，但是关于化合价的概念把原子之间的化合力或亲和力量化了，它很自然地引导人们注意形成化合的原因，因而具有很好的启迪作用。

图2-44　英国化学家弗兰克兰

原先学过建筑的德国化学家凯库勒(图2-45)是一位善于独立思考，并具有丰富想象力的杰出学者。他最初是李比希的学生，后来又跟杜马、热拉尔等学习过，但他称自己不属于任何学派。1857年，他提出在热拉尔的四种类型中还应加入第五种：沼气(甲烷)型。沼气为CH_4，原先热拉尔把甲烷归于氢类型，凯库勒提出沼气型可以说已间接指出碳原子的四价性质。1858年，他发表了一篇经典性的论文《关于化合物结构与变态以及碳原子的化学性质》，提出了极为重要的四价碳原子的概念。在论文中他指出：如果只考虑最简单的碳化合物，例如沼气、氯甲烷、四氯化碳、氯仿、碳酸、二硫化碳、氢氰酸等物质，就会惊奇地发现，碳总是与单原子元素的4个原子或双原子元素的2个原子化合。也就是说，与1个碳原子相连的其他元

图2-45　有机结构理论的奠基人凯库勒

素的原子总数都为 4，这说明碳是四元的。

同时，他还指出一个碳原子能用一个亲和力单位与另一个碳原子相连，然后每个碳原子又能各用三个亲和力单位与其他原子相连，这样就构成了碳链，而碳的骨架结构正是有机化合物的基础。他认为某种化合物之所以在反应中保持碳原子数不变，是由于碳骨架没有受到影响，只是与之相连的原子发生了变化。这样，在凯库勒的理论中已孕育了一些脂肪族化学的基本思想。虽然仍无法解释芳香族化合物的性质，但是凯库勒的理论已明确指出芳香族化合物中碳原子是以某种方式较为紧密地排列在一起。在 1861 年出版的有机化学教科书中，凯库勒用现代的语言提出：有机化学是研究碳化合物的化学。这个定义已没有了“活力论”的任何痕迹。

图 2-46　英国化学家库珀

就在凯库勒的论文发表两个月后，英国化学家库珀(A. S. Couper，1831—1892，图 2-46)也独立得到了同样的结论，只是论文发表晚于凯库勒。为此，库珀抱怨他的导师武茨(A. Wurtz，1817—1884，图 2-47)在审阅论文时延误了时机，武茨则由于库珀的傲慢无理而将他赶出了实验室。师生关系闹僵后，库珀也因此感到很失落，以至于精神崩溃，无法继续作出新的突破。其实，库珀是从不同角度进行研究观察的，所以所得到的结果与凯库勒的看法不尽相同。与凯库勒相比，库珀的理论要进步得多。作为类型论的信徒，凯库勒热衷于用元素的固定化合价来解释类型，而库珀希望彻底取代类型论。与库珀不同的是，凯库勒在 1858 年的论文中没有使用库珀的图示法(图 2-48)，直到 1861 年他才提出了自己的体系。他用圆圈表示单价原子，用部分重叠的圆表示多价原子(图 2-49)，这种表达方式显然比库珀的粗糙。类似于今天所用的分别以单线和双线表示单键和双键的图示式是苏格兰化学家布朗(A. C. Brown，1838—1922)在 1864 年发明的，布朗则明显受到了库珀的影响。

图 2-47　英国化学家武茨

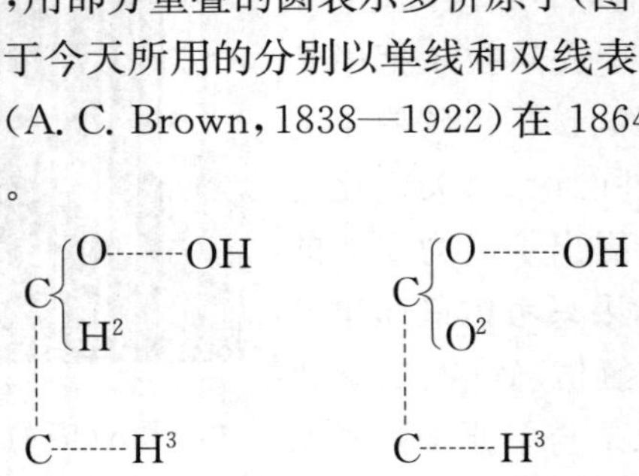

图 2-48　库珀的图示法

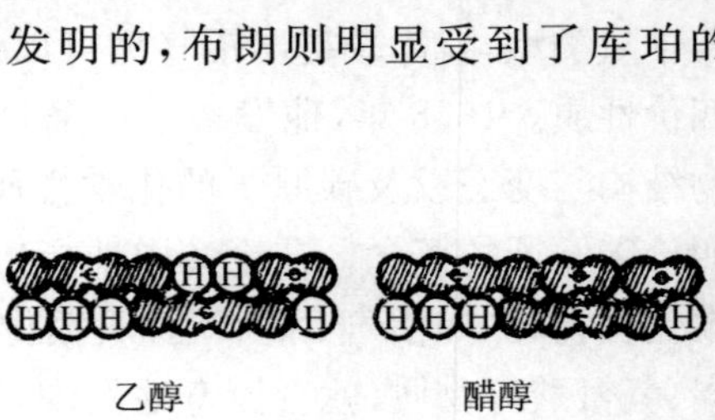

图 2-49　凯库勒的图示法

尽管在库珀和凯库勒的理论中，已经暗含这样一种思想：分子的所有性质都来自它所含有的原子及原子的排列方式，但是明确、系统地提出有机结构理论的是俄国化学家布特列洛夫（A. M. Butlerov，1828—1886，图2-50）。他认真地考察了基团论、类型论，特别是凯库勒的化学结构的观点，认为化学物质的结构与性质是紧密联系的。1861 年，他在德国施佩耶尔举行的化学家和医生代表大会上，宣读了他的论文《论物质的化学结构》。该论文首次提出了“化学结构”这个词，并第一次阐明了如下的观点：一种化合物只能有一个合理的表达式，当人们懂得了物质的化学性质依赖于化学结构的一般原理后，就可以从化学结构来推测其化学性质。这就是他的化学结构理论。

图 2-50　提出有机结构理论的布特列洛夫

布特列洛夫用化学结构理论成功地解释了有机化学的许多实验事实，特别是对同分异构现象的完善阐述让人信服。他还利用这一理论预言了一些新的有机化合物的存在，这些也在以后的实验中得到了验证。化学结构理论可以说是自 1860 年原子—分子论确立以后，有机化学和结构化学取得的最显著的进展。

有机立体化学的建立

凯库勒（图 2-51）和库珀提出的碳四价和碳成链学说，为有机化学结构理论的建立奠定了基础，使人们开始真正地认识到有机化合物中原子间的结合方式，解开了为什么少数几种元素能构成庞大数目的有机化合物之谜。它成功地解释了脂肪族化合物的构造和性质，但是，将它运用于芳香族化合物时，却遇到了麻烦。芳香族化合物具有一些与脂肪族化合物不一样的特性，例如，含碳的比例比脂肪族要高，最简单的芳香族化合物至少具有 6 个碳原子，所有芳香族的衍生物都具有某种同族的共同特点等。芳香族化合物的化学结构究竟如何？这一问题再次困惑了化学家们。这时又是那个富于形象思维的德国化学家凯库勒提出一个很好的设想，克服了困难，为有机化学的发展再作贡献。

图 2-51　老年时的凯库勒

凯库勒认真地考察了许多芳香族化合物后，认识到所有的芳香族化合物，即便是最简单的苯，都至少含有 6 个碳原子。那么这些碳原子在化学结构上又是如何排列的？应用形象思维，结合化学直觉，他设计了苯的结构图示表达式。起初他用香肠的图示来表示，一个长而细的碳原子在一端用两个亲和力单位与相邻原子交叠，另一端以一个亲和力单位与另一个原子相连，两端剩余的亲和力互相连接，构成环状结构。1856 年，他又提出用六边形来表示苯；到 1866 年他又设计了新的苯的结构模型图，在图中单、双键交替出现(图 2-52)，对这个环状结构的图示他比较满意。

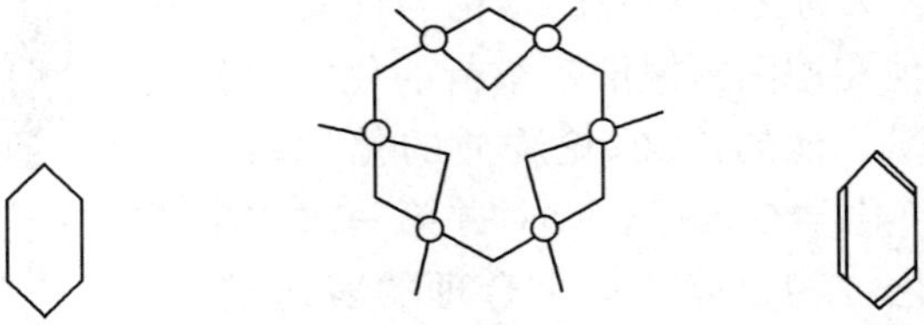

Ⅰ　Ⅱ　Ⅲ

图 2-52　凯库勒关于苯的图示式：Ⅰ是无键六边形，Ⅱ是有单、双键的空间模型草图。Ⅲ是现代结构式

1890 年，他在回忆中曾生动地描述当时他产生这一构思的情景：一天夜晚，他正执笔写着《化学教程》。但是，思维总是不时地转向别的问题，写得很不顺利。于是，他把椅子转向炉火，打起瞌睡来了。这时候，在他眼前出现一群原子在旋转，较小的基团谦逊地退到后面。曾经体验过这种幻影的他，对此敏感起来，立刻从中分辨出种种不同的形状、不同大小的形象以及多次浓密集结的长列。而这些长列像一群蛇一样，互相缠绕，边旋转边运动。看！那是什么？有一条蛇咬住了自己的尾巴，似乎在嘲弄他，开始旋转起来。忽然像是电光一闪，他猛醒过来，为整理这一假设忙碌了剩余的夜晚。

关于他思路的来源，他常常对年轻的化学家说："你们应当从学派的桎梏中解脱出来，那样就会有你们自己独特的成就。"他回忆自己的经历之后说："我们大家去学会做梦吧！它会帮助发现真理的……但是在将我们的梦未以清醒的理智进行研究之前，不要轻易发表。"

在 1890 年 3 月 11 日纪念苯环结构学说问世 25 周年之际，伦敦化学学会发表文章高度评价这一学说：苯作为一个封闭链式结构的巧妙概念，对于化学理论发展的影响，对于研究这一类及其相似化合物的衍生物中的异构现象的许多问题所给予的动力，以及对于像煤焦油—染料这样巨大规模工业的前导，都是举世公认的。

按照凯库勒、布特列洛夫等所阐明的化学结构学说写出的化学结构式，只能得出分子中多种原子的连接顺序和方式，并不能反映出分子中各原子的空间位置。但是随着有机化学研究的深入，简单的化学结构式还不足以说明许多实验观察到的事实，有机化合物存在的旋光异构现象就是其中一例。

早在 1815 年，法国人比奥（J. B. Biot，1774—1862）就观察到糖、樟脑等天然有机物具有石英单晶那种旋光性。1848 年，法国化学家巴斯德（L. Pasteur，1822—1895，图 2-53）在系统地研究 19 种酒石酸盐的晶体时发现，酒石酸分子具有不对称的晶体现象，即酒石酸晶体有特殊的半晶面。他在酒石酸晶体中把那些左旋和右旋的晶体（图 2-54）分开，进而发现它们之间像人的右手和左手一样不能叠合；当把等量的左旋酒石酸晶体和右旋酒石酸晶体混合后，得到的却是无旋光酒石酸。

图 2-53　发现了发酵机理的法国化学家巴斯德

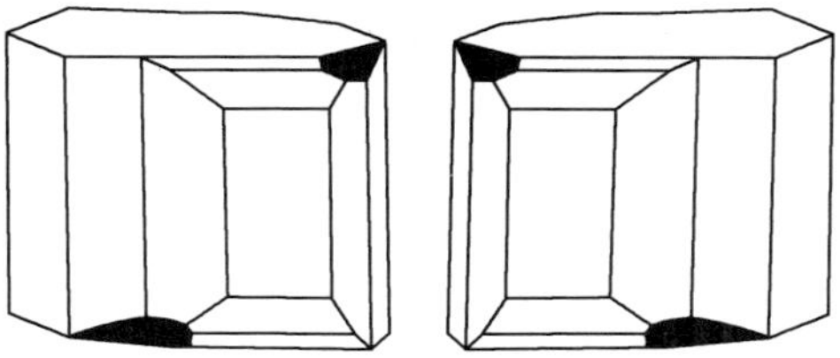
图 2-54　酒石酸钠的左旋、右旋结晶体

1873 年德国化学家威利森努斯（J. A. Wislicenus，1835—1902）经过对乳酸的长期研究，得出结论：从酸牛乳提纯得到的发酵乳酸与从肌肉的提取液中分离出来的肌肉乳酸是一对旋光异构体。它们的分子有相同的组成和相同的连接顺序，但是旋光性不同。由此他确认："对于它们，只能认为是由于原子在空间有不同的排布，才能加以解释。"化学家研究其他有机物时，也发现了这种旋光异构现象。旋光异构体的存在使人们意识到，只有原子在空间有不同的排列，才会出现这一现象。

1874 年，荷兰化学家范霍夫（J. H. van Hoff，1852—1911，图 2-55）和法国化学家勒贝尔（J. A. le Bel，1847—1930）各自发表论文，分别提出碳四面体构型理论，并指出有机物的光学活性正是因为碳原子具有正四面体的构型，当其与不同的原子或基团相连时，就会出现两个互为映象、不能叠合的四面体。这就成功地解释了当时已知的有机化合物如酒石酸、乳酸等的旋光异构现象。在此以前，有机结构理论一直限于二维空间，因而对一些现象不能很好地解释。例如甲烷的衍生物 CH_2R_2，根据平面型的有机结构理论，它会

图 2-55　第一个荣获诺贝尔化学奖的范霍夫

有两种异构体 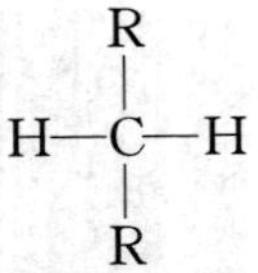 和 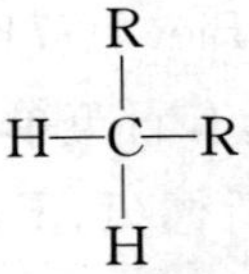，但事实上它不存在异构体。1874 年范霍夫在其论文中指出，如果假定碳原子的四个价键指向四面体的顶点，碳原子本身占据四面体的中心，异构体的数目就减少了，例如 CH_2R_2 只有一个结构。如果碳原子的四个价键被四个不同的基团 R_1、R_2、R_3、R_4 所饱和，可以得到两个，而且也只能得到两个不同的四面体，它们互为映象。范霍夫还认为："某个碳的化合物的溶液如能引起偏振面旋转，则其有不对称碳原子。"

就在范霍夫发表碳四面体构型(图 2-56)说后不到两个月，勒贝尔在法国独立地发表了观点几乎完全相同的论文，因此碳的四面体模型又称为范霍夫—勒贝尔模型。它使有机分子从纸面上站立了起来，从此有机化学结构研究进入了三维空间，标志着立体化学的诞生。

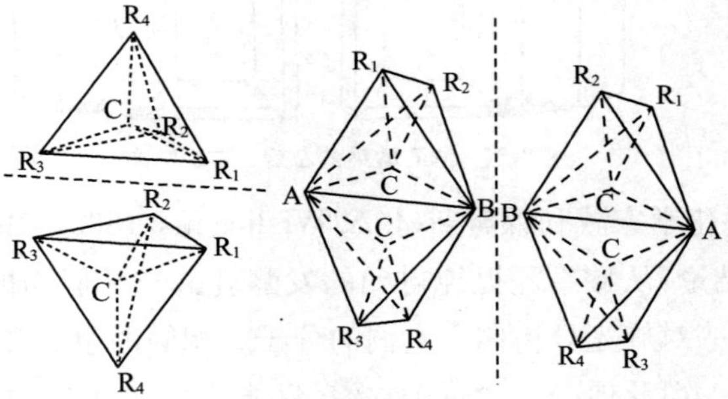

图 2-56　范霍夫对碳四面体构型的描绘

四、近代分析化学的发展

分析化学是化学学科中最古老且极其重要的分支学科。在化学研究中，无论是物质的鉴定，还是对某一化学反应产物的研究，分析手段都是不可或缺的，有人说近代化学是在化学分析的帮助下建立和发展起来的，这样说并不过分。到了19世纪，新元素急剧增加，需要研究和开发的矿物成分也更加复杂，同时物料中微量组分的研究也被提上日程，特别是工业的迅速发展，对原材料及产品的质量要求日益提高，这都对分析手段及其精度提出了越来越高的要求。分析化学在这种背景下获得了长足的进步。

定性分析的系统化

定性分析往往是物质分析的第一步，即分析物质里究竟含有什么元素。在古代，对金制品的辨伪，古希腊、古罗马流行的是火法试金；东方的中国人也相信，金入猛火，色不夺精光，即"真金不怕火炼"，由此发展了根据颜色来分辨其成色的方法。对矿物品位的判定，对毒物的识别以及对某些产品质量的检验，都会采用相应的分析手段作出仲裁。由此可见，在古代，分析手段已存在于生产、生活之中。到了炼金术和医药化学时期，分析手段主要可分为干法分析和湿法分析两类。所谓的干法分析，主要是通过对固态物质进行加热来鉴别成分和纯度，起源于对金属纯度及矿物中金属成分的检验。湿法分析则是将检验物质转变成溶液再进行分析，它可能是在矿物分析的基础上发展起来的。这两类分析手段在当时主要局限于定性分析，检验的依据大多只是根据被分析物质的物理性质。

图 2-57　道尔顿使用过的天平

到了17世纪，分析手段伴随着近代化学的诞生有了重要的变化。1685年，英国化学家波义耳总结了当时已知的化学检验知识。在这份总结中，可以看到分析手段中的一些新亮点。一是开始利用某些植物或动物浸液作为酸碱中和反应的指示剂，石蕊试纸就是波义耳首先使用的。二是开始注意化学反应中出现的沉淀，并利用沉淀物作定性分析、重量分析。称量的天平（图 2-57）在分析过程中开始被重视，并日益走向精确化。

18 世纪以后，在产业革命中的地质采矿、冶金机械等生产部门的推动下，分析化学的内容除了那些在实验室的化学研究外，更多地转向以矿物、岩石及金属研究为主，采用的方法也由溶液检验扩展到干法的吹管分析和湿法的重量分析。与此同时，化学家们加强了对金属与当时已有的各种试剂之间反应的系统性研究。所谓的吹管分析即是将固体试样放在木炭的凹穴中，用吹管吹火焰于被分析的试样上，借所呈的特殊现象（如颜色、气味等）来鉴定某些元素或化合物的存在。重量分析即是将被测定的物质通过化学处理而获得固定组成的化合物或单质，再通过称量而计算被测成分的含量。前者是一种简便的定性分析方法，后者是一种早期的定量分析方法。

到了 19 世纪上半叶，化学家们经过长期的摸索终于提出了一个又一个在溶液中对金属元素进行定性分析的简易方案。1829 年，德国化学家罗塞（H. Rose，1795—1864）提出了一个分析程序：依次以盐酸、硫化氢、硫化铵、碳酸铵和磷酸钠为试剂来检出物质的金属成分，这是第一个明确提出的系统定性分析方案，但这个方案操作起来并不顺利。1841 年，另一位德国化学家伏累森纽斯（C. R. Fresenius，1818—1897）改进了上述程序，提出了溶液中金属元素定性分析的新方案。这方案把被分析的金属分成六组，逐一加以检验。具体的操作依下列分组进行：

第一组：包括钾、钠和铵，它们的硫化物和碳酸盐都溶于水，氧化物水溶液使石蕊变蓝；

第二组：包括钡、锶、钙和镁，它们的氧化物难溶，但硫化物易溶于水，它们还可以被碱金属的碳酸盐和磷酸盐所沉淀；

第三组：包括铝和铬，它们的氧化物不溶于水，它们也不被硫化氢所沉淀，但在硫化铵作用下以含水氧化物的形式沉淀出来；

第四组：包括锌、锰、镍、钴和铁，它们在无机酸介质中不会被硫化氢沉淀，在弱碱性的介质中则会沉淀；

第五组：包括银、低汞、高汞、铅、铋、铜和镉，在中性甚至酸性介质中皆可被硫化氢所沉淀；

第六组：包括金、铂、锑、高锡、低砷和高砷，在强酸介质中它们可被硫化氢沉淀，但其硫化物可溶于硫化铵。

这个系统定性分析法一经提出就深受欢迎，介绍这一方法的伏累森纽斯的著作《定性分析化学导论》在 1897 年前再版了 16 次，并被翻译成多国文字。1883 年也被英国人傅兰雅（J. Fryer，1839—1928）和中国人徐寿（1818—1884）合作翻译成了中文，取名为《化学考质》，作为中国近代化学教育的主要教材。

定量分析的完善

仅有定性分析体系显然难以满足生产和科研对分析技术的要求。生产需要更科学、更简便的定量分析方法，科研也需要用准确可靠的分析技术为其理论创新提供更令人信服的实验数据，因此分析技术应更快地向定量方向发展。

在经典分析技术中，最早被运用的定量分析法是重量分析法，它是将物质各部分分离后再测定其重量的分析方法。在 18 世纪末，质量守恒定律和定比定律的建立就依靠重量分析为它提供的实验数据作为佐证。稍后它成为当时化学家进行原子量测定和物质成分分析的主要手段。在运用重量分析法的实践中，化学家在方法、试剂、仪器等方面不断改进，使试样用量逐渐减少，被分析的对象也由传统的金属扩展到非金属成分，甚至用于有机化合物的元素分析。到了 19 世纪中叶，重量分析法已趋于成熟，基本上达到了 20 世纪上半叶所看到的水平。此后，重量分析法在化学家的努力下进一步发展和完善，主要表现在过滤技术的改进和有机沉淀物的应用及对沉淀性质、沉淀条件的研究上，其核心就是努力提高重量分析法的准确性。1895 年，美国化学家里查兹（T. W. Richards，1868—1928，图 2-58）就是应用经他改进了的重量分析法精确地测定出铜、钡、锶、钙、镁、镍、钴、铀、铯等 25 种元素的原子量，又先后修正了 30 多种元素的原子量，为化学科学的基础建设做出了杰出的贡献。因此，他成为第一位荣获诺贝尔化学奖的美国人。

图 2-58　精确测定原子量的里查兹

容量分析法曾是经典化学分析的主要方法，它由湿法分析直接发展而来，主要用于定量分析。容量分析又称滴定分析，它是将一种已知浓度的试剂溶液滴加到被测物质的溶液中，根据完成反应所消耗的试剂用量来确定被测物质的量。这一方法简便、迅速、准确，特别适用于常量组分的测定和大批样品的例行分析。它最早出现在 18 世纪中叶的法国，由于当时掌握的化学反应和指示剂不多，没有被推广。到了 19 世纪，由于成功地合成了多种指示剂并掌握了标准溶液的配制，容量分析才开始被广泛应用。

在工业生产中，容量分析的简便快速得到了充分展示，又经化学家的不懈努力，它的科学性和准确性逐渐赶上并超过了重量分析法。到了 20 世纪上半叶，容量分析法达到了使用的极盛时期，成为化学分析的主要手段。例如，1833 年法国化学家盖·吕萨克根据滴定分析的原理，自行设计了用标准硝酸银溶液来滴定氯化钠溶液的银量法(图 2-59)。该法在准确度上远远超过几百年来人们使用的火法试金。银量法在银合金分析中的应用,加上金、银在金融业的重要地位,使容量分析法倍受重视。1835 年,成功的喜悦促使盖·吕萨克更加努力,他和其他化学家又先后开发了新的方法和指示剂,包括酸碱滴定、沉淀滴定、氧化还原滴定及络合滴定等在内的容量分析技术都是在这一时期得到进一步发展和完善的。至今,这些容量分析技术仍在许多生产和科研领域发挥着重要作用。

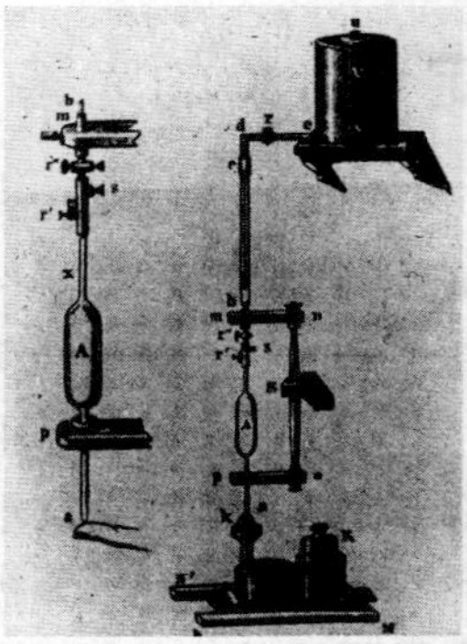

图 2-59　盖·吕萨克使用的测试仪器

光分析法的建立

光分析法是在广泛采用了光谱学的研究成果的基础上建立起来的,是以待测组分所显示出的吸引光谱或发射光谱(既包括原子光谱,也包括分子光谱)为基础来进行的化学分析。它的崛起是 19 世纪分析化学的一个重大发展。光分析法是现代仪器分析法的先声,由于这种方法灵敏度高,非常适用于试样中微量组分的测定,因而很快被采用并被迅速推广,成为化学家发现新元素、研究物料中少量或微量组分的重量手段,并能帮助化学家对反应机理进行深入探讨。

在 19 世纪,光分析法主要有两类:比色分析和光谱分析。发展到 20 世纪,它们已成为分析化学的重要手段。比色分析是通过比较或测量有色物质溶液颜色的深浅来确定待测组分含量的分析方法。它实际上是利用被测物质组分的分子所产生的吸收光谱的分析方法,是当今吸收分光光度法的起源。

比色分析用作定量分析始于 19 世纪 30～40 年代。起初人们只是利用金属水合离子溶液本身的颜色,用简单的目视法与标准样进行比较,从而作出判定。随着有机显色剂的发展,灵敏度在不断提高,同时化学家又设计出便于操作的比色管和目视比色仪,特别是提出了基于比色法的光学理论,1873 年又设计出目视分光光度计,使比色分析日益完善、精确。20 世纪后,又以光电比色法替代目视比色法,避免了肉眼观察所存在的主观误差。

光谱分析源于牛顿对太阳光的研究。1666 年,牛顿让太阳光通过三棱镜得到了绚丽彩带,他将其命名为光谱。牛顿对太阳光谱的研究成果开创了一个崭新的科学天地,从此观察和研究光谱的人越来越多,观测技术也日益高明,光谱学由此成为一个新的学科领域。其实,人们很早就发现,不同的金属会把火焰染成特殊的颜色,例如钠盐把火焰染成黄色,铜盐把火焰染成蓝绿色,于是人们把这些金属与不同的焰色联系起来。1825 年,英国物理学家塔尔博特(W. H. Talbot,1800

—1870)设计了一种研究火焰光谱的仪器,观察金属点燃后火焰的光谱。他发现尽管某些金属盐的焰色几乎相同,但是它们的光谱却迥异,于是他成为第一个将特征光谱线与某些元素对应起来的科学家。此后一些科学家作了进一步研究后指出:在火焰光谱中某条或某些特征光谱线的出现表明火焰中存在某种元素,即特征光谱线是元素的一种标志。

1854 年美国物理学家阿尔特(D. Alter,1807—1881)明确提出采用光谱进行定性检验的建议,并在目视可以观察到的光谱中确定个别元素的特征光谱线。光谱定性分析成为分析手段的后起之秀。而真正使光谱分析大放异彩的是一位化学家和一位物理学家的合作,他们就是德国化学家本生(R. W. Bunsen,1811—1899,图 2-60)和德国物理学家基尔霍夫(G. R. Kirchhoff,1824—1887,图 2-61)。

图 2-60　发明光谱分析法的本生

图 2-61　物理学家基尔霍夫

出身于书香门第的本生,在大学虽然学的是化学,他的博士论文却是物理学的选题。他的数学、矿物学等课程也学得很好,兴趣广泛,因此他的知识全面而扎实。在长期的教学生涯中,他那高超的实验技巧使学生们折服。他研制成实验煤气灯,即人们所说的本生灯,直到今天有许多实验室仍在使用。扎实的基础和对问题的穷究精神使他在化学领域有诸多贡献,最突出的成就是他和基尔霍夫合作开辟了光谱分析的新领域。

1843 年,本生来到布勒斯劳大学担任化学教授,在这里他结识了物理学家基尔霍夫,虽然两人年龄相差 13 岁,但成了好朋友。1852 年本生受聘担任海德堡大学化学教授,在这里他开始研究光化学,例如研究等体积的氢和氯在光照下的反应。1853 年,他发明了本生灯。本生灯燃烧时温度可达 2 300℃,而且没有颜色。正是本生灯的发明使他发现了多种化学物质的焰色反应。不同成分的化学物质,在本生灯上灼烧时,会出现不同的焰色,这一点引起他极大的兴趣。在实验中他看到钠盐呈黄色,锶盐呈洋红色,钡盐呈黄绿色,铜盐呈蓝绿色。起初,他认为自己的发现会使化学分析变得简单，只要辨别一下它们灼烧时的焰色，就可以定性地知道其化学成分。但事情绝不那样简单，因为在复杂的物质中，各种颜色互相掩盖，使人无法辨别，特别是钠的黄色几乎把所有物质的焰色都掩盖了。本生又试着用滤光镜把各种颜色分开，效果虽好一点，但也不理想。

1859 年本生与也到海德堡大学任教的基尔霍夫合作，基尔霍夫熟悉牛顿的光谱学，他们共同探索通过辨别焰色进行化学分析的方法。他们决定研制一架能辨别光谱的仪器。几经努力，终于把一架直筒望远镜和一个三棱镜连在一起，设法让光线通过狭缝进入三棱镜分光，这就是第一台光谱分析仪（图 2-62）。

图 2-62　本生用于光谱分析的实验装置

“光谱仪”安装好后，他们就合作系统地分析了各种物质。本生在接物镜这边灼烧各种化学物质，基尔霍夫在接目镜一边进行观察、鉴别和记录。他们发现用这种方法可以准确地鉴别出各种物质的成分。1860 年 5 月 10 日，本生和基尔霍夫用他们自己创制的光谱分析法，在狄克海姆矿泉水中发现了新元素铯；1861 年 2 月 23 日，又在分析云母矿时，发现了新元素铷。此后，光谱分析法被迅速推广。1861 年，英国化学家克鲁克斯（W. Crookes，1832—1919）用光谱分析法发现了元素铊；1863 年，德国化学家赖希（F. Reich，1799—1882）和李希特（H. T. Richter，1824—1898）也用光谱分析法发现了新元素铟。此后，门捷列夫在元素周期表中预言的新元素钪、锗等也通过光谱分析法被发现。

最令人惊奇的是，本生和基尔霍夫创造的光谱分析法还可以研究太阳及其他恒星的化学成分，为以后的天体化学作了很好的铺垫。1859 年，当他们的光谱分析刚开始时，基尔霍夫就曾向柏林科学院报告，他对太阳光谱的考察，表明太阳中有氢、钠、铁、钙、镍等元素。这一观点震惊了整个科学界，许多科学家都是半信半疑。

1868 年又发生了一件让科学家们惊叹万分的事件。这一年的 10 月 26 日，法国科学院同时收到两份报告。一份是法国天文学家让森（P. Janssen，1824－1907）的报告，他在印度观测 8 月 18 日的日全食时发现了一条格外明亮的黄线，但不是钠线。另一份报告是英国天文学家洛克耶（J. N. Lockyer，1836－1920）撰写的，他在英国观测同一次日全食时，也探测到那条新的不属于钠的黄线。这条黄线跟当时已知的各种元素的谱线都不重合。结论只有一个，这条黄线属于一种未知的元素。由于这种新元素首先在太阳中找到，故大家命名它为氦（Helium），希腊文的意思为太阳神。

在地球上发现了存在于太阳上的氦元素，再次显示了光谱分析的威力。28 年后，英国化学家拉姆塞和英国物理学家瑞利通过真空放电和光谱分析相结合，不仅证实了空气中也存在氦，还发现了氖、氩、氪、氙等惰性元素，为元素周期表增添了一个 0 族。光谱分析这一过程中功不可没。

色谱分析和量电分析的萌芽

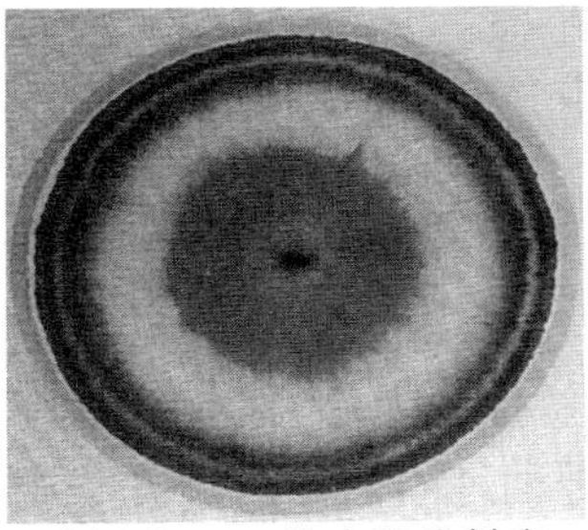

图 2-63　一种皮革染料在滤纸上的呈色

色谱分析又叫色层法或层析法。起初，它是作为一种分离手段被应用而的。它的原理是，混合物中的不同组分通过相对运动的流动相和固定相时，因它们具有不同的分配系数而被分离开。分离后的各组分可进行定性、定量测定。有关色谱法的发现和原理，做以下两个实验就可以明白了。一个实验是将一滴皮革染料混合溶液点滴在滤纸上，很快就可以看到染料在滤纸上扩散成一圈圈的圆环(图 2-63)，这是因为不同染料成分在滤纸上的扩散速度不同。另一个实验是用玻璃棒蘸上一滴墨水(黑色或红色)，滴在滤纸靠边的位置，然后将边没入水中，注意水位不要接触墨水，一会儿就可以观察到墨水颜色向上移动(图 2-64)。这表明墨水是一种混合物，其中不同的组分的渗染速度是不同的。上述实验现在可以称为纸上色层分离法，它来自人们对生活现象的观察。

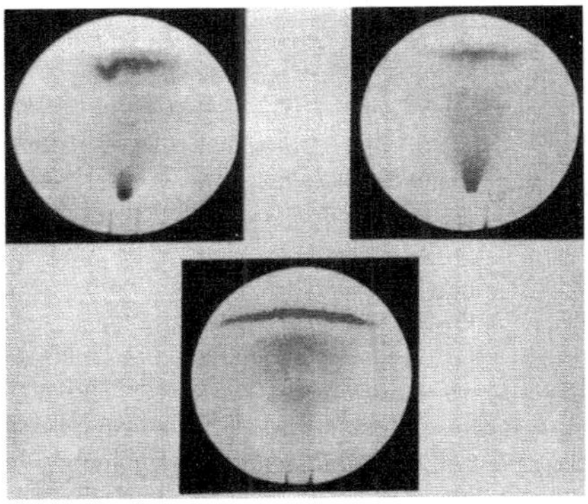

图 2-64　墨水颜色的分离

最早的色谱分离出现在 19 世纪中叶，德国化学家龙格(F. F. Runge，1795—1867)在 1859 年出版的书中，描述了当把几种有色化合物混合在一起滴到一张滤纸上时会形成若干个同心圆环。1861 年，臭氧的发现者、瑞士化学家申拜恩(C. F. Schonbein，1799—1868)注意到如果把滤纸悬挂起来，下端浸在一种混合盐溶液里，各组分会以不同速度徐徐“上爬”。他的学生系统地比较了无机和有机化合物在滤纸上的行为，指出有机染料混合物在纸上“爬行”时会清楚地分离成层，于是他把固定时间内不同组分在纸上爬行的高度作为定性分析的依据。到了 19 世纪后期，在一些染料厂里开始用这种方法来鉴定染料的质量。

第一个意识到这种层析现象和分离方法具有重大科学意义的是俄国植物学

家茨维特(M. Tswett，1872—1919，图 2-65)。他在研究植物色素的过程中，于 1906 年创立了这种简易分离技术。为了更好地分离各种植物色素，他认真地试验了 100 多种吸附剂(即固定相)，系统地考察了碳酸钙、氧化镁、菊根粉等的吸附状况。他还研究了几种淋洗液(即流动相)的性能。他有一个著名的实验：在一根玻璃管的狭小一端塞上一小团棉花，在管中填充吸附剂碳酸钙，然后将该吸附柱与吸滤瓶连接，使溶有植物叶子色素的石油醚抽取液从柱中通过，结果植物叶子的几种色素便在柱上展开，留在最上面的是叶绿素，其下是两三种黄色的叶黄素，随着溶液跑到吸附柱下层的是黄色的胡萝卜素。吸附柱变成了一个有规则的、与光谱相似的色层。随后他再用纯溶液淋洗，使柱中各层进一步展开，达到了清晰的分离。最后把玻璃管中的吸附柱推出，依色层的位置用刀切开，便使各种色素分开了。用溶剂把各种色素分别溶下，即得到各成分的纯溶液。这种方法实际上为化学家、生物学家及生理学家制备高纯化合物，分离和鉴别复杂混合物，特别是分离维生素、色素、氨基酸等复杂混合物，提供了一条崭新的有效途径。可惜当时的科学界对茨维特的发明缺乏认识，没有给予应有的重视。直到 25 年后，情况才有根本转变。如今，各种高效的色谱柱(图 2-66)在混合组分分离方面发挥着十分重要的作用。

图 2-65　发明色谱法的茨维特

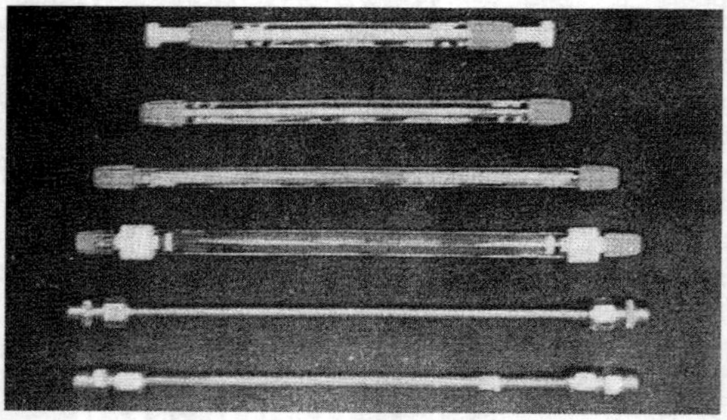

图 2-66　各种高效的色谱柱

19 世纪 60 年代，化学家用最简易的电解法取得了一些成果，量电分析由此起步。1864 年，美国化学家吉布斯(W. Gibbs，1822—1908)采用电解法测定铜，使铜沉积在铂坩埚阴极上，然后进行称重。他还用类似方法从氨性溶液中电沉积出镍来称量，因此他被誉为电重量分析法的奠基人。此后的 15 年里，电重量分析法测定汞、铅、锌、锰和镉的方案纷纷问世。随后，化学家在研究了电解条件后又发展出快速电解分析法。

继电重量分析法之后发展起来的是电容量分析法。在 1889 年，能斯特(W. H. Nernst，1864—1941)对电极电势进行了研究，并以此为基础建立起电动势测量法，很快被用于分析。1893 年，德国化学家贝伦德(R. Behrend，1856—1926)完成了第一例电位滴定。他在一组电极电池装置中用氯化钾来滴定硝酸汞溶液，临近终点时电动势会出现明显变化，从而完成测定。后来，电位滴定又推广到酸碱滴定。也可能由于化学家对电位滴定不是很欣赏，故在1920年以前，使用它的人并不是很多。

由上可知，以重量分析法和容量分析法为主体的传统化学分析方法，在化学家和物理学家的共同努力下，经过一个世纪的研究、发展，无论是在分析技术方面还是在理论阐述方面，都日趋完善。正是定性化学分析的系统化和定量化学分析精确度的提高，才完成了对元素和化合物的性质及其变化规律的认识和总结，为发现化学元素周期律和实现无机化学的系统化打下了坚实的基础。

五、物理化学的形成

化学和物理学是自然科学中两门亲如手足的基础学科，它们的研究对象都是物质，但是它们之间也存在一个约定俗成的分工。一般地说，物理学主要探讨物质的与其组成无关的特征及物质无须联系其组成和结构的一般性质（事实上，所有物质微粒的性质都与该微粒的组成和结构有关），还要研究那些并不改变其组成和结构的变化，即物理变化。化学主要研究物质的组成和结构及其性能与组成、结构的关系。那些导致物质在组成、结构上发生改变的变化通常称为化学变化或化学反应。严格来说，物理学和化学这样的分工是不够严格的，特别是在20世纪，常出现你中有我、我中有你的模糊情况。尽管物理学和化学的发展都有自己的渊源和轨迹，但是类同的研究对象又使它们无论在基本概念上，还是在研究方法上都存在交叉和相互渗透。

当牛顿为经典物理学建立起力学体系后，拉瓦锡和道尔顿都从牛顿力学中汲取了营养，努力搭建起以牛顿力学体系为样板的化学理论体系。当时流行的机械唯物论成为他们提出革命性的氧化学说和科学的原子论的共同思想基础。翻阅拉瓦锡和道尔顿的论著，不难发现他们在物理学研究中也有很深的造诣和诸多的贡献。

在拉瓦锡和道尔顿之后，由于化学研究已步入正道，又借助于定性和定量的实验方法，化学获得了迅速的发展。在这种背景下，许多化学家沉醉于寻找和研究新的化学元素和新的化合物，忙于测定它们的组成和相对质量，并利用积累起来的丰富资料建立并确认了原子—分子论，发现了化学元素周期律，创建了有机结构理论。有些化学家似乎觉得单纯依靠化学的方法就能砌起雄伟的化学“大厦”。这时期的物理学家都忙于牛顿构建的经典物理学“大厦”的装饰和完善，似乎除了对化学发展所取得的累累成果感到惊讶外，对化学物质的深入考察并不感兴趣，众多的化学物质仅是作为理想气体、理想液体及固体而加以研究。因此乍看起来，化学家与物理学家之间存在一个“道不同，不相为谋”的状况。

实际上，化学家与物理学家的合作是大有作为的。德国的本生和基尔霍夫的合作就是一个成功的典范。前者曾系统地研究过元素的焰色反应，后者非常熟悉牛顿的光谱学，两人合作创建的光谱分析法就是用光学的方法对物质进行定性、定量的化学研究。他们知识互补，携手合作创立了化学研究的新手段。可惜的是，像这样的合作在当时并不多见。

在物理学和化学之间搭起密切联系的桥梁的是19世纪下半叶开始建立的"物理化学"这一边缘学科。当化学研究深入到考察影响化学反应的诸多因素时，就会发现若化学反应在气态下进行，就必须考虑温度、压力等物理因素对化学过程的影响；若化学反应在溶液中进行，就可能有蒸发、凝固、溶解、结晶等物理过程影响化学反应的平衡。因此从事这一领域研究的化学家不仅要熟悉相关的物理学理论和实验方法，还必须善于运用这些理论和方法来指导自己对化学过程的研究，即化学研究的深入必须借助物理学研究的成果和实验技术。一些有远见的化学家明确指出，物理学和数学知识对化学研究是绝对必需的。他们身体力行地建立化学与物理学的联系，终于在1887年创建了物理化学这一新的分支，并很快成为化学发展最辉煌的一部分。这群化学家中的代表人物就是"物理化学三剑客"。

物理化学三剑客

物理化学的创立是科学研究向纵深发展的自然结果，是许多化学家和物理学家共同努力创新的结晶，其中莱比锡学派在其中起了重要作用。当时莱比锡学派的核心人物就是被誉为"物理化学三剑客"的范霍夫(图2-67)、奥斯特瓦尔德(F. W. Ostwald，1853—1932，图2-68)和阿伦尼乌斯(S. Arrhenius，1859—1927，图2-69)。

图2-67　范霍夫

图2-68　奥斯特瓦尔德

图2-69　阿伦尼乌斯

范霍夫出生在荷兰的鹿特丹，从小就很聪明，在中学读书时，对化学实验很感兴趣，经常在放学之后或假日里偷偷溜进学校，从地下室的窗户钻进实验室里做化学实验。想不到少年时代的这种爱好，为他将来成为化学家奠定了基础。17

岁那年,他中学毕业,听从父亲的意见,先到德尔夫特高等工艺学院学习工业技术。三年课程仅两年就完成了,并以优异的成绩博得了老师们的器重,同时也增强了他毕生从事化学的信心。为了在化学上获得深造,1872 年他来到了当时世界化学教育的中心——德国柏林,先后拜著名化学家凯库勒和武茨为师。在武茨实验室里,武茨指导他和他的同窗好友勒贝尔探究为什么有些有机化合物会有旋光异构现象。通过广泛的实验和探索,1874 年,范霍夫和勒贝尔分别提出了碳的正四面体构型学说。范霍夫关于分子的空间立体结构的假说,不仅能够解释旋光异构现象,而且还能解释诸如顺丁烯二酸和反丁烯二酸、顺甲基丁烯二酸和反甲基丁烯二酸等另一类非旋光异构现象。分子的空间结构假说的诞生,立刻在整个化学界引起了巨大的反响。这是范霍夫在化学研究中的第一项重大成就。

1878 年到 1896 年间,范霍夫在阿姆斯特丹大学先后担任过化学、矿物学、地质学教授和化学系主任。这期间他集中精力研究了物理化学问题。他对化学热力学、化学亲和力、化学动力学、稀溶液的渗透压及有关规律等问题进行了探索。首先,物质能否发生化学反应以及它们反应能力的大小,曾是一个古老的化学理论课题,早期的化学家一直以含糊不清的"化学亲和力"、"化学力"等概念来表述和解释。直到 19 世纪初,这一问题依然没有弄清。经过一番研究,范霍夫在 1884 年出版的《化学动力学研究》一书中论述了自己对这一问题的新认识。在这本书中,他首先着重讨论了化学反应速率及其变化规律,他创造性地把化学反应分为单分子、双分子、多分子反应三种不同类型来研究。其次,他对于两个方向相反的反应(即可逆反应)采用了化学平衡的观点来研究,他首创用双箭头符号来表明化学平衡的动态特性。最后他还给化学亲和力下了明确的定义,并对它进行了研究。稀溶液的渗透压及有关规律的研究是他的另一个研究重点,通过大量的实验,他总结出一个普遍适用的渗透压公式。范霍夫的上述研究,把化学热力学、化学动力学和物理测定统一起来,建立了物理化学的基础。

奥斯特瓦尔德出生在拉脱维亚的里加,祖先是德国移民。在大学读书时,深受老师的影响,认为研究化学亲和力是化学家的基本任务。前人提出可用热化学数据来测量酸和碱的相对亲和力,但是大学里缺乏精确的量热仪器。奥斯特瓦尔德另辟蹊径,认为可以用化学反应时的体积变化、溶液的折射指数、反应速率等来计算亲和力常数,然后对这些用不同方法得到的数值进行比较,为此他建立起一套获得这类数据的精确、通用、简单的方法。19 世纪 70 年代末到 80 年代初,奥斯特瓦尔德陆续发表了这方面的研究结果。1881 年,他担任了里加工学院化学教授,并继续亲和力的相关研究,特别是论证能量在化学反应过程中的作用。同时他开始了化学动力学的研究,出版了名为《电化学研究》的论著。由于他出色的研究功力和教学能力，里加工学院专门为他建造了实验室。国外的学者也开始注意到他。1887 年，德国莱比锡大学聘请他担任德国第一位物理化学教授，过去这个职务由一位物理学家担任，故奥斯特瓦尔德是化学史上第一位名副其实的物理化学教授。莱比锡大学是当时的一流大学，而且支持科学研究，这是里加工学院无法比拟的。机会难得，于是他来到莱比锡大学，在这里大展宏图。

在这个新的环境里，他于 1888 年提出了弱酸的稀释定律。1891 年提出了关于颜色指示剂的初步理论。1893 年测定了纯水的导电率。1894 年首次阐明了酸碱指示剂变色原理。1895 年提出了催化剂和催化作用的概念。1897 年提出了弱酸和弱碱的滴定规律。1900 年提出了固体的粒子大小与其溶解速率的关系式。1901 年对触媒作用和化学反应速度进行研究，认为催化反应是在没有改变物质能量关系的前提下使活化能降低所致，阐明了催化剂在理论和实践中的重要性。1909 年，他完成使氨发生氧化的研究，发明了氨氧化法制取硝酸，被称之为"奥斯特瓦尔德法"；同年，研究催化剂，提出化学平衡和反应速率原理。总之，成果累累。除此以外，在化学史上突显其贡献的是和范霍夫合作创办了《物理化学杂志》和《自然哲学年鉴》两本杂志，在推动学科发展上发挥了不同凡响的作用。

奥斯特瓦尔德和范霍夫的合作(图 2-70)以及"物理化学三剑客"的形成过程大致如下：1887 年，范霍夫发表了关于电解质溶液渗透压的文章《在溶液和气体的类比中看渗透压的作用》，引起了奥斯特瓦尔德的极大兴趣，他专程来到阿姆斯特丹，拜访了范霍夫并进行了长时间的交流。在交谈中，他们都认为阿伦尼乌斯的电离学说是一种了不起的创见。奥斯特瓦尔德对范霍夫说："我认为，这是一个新理论的开端，它将会成为研究溶液特性的基础。而你本人的研究，将会证实和发展这个理论。"他还提议："事业需要大家更紧密地进行合作，把一切力量都联合起来。"当得知阿伦尼乌斯已决定要来阿姆斯特丹同范霍夫一起进行实验，随后还要拜访他时，奥斯特瓦尔德非常高兴。他们决定共同创办《物理化学杂志》并于当年 8 月在莱比锡出版第一期。

图 2-70　范霍夫和奥斯特瓦尔德在实验室

阿伦尼乌斯出生于瑞典的乌普萨拉。1876 年进入乌普萨拉大学学习物理，1878 年获学士学位，1882 年，在斯德哥尔摩大学科学院物理实验室做博士论文。1884 年完成了这篇题目为《电解质的导电性研究》的论文。论文分两部分，第一部分为极稀溶液的电导，第二部分是电解质的化学理论。第二部分以提纲形式表达了由实验资料引出的包括电离理论的新见解，特别是提出了电解质在溶液中会自动地离解成游离的、带电的离子。正是这些新概念及其构成的假说，被答辩会上的教授评委们视为理论上的大逆不道。加上阿伦尼乌斯在论文中大胆地预言："在不久的将来（大约十年以后）他的观点将要作为不辩自明的观点写进化学基础教程里。"这就更加激怒了教授们。教授们以给论文评分为"四级"来表示不能接受这些学术新观点。所谓"四级"，根据乌普萨拉大学的规定，就是阿伦尼乌斯只能到中学教书而不能在大学任教。

这篇论文观点的反对者中也有一些在国际上较为权威的人士，例如因发现化学元素周期律而成为化学界巨人的门捷列夫。他在1889年发表论文《溶质电离简论》，明确否定了这些新观点。在这股强有力的反对浪潮中，远在里加的奥斯特瓦尔德在看了这篇论文的复印件后，表现出极大的兴趣，他认为这篇论文指明了用导电性来确定亲和力常数的研究前景。于是他亲自来到瑞典会见阿伦尼乌斯（图2-71），交谈后表示支持阿伦尼乌斯的学术新观点，并提出要在里加为他安排教职。这一坚定支持促使乌普萨拉大学校方赶着在1884年11月聘阿伦尼乌斯为初设的物理化学讲师。后来在多方的努力下，阿伦尼乌斯获得了一笔为期五年的留学奖学金。1886年他在奥斯特瓦尔德实验室工作一年。1888年，他在阿姆斯特丹与范霍夫共同研究。1889年至1891年，他又到莱比锡奥斯特瓦尔德实验室工作三年，在这期间，通过进一步的研究，阿伦尼乌斯形成了电离理论的框架，在1887年给范霍夫的信中明确提出了电离理论，并在随后发表的几篇论文中做了更详细的阐述，还对电解质的电离做了定量研究。在奥斯特瓦尔德和范霍夫的帮助下，电离理论终于得到公认。

图2-71　奥斯特瓦尔德和阿伦尼乌斯在交谈

《物理化学杂志》的问世标志着物理化学这门学科的诞生。奥斯特瓦尔德、范霍夫、阿伦尼乌斯的友谊与协作，使他们突破了国界和学科局限，共同为新学科的奠基、发展付出了毕生的精力。奥斯特瓦尔德热情而开放的个性使他成为这个联盟的领袖，而莱比锡大学也随之成为世界物理化学的研究中心，化学史上把这个学术集体称为"莱比锡学派"。

热化学和气体分子运动论

物理化学是以物理原理和实验技术为基础，研究化学体系的性质和行为，发现和建立化学体系的特殊规律的学科。一般公认的物理化学内容可概括为如下三个方面:①化学体系的宏观平衡性质;②化学体系的微观结构和性质;③化学体系的动态性。实际上由于科学的迅速发展,以及各门学科之间的相互渗透,不仅物理化学与其他学科之间难以准确划分界限,而且还在不断地产生新的边缘学科。

《物理化学杂志》的创刊虽然理论上被作为物理化学学科诞生的标志,但事实上采用物理学的原理和实验技术对许多化学问题的研究早已开始,例如热化学、气体分子运动论、化学热力学、电化学等,这些内容曾经是初建物理化学的几大支柱。

热化学是研究化学变化中与热效应相关的规律,它是物理化学的奠基性研究之一,它提供的各种数据对工业生产和自然科学研究都有重要意义。人们很早就知道化学运动与热运动之间的转化是一种极常见的自然现象,例如烧柴取暖、烧制陶瓷、冶炼金属就是这种知识的早期利用。热化学研究是从反应热的量度开始的,而热的量度应该说是从英国化学家布拉克开始的。1756 年,他曾注意到冰融化或水沸腾时,温度变化非常缓慢,对此他感到困惑。经过思索,他认为是因为大量的热主要消耗在引起冰或水的形态改变之中,所以温度几乎没有改变。这种热是潜在的,为此他提出了“潜热”和“热容量”的概念。他的学生埃尔文(W. Irvine,1743—1787)当时测得水在沸点时的汽化热为 450 cal/g(现代值为 539,标准大气压下)。拉瓦锡也测定过化学反应产生的热,他使用与布拉克一样的量热计,测得了炭的燃烧热。19 世纪的热化学研究主要阐明了两条极重要的规律。一是 1836 年侨居在俄国的瑞士化学家盖斯(G. H. Hess,1802—1850)受到炼铁中热现象的启发,研究了大量化学反应的热效应而总结出的“总热量恒定定律”,即任何一个化学过程中,不论该化学过程是立刻完成,或是经过几个阶段完成,它所产生的热效应是相同的。这一规律又被称为盖斯定律。用该定律可以从化学运动与热运动的关联中得出能量转化及守恒的结论,虽然这个结论不难从热力学第一定律的一般方程式中推引出来,但它的发现却先于热力学第一定律。用盖斯定律,可以通过推算间接求得那些不易准确测定或暂时无法实现的化学过程的热效应。二是那位与本生合作发明光谱分析法的德国物理学家基尔霍夫于 1859 年发现的热化学的另一规律,即化学过程热效应的温度系数等于由该过程引起的系统的热容变化。这一规律称为基尔霍夫定律。利用该定律,若已知某一化学过程在某一温度下的热效应,则可通过恒压热容来推算其在其他温度下的热效应,这一规律在实际应用上具有特别的意义。1881 年,丹麦化学家汤姆生(J. Tomson,1826—1909)发明了一种弹式量热计,可以用来测定一系列有机化合物的燃烧热,这种量热计一直沿用至今。

最早进行气体物理性质实验的人是波义耳，他研究了一定量气体的压强与体积的关系。1737 年左右，法国物理学家查理(J. A. C. Charles，1746—1823)又提出了气体体积随温度变化的规律。如果将波义耳定律与查理定律结合起来，就可以得到气体的状态方程。这些气体定律显然只能根据分子运动学说来加以解释。以后的精确实验还发现，波义耳定律与查理定律只适用于理想气体，与实际气体仍有一定的偏差，因为气体分子间存在引力且分子本身占有一定体积，于是需要对理想气体状态方程加以修正。

1851 年，英国物理学家焦耳(J. P. Joule，1818—1889，图 2-72)计算出气体分子运动的平均速度。其后另外两位物理学大师，英国的麦克斯韦(J. C. Maxwell，1831—1879，图 2-73)和奥地利的玻尔兹曼(L. E. Boltzmann，1844—1906)在研究了气体分子运动速率的分布情况后指出，在一定温度下可以用一个概率分布曲线圆满地表达气体分子运动速率的分布情况。在此基础上，科学家计算出了在标准状态下每立方厘米中气体分子的数目。

另外一个与气体分子运动紧密相关的问题是气体的液化。早在 1799 年，科学家就通过冷却与加压相结合的方法液化了氨气和二氧化硫。1823 年，著名的英国物理学家法拉第(图 2-74)又液化了 H_2S、HCl、$(CN)_2$、Cl_2。1835 年科学家又把固态二氧化碳和乙醚混合，取得空前的低温，但是像氢气、氧气、氮气、一氧化碳这些气体直到 19 世纪 60 年代，仍没有实现它们的液化，因此当时把这些气体称为“永久性气体”，这个名称沿用了 25 年。

图 2-72　英国物理学家焦耳

图 2-73　英国物理学家麦克斯韦

图 2-74　英国物理学家法拉第

1869 年，英国物理学家安德鲁斯(T. Andrews，1813—1885)在研究 CO_2 的液化时发现，它有一个临界温度，在临界温度前，即使加压到 300～400 个大气压，它也不会液化。推而广之，他认为任何气体都有一个临界温度。由此，他提出：液化

“永久性气体”的失败大概是由于它们的临界温度比当时所能达到的最低温度还要低得多。这实际上为液化“永久性气体”指明了方向。有了安德鲁斯的启发，化学家们使用了新研制的致冷方式，例如，致冷用的膨胀气体是 SO_3 和 CO_2（联合使用），能获得的冷却温度为－140 ℃，因而陆续将这些“永久性气体”液化。气体液化的成就极大地推动了惰性气体的研究，使空气中各组分彻底分离依仗的就是气体液化技术。1908 年荷兰物理学家奥内斯（H. K. L. Onnes，1853—1926）在莱登低温物理实验室里终于将临界温度达－267 ℃的氦气液化。

化学热力学研究的重大进展

热在化学和物理过程中的重要意义，人们早有认识，但是热的本质是什么？无论是对化学家还是物理学家来说，长期以来一直是个玄奥的问题，对它的了解经历了迂回的过程。

在 19 世纪，“热质说”一直占据统治地位。早在古希腊时期，“热”就被视为一种微粒性的实在物质。直到 17 世纪近代科学诞生，从培根（F. Bacon，1561—1626）到牛顿（I. Newton，1642—1727）再到波义耳等著名学者，都赞同热是一种运动着的微粒，其运动速度随着温度升高而加大。化学上的“燃素说”实际上也对“热质说”的流行起了推波助澜的作用。拉瓦锡把热质列入他的元素表。贝采里乌斯也把热列入他的“不可称量的物质”名单之中。就在“热质说”盛行之时，也有个别科学家主张热是机械运动，例如美国最早的科学家之一本杰明·汤普森（S. B. Thompson，1753—1814）就通过多项摩擦生热的实验证明，摩擦产生的热肯定不是物质（实体）而是来自运动。遗憾的是这种声音太微弱了，大多数物理学家和化学家仍然相信热是一种物质性的微粒。直到 19 世纪热力学基本理论奠定之后，这种观点才逐渐被科学界所摈弃。

19 世纪下半叶，物理化学领域取得最大进展的是化学热力学。化学热力学是物理学中的热力学理论应用到化学过程研究而产生的知识结晶。它主要研究物质系统在各种条件下，伴随着物理变化和化学变化而发生的能量变化，从而对化学反应的方向和进行程度做出准确的判断。

化学热力学主要是在三个基本定律基础上发展起来的。热力学第一定律实际上就是能量守恒和转化定律。它虽然无法用逻辑方法加以证明，却是许多科学家通过大量的实验总结出来的，由它引导出来的结果从未与经验相冲突。在这一定律的建立过程中法国的迈尔（J. R. Mayer，1814—1878）和英国的焦耳成绩最突出。前者于 1842 年首先提出普遍的力（即能量）的转化和守恒的概念，后者是最先用科学实验来确定第一定律的科学家。焦耳在 1840 至 1848 年间做了一系列包括多种机械生热法的实验，在证明能量转化和守恒定律后，又用较精确的实验进行热功当量的测定。在1849年发表的《热的机械当量》一文中，他宣布：要产生能够使1磅水上升1度的能量，需要相当于772磅重物下降1尺所作的机械功，即热功当量为4.1571 J/cal，这个数值与现代值4.1840 J/cal已较为接近，明确给出了热与功相互转化的数量关系。由于他们的工作建立在坚实的实验基础之上，因此能量转化和守恒定律得到了科学界的认可。对热转化为机械能的研究，实质上就是对“热质说”的批判，故热力学第一定律的确立，实际上就宣告“热质说”被否定了。能量守恒原理的发现，揭示了热、力学、电、化学等各种运动形式之间的统一性，使物理学达到空前的综合和统一。

图 2-75　法国工程师卡诺

热力学第二定律是关于热能与其他形式的能量之间转化的特殊规律，它是在研究热机效率中建立和发展起来的。为了提高热转化为功的效率，法国工程师卡诺(N. L. S. Carnot，1796—1832，图2-75)比较了英国和法国制造的蒸汽机后，于1824年发表了《关于火的动力的考查》。在这本他一生唯一发表的著作中，卡诺扼要地评述了蒸汽机在工业、政治和经济上的重要性，并提出两个问题：热的动力和蒸汽机的改进有没有极限？在产生这种动力方面有没有比蒸汽更好的可用物质？他设想出一种每一过程都是可逆的热机，发现任何一种热机的效率都不可能超过这种可逆热机的效率，而这个极限的效率同所使用的物质无关，只取决于锅炉和冷凝器的温度。这就是卡诺原理。他还指出：物质的温度差造成了“热质”的转移。这个温度差是决定热功效率的唯一因素，温差愈大，效率愈高，而且任何时候都不可能将燃料的全部燃烧热都转化为推动力。由此诞生了卡诺循环和卡诺原理。卡诺得到的结论是正确的，但是却引用了错误的热质说。在当时，卡诺原理并未受到人们的关注。1834年法国工程师克拉贝龙(B. P. E. Clapeyron，1799—1864)图示出卡诺设计的简单循环，并用卡诺原理研究了气—液平衡，利用一个无穷小的可逆卡诺循环得出了克拉贝龙方程，这一方程后来成为连接热力学与化学热力学的桥梁。1848年，英国物理学家开尔文(L. Kelvin 即 W. Thomson，1824—1907，图2-76)研究了卡诺原理，提出了绝对温标。1850年，德国物理学家克劳修斯(R. J. E. Clausius，1822—1888，图2-77)也研究了卡诺的工作，发现其中包含了一个重要的自然规律：一个自行动作的机器，不可能把热从低

图 2-76　开尔文

温物体传到高温物体而不引起其他变化。这就是热力学第二定律的一种表述。1851 年开尔文也说:不可能从单一热源取热使之完全变为有用功而不引起其他变化。这是热力学第二定律的又一种表述。两种不同的表述,意义是一样的,即应用起来是等效的。1865 年,克劳修斯在《物理和化学分析》一文中引入一个"熵"的概念,熵是表示物质系统的状态的一个物理量,它表示该状态可能出现的程度,在热力学上,是用以说明热学过程的不可逆性的一个比较抽象的物理量。随着分子运动理论和统计力学的发展,明确了热力学第二定律只适用于有限的宏观世界,它是大量分子运动的一种统计规律,并导出了熵函数与热力学几率的关系式。由此可以认为在卡诺原理的基础上,克劳修斯和开尔文将其演进为能量耗散定律。

图 2-77　克劳修斯

关于反应动力学和化学平衡的研究也是热力学早期的课题之一。化学家们总想用一个数量值来表示化学亲和力,以此来判断化学反应能否进行和反应能力的大小。贝托雷是第一位接受拉瓦锡氧化理论的法国化学家,他曾阐明物质的质量在化学变化中的作用,修正了亲和力的旧理论。1799 年,他在考察埃及盐湖时,曾发现氯化钠与岩石作用产生碳酸钠沉淀,当碳酸钠过量时,化学反应可以朝着相反的方向发生。不过他的这一发现在当时并未引起人们的注意。60 年后的 1861—1863 年间,另一位法国化学家贝特罗(P. E. M. Berthelot,1827—1907,图 2-78)研究了醋酸与酒精的酯化反应及逆向的水解反应,发现两者反应都不完全,最后达到了平衡,无论是酯化反应还是水解反应,其体系中各物质的比例是相同的,可以说他是最早关注动态化学平衡的人。

图 2-78　法国化学家贝特罗

图 2-79　提出质量作用定律的古德贝格和瓦格

1864—1867 年间,挪威化学家古德贝格(C. M. Guldberg,1836—1902)和瓦格(P. Waage,1833—1900)在贝特罗工作的基础上,根据约 300 个实验的结果,明确提出了质量作用定律(图 2-79)。他们指出:对于一个化学过程,同时有两个相反的力在作用,一个帮助生成新物质，另一个帮助新物质回复到原物质，当这两个力相等时，体系便处于平衡状态；力的作用实质上就是质量的作用，力的作用与质量的乘积成正比。这就是当时表述的质量作用定律。1877 年范霍夫用反应速率替代力的概念，于是该定律变为在均相物系中化学反应的速率与反应物的活动物质（浓度或分压力）成正比。

质量作用定律的建立是物理化学发展的重要起点。利用它与热力学理论相结合研究化学平衡形成了化学热力学，用它研究化学反应速率则形成了化学动力学。无论是热力学第一定律，还是热力学第二定律，都不能直接解决化学反应的方向问题，更何况化学反应时常在多相体系中进行。那位兴趣广泛、在多个化学领域均有建树的法国化学家贝特罗，在 1860 年前后，试图通过反应的热效应来解释化学过程的方向性，但始终没有取得突破性进展。1873—1878 年间，美国耶鲁大学一位名叫吉布斯（J. W. Gibbs，1839－1903，图 2-80）的数学教授一鸣惊人，他相继发表了三篇论文，对经典热力学规律进行了系统总结，并用几个热力学函数来描述系统的状态，使化学变化和物理变化的描述更为方便和实用。特别是他于 1876 年提出的“相律”，是描述物相变化和多相物系平衡条件的重要规律。此外，吉布斯还提出了吉布斯自由能（即吉布斯函数）及化学势，完成了用热力学理论处理界面问题的开创性工作。吉布斯的工作从理论上全面解决了热力学体系的平衡问题，从而将经典热力学原理推进到成熟阶段。

图 2-80　提出相律的吉布斯

可能因为吉布斯是一位美国的数学家，所以他的工作成果一直没有被人注意，直到 1923 年才被化学界所认识，吉布斯 1876 年发表的论文《多相物质的平衡》也被奉为化学的经典著作之一。鉴于吉布斯对热力学发展的贡献，授予他诺贝尔化学奖本应是毫无疑问的，可惜他已于 1903 年去世，而诺贝尔奖又规定只授予在世之人。

在应用化学平衡理论时，关于平衡常数的计算是个难题，因为在有关方程中总有一个积分常数在一般情况下无法确定。1902 年，美国化学家理查兹在研究了许多低温下电池可逆反应中自由能与温度的关系后，发现温度降低而趋于绝对零度时，自由能对温度曲线的斜率趋于零。曾做过奥斯特瓦尔德的助手，既熟悉物理学，又在专心研究化学问题的德国物理化学家能斯特（图 2-81）在

图 2-81　提出热力学第三定律的能斯特

理查兹工作的基础上，于 1905 年提出了所谓的“热定理”，即热力学第三定律。他明确断言：绝对零度不可能达到。他还证明可以由热化学数据直接计算范霍夫方程中的平衡常数。1911 年，他又利用量子力学理论研究了低温下固体的比热，并用实验证明，在绝对零度下一个理想固体的比热也是零，即各物质完美晶体在绝对零度时的熵等于零。

关于热力学第三定律，其他科学家也提出过几种不同的表述方式。其中德国物理学家普朗克(M. Planck，1858—1947)在 1911 年的提法较为明确：与任何等温可逆过程相联系的熵变随着温度的趋近于零而趋近于零。热力学第三定律非常重要，为化学平衡提供了根本性原理。能斯特也因这一成就而荣获了 1920 年诺贝尔化学奖。

溶液理论的重大突破

溶液理论的研究是从测定盐在水中的溶解度开始的。当时人们认为溶质溶于液态溶剂所形成的溶液是一种化合物，溶质分子与溶剂分子间存在着弱引力。18 世纪中叶人们又发现了水溶液的冰点比纯水低以及溶液浓度增加会引起冰点继续下降的实验事实。1771 年，英国化学家华特生(W. Watson，1715—1787)用实验测定值证明了盐溶液的冰点降低值与盐的重量成正比，且相同重量的不同盐的水溶液的冰点降低值不同。1882 年，法国化学家拉乌尔(F. M. Raoult，1830—1901，图 2-82)通过对 29 种有机化合物水溶液冰点降低的实验结果的分析，提出了在非盐溶液(弱电导体)中，冰点蒸汽压的下降和沸点的升高，都与溶液中的分子浓度成正比。如果 100 g 水中含有 W g 分子量为 M 的有机物，其冰点降低值 $T=KW/M$，对于绝大部分有机物，常数 $K=18.5$，这就是纯粹以经验为主的拉乌尔定律。

图 2-82　法国化学家拉乌尔

1885 年，范霍夫发现拉乌尔提出的这个定律在理论上很有价值，于是自己也投入到这一课题的研究中。为了证明拉乌尔定律的科学性，范霍夫在 1887 年用热力学的方法导出了冰点下降的关系式并明确了常数 K 的含义。与此同时，发现溶液蒸气压的下降与冰点的下降有某种关联。他对渗透现象也开展了深入研究。渗透现象早在 1748 年就已被发现，1877 年，德国物理学家浦菲弗(W. Pfeffer，1854—1920)通过实验提出了一个来自经验的渗透压公式：$pV=KT$，即在一定温度下，溶液的渗透压与其浓度成正比。范霍夫发现公式中的 $K=R$(气体常数)，他认为气体产生气压与溶液产生渗透压具有相同的机理，他再次用热力学的方法从渗透压公式导出了蒸气压降低和冰点降低两个公式。后来人们将冰点下降、沸点上升、蒸气压下降及渗透压的变化统称为非挥发性溶质稀溶液的依数性。

由于渗透压公式 $pV=KT$ 仅适用于有机物的溶液，对于无机物的酸、碱、盐溶液则会出现不适用的现象，于是范霍夫又将渗透压公式修正为 $pV=iRT$。不适用的原因何在？i 的物理意义是什么？阿伦尼乌斯的电离理论给予了解释。

1887 年，阿伦尼乌斯出版了《关于溶质在水中的离解》，这是继他在 1884 年的学位论文《电解质的导电性研究》之后，又经过大量实验论证和对溶液理论的深入研究，特别是针对反对电离学说的各种观点而做的补充研究，全面论述电离理论，再次申明自己观点的名著。在著作中，他明确地提出：盐溶入水中就自发地大量离解为正、负离子。离子因带电而与不带电的原子是不同的。把同量的盐溶于不同量的水中，溶液愈稀，则分子的电导就愈大。当溶液无限稀释时，分子全部变为离子，溶液电导就有最大值 μ_∞，$\mu/\mu_\infty=d$，d 为活度系数即离解度。同时他指出：凡是不遵守范霍夫导出的凝固点降低公式和渗透压公式的溶液都是能导电的酸、碱、盐溶液。因为在这些溶液中，分子可以离解为离子，从而增加了溶液的粒子数，所以在这两个公式的右边都应乘上一个新的系数 $i(i>1)$ 才能与实验结果相符，如果一个分子离解为 n 个离子，则 $i=1+(n-1)d$。随后阿伦尼乌斯用自己和别人测得的电导值计算出 d，所得的 i 值和实验测得的 i 值完全吻合，进一步说明了电离理论的科学性。

看了这部论著后，许多原先电离学说的反对者不得不承认阿伦尼乌斯的实验和方法都是成功的。门捷列夫在其生前最后一版的《化学原理》中也承认电离理论丰富了溶液化学的知识。曾经讥讽过阿伦尼乌斯学位论文的观点的克列维（P. T. Cleve，1840—1905）教授（曾是阿伦尼乌斯在乌普萨拉大学的老师）也感慨地说："这些新理论也曾遭到不幸，没人知道该把它们置于何地，化学家不认为它们是化学，物理学家也不认为它们是物理学。事实上，它们是物理学和化学之间的一座桥梁。"

事实已证明电离理论是一种卓有成效的概括性理论，它为物理现象和化学现象找到了共同原因，进一步加强了物理学和化学的联系。围绕着电离理论的争论，暴露了 19 世纪最后三十年形而上学的思想方法在物理学与化学之间所造成的鸿沟。物理化学作为第一门边缘学科，经过一百多年的发展已成为理论化学的核心内容。这也说明了现代科学发展的一个重要特点：科学内部不同的分支所研究的运动形式具有同一性。许多边缘学科正是在研究这些同一性的过程中产生的，许多重大的科学成果也都是在这些同一性的领域中创造的。

六、近代化学工业的建立和发展

开始于18世纪中叶的英国产业革命，是人类历史上在使用金属工具之后的第一次技术革命，它起步于纺织工业的机械化，以蒸汽机的广泛使用为主要标志，即以机械化的工厂取代传统的手工作坊，生产的技术或工艺更多地依靠科学的新发现及由此产生的科学理论，而不是过去那种世代相传的感性经验。从事陶瓷、玻璃、冶金、造纸、制革、制药、印染等古老化工生产的企业都面临着技术上脱胎换骨的变化。在近代化学知识和理论的指导下，化工生产进一步走向成熟。

“三酸二碱”的无机化工的建立

近代化学工业是从无机化学产品的生产起步的，酸、碱、盐，特别是“三酸二碱”（硫酸、盐酸、硝酸、纯碱、烧碱）是无机物生产必不可少的原料，它们的生产在产业革命中获得迅速的发展。就拿硫酸来说，它虽然在日常生活中并不多见，却被广泛地用于金属的加工、染料和药物的制造，在化学实验室中更是不可或缺。硫酸制造的历史可以追溯到公元7—8世纪的炼丹（金）术时期，中国炼丹术士采用蒸馏胆矾的方法获得硫酸；阿拉伯炼金术士则是将硝石和绿矾混在一起蒸馏，再将得到的气体（SO_3）溶于水而制得硫酸。当时的硫酸仅为炼金术士试验的配剂，尚与生产无直接的联系。

产业革命中，纺织技术的革新加速了纺织业的发展，使英国纺织品产量在1766—1787年的21年间增长了5倍，而棉布的产量在18世纪80年代到19世纪80年代的约100年间里增长了160倍。产量大增的棉纱和纺布都需要漂白、染色。按照传统工艺，布的漂白是很费时间的，先要用加热近沸的木灰汁来泡浸布匹，六七个小时后再用肥皂水洗涤，然后在太阳下晾晒，稍干后再用酸牛奶的酸性溶液浸泡，以除去布中杂质，最后再清洗和晾晒。有时这一过程还要反复几次，仅晾晒就几乎占据了夏季的大部分时间。工时长且不说，所需的酸牛奶也很难保证，而且成本极高。因此人们尝试用工业酸来进行漂白，首先采用的就是硫酸，结果使用硫酸替代酸牛奶漂白获得成功。但在当时，硫酸仅是实验室中的试剂，医师或药剂师通过燃烧混入硝石的硫黄混合物，再用水吸收燃烧产生的SO_3的方法制得硫酸(图 2-83)。这种方法产量有限,而且价格昂贵,于是人们着手对该方法加以改造。1746 年,曾帮助瓦特研制新型蒸汽机的英国人罗巴克(J. Roebuck,1718—1794)发现可以用铅室代替旧方法中的玻璃球,从而建造了铅室法生产硫酸的工厂,使硫酸的价格从每磅两英磅降到六便士。铅室法技术迅速被推广,生产硫酸的工厂猛增,初步解决了漂白和染色对硫酸的需求。随着硫酸工业的发展,其生产工艺也不断被改进(图 2-84)。1793 年,化学家主张将燃烧硫黄的炉子从铅室中移出,并连续通入空气,大大地减少了硝石的消耗,同时他们又初步阐明了一氧化氮在工艺过程中的机理,从而使硫酸生产变成了连续生产。1827 年,盖·吕萨克提出了一氧化氮的回收和再利用的方案,进一步降低了硫酸的成本。1875 年,德国化学家麦塞尔(R. Messel,1847—1920)用铂作催化剂,并用氧气代替空气,用浓硫酸吸收 SO_3 制得发烟硫酸,这就是接触法制硫酸的生产工艺。到了 20 世纪 20 年代,用钒的化合物代替贵重的金属铂作催化剂,硫酸的生产工艺得到进一步发展。

图 2-83　17 世纪西方制取硫酸

图 2-84　近代的硫酸工厂

硫酸取代酸牛奶的成功刺激着人们进一步研究木灰汁的改革。过去人们曾在木灰汁里加石灰水而制成碱溶液(KOH)来漂白,由于强碱损伤了织品纤维而被废止。1785 年,负责纺织品加工的监督官、法国化学家贝托雷发现氯气溶于水后可得到具有漂白作用的氯水,但是氯水在使用中较难控制其毒性。这个难题最终由负责漂白的工匠们解决了,他们将氯气通入木灰汁中而减轻其毒性。第二年,贝托雷将这一发现告诉了瓦特,瓦特立即转告给与格拉斯哥漂白工厂有关系的岳父。在格拉斯哥,漂白工厂厂主坦南特(J. Tennant,1798—1838)对这一方法进行了大规模的实验,不仅发现用氯气漂白仅需几小时,还进一步发明了将氯气同石灰水作用得到漂白液。为了便于运输,坦南特的协作者又把漂白液变成了更安全、更方便使用的漂白粉。制取氯气所必需的盐酸,当时是用硫酸和食盐作用而制得的，所以漂白粉工厂的建立也增加了对硫酸的需求。纺织品的漂白问题终于在化学的帮助下获得了圆满的解决。

纺织业的迅速发展，也刺激了对肥皂和碱的需求，造纸、玻璃、火药等行业也需要大量的碱。天然碱和锅灰供不应求。尤其在法国，由于所依赖的西班牙植物碱失去了来源，天然碱的不足更显紧张。1775 年，法国科学院悬赏 12 000 法郎，征求用食盐制造苏打的方法。有一位名叫马厚比的修士曾利用硫酸将食盐转化为硫酸钠，然后与焦炭、铁共熔，得到钠和铁的硫化物以及钠的氧化物，它们在空气中潮解，受空气中二氧化碳的作用转变为碳酸钠，但因为产品纯度不高，这一方法没有人理睬。1787 年，作为奥尔良公爵侍医的路布兰（Le Blanc，1742—1806）修改了马厚比的方法，他用食盐和硫酸作用得到硫酸钠，再利用焦炭使硫酸钠还原成硫化物，接着使硫化物与石灰石反应生成碱和具有恶臭的硫化钙，在水溶液中可获得纯碱（Na_2CO_3）的晶体。又经过四年的努力，他掌握了一整套生产流程，并于 1791 年获得了专利。在奥尔良公爵的资助下，他在巴黎近郊建立了日产 250—300 kg 的碱厂。但是，时逢法国大革命爆发，1893 年奥尔良公爵被革命党人送上了断头台，工厂也一度被没收。后因革命政权也需要纯碱和火药，被没收的碱厂又拨归路布兰经营。在生产实践中，路布兰曾对制碱的原料配比和某些机械设备有所改良，但是在那种社会环境中，生产并没有维持多久，因而未能使法国受益。晚年的路布兰生活困苦，1806 年自杀身亡。

1814 年路布兰生产纯碱的方法被介绍到英国，企业家穆斯普拉特根据路布兰法先后在利物浦、牛顿、佛来明特等地建厂生产纯碱。1823 年，英国政府宣布食盐免税，促进了英国一切依赖食盐为原料的化学工业的发展。在英国，以路布兰法为核心的无机化学工业得到充分发展，奠定了化学工业的基础。路布兰法不仅为工业提供纯碱，而且还可获得副产品盐酸，使许多化学产品可以通过人工合成生产，因而对化学和化工的发展以及人类对客观物质世界的认识都起了重要作用。直至 1886 年，英国人用路布兰法生产了千百万吨纯碱之后，法国才于巴黎艺术馆建立了路布兰铜像来纪念他。

路布兰法制碱过程有两种副产品。一是令人厌烦的氯化氢。最初十年它被直接排入大气，不仅伤害人，而且腐蚀工厂设备和周边农作物。怎样处理它？1836 年，英国人哥塞（W. Gossage，1799—1877）研究利用吸收塔将它吸收溶于水而制取盐酸。1866 年，化学家又主张将氯化氢与空气或氧气混合，通过催化剂将其制成氯气，再用氯气制造漂白粉。此法大受欢迎，那位在漂白粉生产中发了财的坦南特也积极兴办碱厂。二是硫化钙。起初，碱厂要征用大片土地来堆放硫化钙，但是日晒雨淋，堆积如山的硫化钙臭气冲天，污水四溢，环境遭到严重破坏。

鉴于此，化学家提出用碳化法处理硫化钙的方案，即将硫化钙分解转化为碳酸钙和硫化氢，硫化氢继而被氧化为硫酸。另一种方案是在硫化钙的浆液中通入CO_2，生成的H_2S再在氧化铁催化剂存在的条件下与空气混合，可以得到硫黄。两个方案都获得了成功，这就使路布兰制碱法综合地利用了原料，使生产的产品由碱扩充到硫酸、芒硝、硫代硫酸钠、苛性钠、盐酸、硫黄及漂白粉，展现了化工生产的多样性和科学性。从此，变废为宝也成为化工生产的一个努力方向。但是从产业革命起，由于资本家唯利是图，不愿在化工生产中产生的废气、废物及废水处理上继续投入，使环境污染成为化工发展的一个包袱。

路布兰法制碱虽然曾盛行一时，但此法仍存在一些问题，例如熔融过程在固相中进行，而且需要高温，设备生产能力小，原料的利用率不高，设备腐蚀严重，工人劳动条件恶劣等，因此许多科学家都在研究其他制碱方法以图改善。1811 年法国科学家发现一条新的制碱路线：$NaCl+NH_4CO_3 = NaHCO_3+NH_4Cl$。

图 2-85　比利时企业家索尔维

1859 年，比利时人索尔维(E. Solvay，1838—1922，图 2-85)在他叔父开办的煤气厂工作。经过多次试验，他终于把盐卤与碳酸氢铵混合反应得到了碳酸氢钠沉淀。对于一个没有系统学过化学的人，这是一项了不起的发明。他 1861 年申请了政府专利后，在布鲁塞尔办了一个小厂，用炼焦厂获得的粗氨水与石灰窑取得的二氧化碳制出了纯碱。原本索尔维欲将此法出售给化工厂，但是无人问津，他只好倾全部家产，建立了一个试验工厂。他费尽心血，夜以继日进行生产试验，终于形成了在 12 小时制得 300 千克纯碱的优秀工艺。他的方法是：

先将氨气、二氧化碳和氯化钠转变为碳酸氢钠和氯化铵，再将生成的氯化铵和生石灰加热重新得到氨和二氧化碳，可回收再用，最后将碳酸氢钠(小苏打)加强热而得纯碱。

$NaCl+NH_3+CO_2+H_2O = NaHCO_3+NH_4Cl$

$CaCO_3 \xlongequal{高温} CaO+CO_2\uparrow$

$2NH_4Cl+CaO = CaCl_2+2NH_3\uparrow+H_2O$

$2NaHCO_3 = Na_2CO_3+CO_2\uparrow+H_2O$

从消耗的原料来看主要化学反应可归纳为：

$$2NaCl+CaCO_3 = Na_2CO_3+CaCl_2$$

1863 年，索尔维集资组建索尔维制碱公司，1865 年开工。1867 年，该公司产品在巴黎世界博览会上获得铜质奖章，此法也正式被命名为索尔维法，即今日的氨碱法。1876 年又获维也纳博览会奖章，由此名扬四海。索尔维法的优点明显多于路布兰法，这就吸引了许多企业家纷纷投资。该法的主要缺陷是设备腐蚀严重，氨损失过多，而且当时氨的价格昂贵。1915 年直接合成氨的方法工业化后，氨的价格急剧下降，促使索尔维法生产纯碱的成本下降，这时候，索尔维法全面压倒了路布兰法。

相比路布兰法，索尔维法的优点很多，主要是生产过程在气液两相或气液固三相之间进行，可以连续生产，生产能力大，产品成本低，质量高。但早期工艺也存在不少缺点，例如，原料中盐的利用率不高，Na^+ 仅利用了 73%左右，Cl^- 几乎完全未加利用，大量的氯化物以废液的形式排放出去。针对这些问题，化学家、化工专家都展开了积极的研讨，逐步实现了工艺的完善。其中以侯德榜为首的科技人员在发展索尔维制碱法的过程中表现突出，贡献不容忽视。

图 2-86　中国近代化工奠基人范旭东

在第一次世界大战以前，中国的工业和生活用碱完全依赖天然碱和大部分由英国卜内门公司进口的碱(俗称洋碱面)。战争爆发后，洋碱进口中断，迫使以范旭东为代表的中国有识之士认识到中国必须发展自己的制碱工业。1918 年 11 月，范旭东(1883—1945，图 2-86)在天津创办了永利制碱公司，特聘留美回国的化工专家侯德榜(1890—1973，图 2-87)为总工程师。

图 2-87　中国化工业的巨匠侯德榜

侯德榜 1890 年出生于福建闽侯的农家，幼年半耕半读，刻苦勤奋。早年曾学铁路工程，后入清华留美预备学堂学习，曾以 10 门功课 1 000 分的优异成绩誉满清华园。1913 年被保送进美国麻省理工学院学习化工。1917 年毕业，再入普拉特专科学院学习制革，次年获制革化学师文凭，1918 年入哥伦比亚大学研究院研究制革，1919 年获硕士文凭，1921 年获博士学位。侯德榜的博士论文《铁盐鞣革》很有创见，获得了很高评价，1921 年回国后接受了范旭东的邀聘，承担了兴建永利碱厂的技术重任。当时索尔维制碱法的生产技术为索尔维集团所垄断，对外保密。侯德榜经潜心钻研，终于冲破了技术封锁，在 1924 年用氨碱法生产出第一批纯碱。该产品纯白洁净，于 1926 年在美国费城万国博览会上获得了金质奖章。

1934 年永利化学工业公司在江苏省六合县卸甲甸兴建硫酸铵厂，由侯德榜负责技术工作，他引进美国氮气工程公司的先进技术，亲自选购设备，监督施工，培训人才，于1937年2月投产，陆续生产合成氨、硫酸、硫酸铵、硝酸等产品，成为当时远东最大的氮肥厂。可惜好景不长，抗日战争爆发，永利化学工业公司被迫内迁四川，在乐山五通桥建立川厂。川厂以地下盐卤为原料，采用索尔维法制碱成本过高，只好改用新法制碱。侯德榜决心自己开发制碱新工艺，他考虑将索尔维制碱工业和氯气工业结合起来，同时生产出纯碱和氯化铵，这样就可以提高NaCl原料的利用率，解决废液的处理问题。1938—1941年这段抗日战争最艰苦的时期，他先后在四川、香港、上海甚至美国纽约进行试验，终于在1941年使联合生产纯碱与氯化铵的新工艺初步获得成功。

此法的要点是在氨碱法的滤液中加入固体食盐，并在30—40 ℃下通入氨和二氧化碳使之达到饱和，再冷却至10 ℃以下，即可有氯化铵结晶析出，母液又可回到氨碱法生产中。这种方法虽然要用冷冻机，但因温度低，腐蚀就会减轻。由于二溶液循环作业，原料得到充分利用，其中NaCl利用率高达96％以上，而索尔维法只有73％左右。

为了表彰侯德榜对制碱工业的贡献，上述新工艺被命名为“侯氏制碱法”。侯德榜为了打破西方资本家对制碱技术的垄断，于1932年将自己多年的研究心得整理成《纯碱制造》一书，1933年在美国出版，将保密了70年之久的索尔维制碱技术公诸于世，为中外学者所称赞。侯德榜的事迹反映了中国科学家的聪明智慧及不屈不挠的进取精神。

随着氨碱法制碱工业的兴起，烧碱也被制造出来，不过其中氢氧化钠的含量不高。当直流发电机制造成功和电力工业发展起来后，人们从1800年开始用电解法制造烧碱，又经不断的技术革新，到了20世纪，已出现一系列隔膜式电解槽，制得了纯的烧碱，电解食盐水制烧碱的技术日趋完善。随着造纸、纺织和有机合成工业的发展，对烧碱和氢气的需求量急剧增加，促进了烧碱工业的发展。

有机合成工业的兴起

在产业革命中，作为古代化学工艺行业的冶金、陶瓷、玻璃、火药、酿造、染料等都有很大程度的发展。首先是冶金工业，其演进几乎与纺织业的发展是平行的。产业革命的核心是机械化，即蒸汽机的推广使用，而制造蒸汽机需要大量的金属材料，特别是铁，这就促使冶铁技术必须改革。冶铁技术的第一项改革就是以焦炭代替了木炭。在这之前，炼铁的唯一燃料是木炭，结果随着冶铁工业的发展，周边的森林几乎被砍伐光了。人们曾以煤来代替木炭，但是炼出来的铁质量极差。后经许多人反复试验，在18世纪初，终于发现将原煤烘烤成焦炭，再用焦炭炼铁可以获得成功。另一项革新是掌握了生铁冶炼及将其处理为韧性铁。新工艺的推广为机械工业的发展提供了大量合格的铸铁。冶铁技术的这两项革新主要是在经验中产生的，它们与化学和化工的发展关系密切。前者导致以煤化学和煤焦油综合利用为核心的有机合成工业的建立，后者引导化学家对钢铁成分和钢铁冶炼机理进行深入探讨。

在19世纪上半叶，城市的照明主要依赖煤气灯、各式油灯和蜡烛。煤气照明的推广使城市的煤气工厂越办越多，煤气生产和服务于冶铁产业的焦炭生产一样，有一种令人头痛的副产品：煤焦油。遗弃这些黑黏、奇臭的煤焦油肯定会对环境造成污染。好奇的化学家对煤焦油进行了仔细的化学分析，从煤焦油中先后分离出苯、萘、蒽、甲苯、甲酚、苯胺等芳香族化合物。有了认识才可能去利用，化学家这才发现煤焦油是个宝，综合利用前景可观。煤焦油的综合利用，以合成染料的研发为标志，揭开了近代有机合成工业的序幕。

19世纪20年代，分别师从盖·吕萨克和贝采里乌斯的李比希、维勒，在发现了有机物的同分异构现象并完成了一些富有启迪的有机分析、有机合成后，都把有机化学作为自己的研究重点。当他们回到德国后，李比希（图2-88）被聘为吉森大学化学副教授，一年后升为教授。盖·吕萨克私人实验室的优良实验条件和浓厚学术气氛给他留下深刻印象，他认识到实验室对于化学家接受系统训练的重要性，于是他决心改革德国的化学教育。当时的德国大学里只讲授教材，偶尔根据教材进行一点有限的实验，完全没有专门用于实验教学的条例和实验室。为了改变这种状况，他亲自编写了为近代化学教育新体制奠定基础的化学大纲，在大纲里他强调要保证让学生获得必要的、全新的化学知识，并随后创办起集教育和科研于一体的化学实验室——吉森化学实验室（图2-89）。虽然从现在来看，李比希的这个化学实验室是极其简陋的，但是，它在科学史上是现代实验组织和教育相结合的开端，体现着训练新型科学家的新模式。这种让学生在实验室中从系统的

图2-88　化学教育革新者李比希

图2-89　吉森化学实验室的一角

训练逐步转向独立研究的教育体制，在李比希之前还没有人尝试过，它为近代化学教育体制的建立奠定了基础。同时，化学研究也从化学家的个人实验变成了有组织、有计划的科学活动，促使科学成果和科学人才一齐出现。

在作为典型模式的李比希化学实验室的影响下，在德国的大学里，类似的实验室在生理学、物理学及实验心理学等领域中逐渐建立了起来，这对德国的科技水平在19世纪后期超越英、法而成为世界科学中心有着重要作用。

在李比希的精心指导下，一大批后来领导德国化学研究、促进化学工业迅速发展的人才从吉森化学实验室中脱颖而出。他们之中的代表人物有：霍夫曼（A. W. Hofmann，1818—1892，图2-90）、费林（H. Fehling，1812—1885，发明测定单糖的方法和反应试剂）、凯库勒、伏累森纽斯（因发明新的分析方法和编辑《分析化学杂志》而享誉世界化学界）等。同时，新型的吉森化学实验室和李比希热情的个性，很快吸引了世界各国有志于化学的青年纷纷慕名前来，掀起了留学德国的第一次热潮，吉森化学实验室也成了世界科学活动的中心。在李比希的外国学生中，有弗兰克兰（奠定原子价学说的英国化学家）、威廉姆森（A. W. Williamson，1824—1904，确定乙醇、乙醚化学式的英国化学家）、热拉尔、索布雷罗（A. Soberero，1812—1888，意大利化学家）、沃斯克列先斯基（A. A. Woskressensky，被门捷列夫誉为“俄国化学之父”）等，他们回国后都成为德国科学教育方法和研究风格的传播者。

图2-90　合成染料的巨匠霍夫曼

李比希不仅使他创办的吉森化学实验室成为各国青年化学家的朝圣地，还以倡导化学在生产和经济生活中的应用而享有极高声誉。从1842年起，德国、英国都陆续兴建了第一批生产磷酸盐、钾肥的化肥厂，这就是李比希宣传科学种田的直接结果。1842年李比希重访英国时，会见了英国首相皮尔（R. Peel）和几位富翁，他们就建立一所化学学院征求李比希的意见。最终由维多利亚女王的御医募集捐款，由女王丈夫阿尔伯特（Albert）出任院长，于1845年建立了皇家化学学院。阿尔伯特是德国波恩大学毕业生，非常了解李比希的学术成就和学术地位，就要求李比希推荐一位化学家来学院任教，李比希指派了他的得意门生霍夫曼。

霍夫曼1818年生于吉森，18岁时进入吉森大学学习法律。在学校里，李比希的讲学和实验吸引了许多人，霍夫曼只听了几堂课后就被迷住了，他决心放弃法律专业，改学化学。霍夫曼找到李比希说明了自己的想法，又与校方进行了交涉，终于成了李比希的学生。霍夫曼跟李比希研究的第一个课题是“煤焦油中的碱性物质”。在1841年他以《关于煤焦油中有机碱的化学研究》的论文获得了博士学位。由于霍夫曼实验技术精湛，博学多才，思维敏捷，1843年被聘为李比希实验室的助理。之后，他开始研究苯胺，并发现了用苯制取苯胺的方法：先用强酸(硝酸)处理苯，苯被硝化为硝基苯，再用氢还原硝基苯，即可得到苯胺。当时所用之苯主要从二苯乙醇酮树脂中取得，来源太少，霍夫曼就尝试从煤焦油低沸点组分中萃取，获得了成功，从而为煤焦油的综合利用开辟了道路。1845年，霍夫曼被聘为波恩大学讲师，主讲农艺化学，工作不到一年，就被李比希点将来到伦敦皇家化学学院。霍夫曼到任后，立即按照吉森化学实验室的模式进行建设，化学教学和研究一开始就偏向工业生产中的化学问题。起初，他研究煤气工业中的气体，然后侧重于研究他所熟悉的煤焦油。

因为霍夫曼发现治疗疟疾的特效药奎宁分子中包含有苯和苯胺的结构，就让他年仅18岁的学生帕金(W. H. Perkin，1838—1907，图2-91)用氧化苯胺的办法探索奎宁的合成路线。真可谓“有心栽花花不开，无意插柳柳成荫”，帕金在实验中用重铬酸钾处理丙烯基甲苯胺，得到了红褐色沉淀，这当然不是奎宁。尽管结果令人失望，但是帕金对所出现的反应很感兴趣。接着他又选择用重铬酸钾处理苯胺及其硫酸盐，这次生成了黑色沉淀，经检验，这黑色沉淀含有一种染色剂(苯胺紫)。这时候，苯的环状结构理论尚未被提出，苯胺紫的结构无从认定。既然含染色剂，帕金就把黑色沉淀的样品送到一位染料商那里试用，结果评价非常好。有点商业头脑的帕金离开了学院，筹到一笔资金后开办了一家专门生产苯胺紫的工厂。为了使其成为一种很好的染料，帕金又着手解决了几个印染工艺中的技术问题，其中一项最重要的发明就是用丹宁酸作为媒染剂把染料固定在织物上。在古罗马要用一万多个紫贝才能提取出一克的紫色染料，现在终于可以人工合成了。

图2-91　制得第一个合成染料的帕金(老年照)

1858年帕金染料厂的建立，促进了以煤焦油为原料的精细化工的形成。帕金法中所用的苯胺可以通过硝基苯的还原而制得，而硝基苯则通过煤焦油中的苯的硝化作用而得到。帕金的发现鼓舞了许多人去寻找可以做染料的新化合物。作为老师的霍夫曼更是底蕴厚重，大有作为。1858年，他用四氯化碳处理粗苯胺，成功地制得红色染料碱性品红。1860年又制得了苯胺蓝。他还发现用乙基碘能合成三乙基碱性品红，用甲基碘可以合成三甲基碱性品红。霍夫曼合成的紫色染料在当时被称为“霍夫曼紫”。此外，他还研究了苯胺绿等其他染料。除了苯胺染料外，霍夫曼还对碱性藏红和吲哚作过研究，制成了具有美丽蓝色和黄色的喹啉染料。经过几年努力，霍夫曼和其他化学家合成了多种美丽的染料。在1860年的伦敦博览会上，这些彩色染料受到广泛的赞誉，霍夫曼也因此获得了极高的荣誉。

帕金虽然首先实现了人工合成染料，但他和许多化学家一样，并不了解苯胺合成染料作用机理。尽管许多合成染料被制得，但是化学家们由于不了解染料的化学结构，也不了解染色的化学根据，合成染料研究依然带有很大的盲目性。事实上，合成染料研究的关键和当时有机化学理论发展的焦点是一致的，要了解染料的化学结构，就必须发展有机结构理论，突破点就在于解答苯的化学结构。在解决这些问题上，那些李比希和维勒培养的、经过扎实基础训练的德国化学家占有明显的优势。1865年，李比希的学生凯库勒提出了苯的环状结构理论，不仅帮助人们认识了苯及其一大批衍生物的结构和性质，同时也为煤焦油的进一步利用和新染料的合成提供了科学的指导。又经过十年的努力，1876年德国化学家维特(O. Witt，1843—1915)阐明了染料着色的机理，明确指出某些有机物之所以具有染色的本领，是因为它的分子结构中存在某种成色的原子团，还存在助色的原子团，从而使染料合成有了理论上的根据。此后不久，德国化学家先后阐明了苯胺染料和天然染料靛蓝的化学结构。

继苯胺染料之后，偶氮染料的问世标志着合成染料一个新时代的到来。1858年，德国化学家格里斯(J. P. Griess，1829—1888)在研究亚硝酸与胺的反应(即偶氮反应)时，发现制得的偶氮染料中，偶氮基本身没有染色作用，而是芳香胺与亚硝酸反应生成的重氮基化合物再耦合另一芳香胺生成了有价值的染料。由于上述两个反应操作简单，而且组合多样化，故得到重视，自1870年后，化学家合成了一系列偶氮染料。特别是在1880年后，人们明确了染料染色的机理，真正认识到偶氮反应的商业价值，偶氮染料逐步发展成为生产量最大的合成染料。德国从1863年起开始生产合成染料并一跃成为世界上染料化学及工艺学的先进国家，但是，其生产染料的原料——煤焦油却主要依赖从英国进口。

上述所有的合成染料在自然界都找不到对应物，而合成茜素的实现则是合成染料工业史上又一个里程碑。在古代，人们都是从茜草中提取茜素作为染料。1868年，德国化学家格雷贝(C. Graebe，1841—1927)和利普曼(K. Liebermann，1842—1914)在实验室中以煤焦油难挥发馏分中的蒽为原料，先将蒽氧化成蒽醌，再向蒽醌分子中引入两个溴原子，然后采用与苛性碱共熔的办法得到了合成茜素。这是第一个有计划地合成的天然染料，证明了苯分子理论的正确性。合成的茜素比天然茜素更纯净，色彩更迷人。但是合成过程复杂，成本太高，实现工业化生产的难度极大。后来在德国巴斯夫公司工作的卡罗(H. Caro，1834—1910)改进了合成工艺,得到产率达 90%的茜素,成本也有所降低,终于实现了工业生产。稍晚,英国的帕金也注册了几乎同样的合成茜素专利。价格便宜的合成茜素的生产,终止了专用于制造染料的茜草的种植,同时也宣告合成茜素时代的到来和苯胺染料时代的结束,成为德国染料工业创新的起点。

靛蓝是古代常用的植物染料之一。天然靛蓝是用木蓝和松蓝汁经发酵和氧化而形成的混合物,其主要着色成分是靛蓝。1865 年德国化学家拜尔(A. V. Baeyer,1835—1917,图 2-92)想用还原法使靛红转化为靛蓝,但起初得到的产物是吲哚而不是靛蓝。1878 年,他使用新的路线,终于将靛红转化为靛蓝。拜尔对使用的靛红欲采取人工合成方法,但是由于步骤过多,而且产率较低,不适合工业化要求。此后拜尔又开发出几种合成靛蓝的方法,均因成本过高,未能实现工业化。然而就在探索这些合成方法的过程中,拜尔对靛蓝的化学结构有了深刻认识。1883 年他提出了靛蓝的顺式结构,这就打开了合成靛蓝的大门,为靛蓝的工业化生产奠定了基础。1890 年德国化学家霍曼(K. Heuman,1850—1893)提出了以苯胺为起点的靛蓝合成法,即先将苯胺与氯乙酸缩合,再进行碱熔,得到二氢吲哚酮,将其水溶液用空气氧化,就可以得到靛蓝。1897 年,巴斯夫公司实现了靛蓝的大规模工业生产。据统计,从 1880 年到 1897 年,巴斯夫公司为开发合成靛蓝的工业化生产,共投资 500 万美元,是该公司 19 世纪最大的开发项目。

图 2-92　合成靛蓝的化学家拜尔

1862 年第一届合成染料产品国际博览会在伦敦举行,主要展品是苯胺紫、品红、苯胺蓝、苯胺黄、帝国紫五种。仅过 7 年,合成茜素的成功,就宣告苯胺染料时代的结束。到了 1897 年,合成靛蓝的工业生产逐渐发展起来。从这一历程中不难看到,19 世纪下半叶,有机化学的发展是多么迅速。例如,拜尔对靛蓝、天蓝、绯红现代三大基本染料的分子结构测定,使得人们可以有根据地去探索具有商业意义的合成。商业染料的生产,不但刺激了煤焦油的综合利用,也促进了“三酸二碱”等基本化工材料的生产。尽管有机合成工业发端于英国,但是德国凭借其人才和科研优势,很快就执有机化工之牛耳。人工合成染料的工业化揭开了近代有机合成化学工业的序幕。

合成药物和合成炸药

19 世纪以前,药物和染料一样,都是从植物、动物或矿物中提取。作为染料主要成分的某些化合物只要增减某些基团即可成为具有某种疗效的药物,所以在研制合成染料的过程中，发现并合成了某些药物就不奇怪了。一方面是化学家在合成染料过程中在实验室得到一批新的化合物，有的被发现具有某种疗效；另一方面古代一些药物经过化学家的长期努力分析，不仅了解了其化学结构，还明确了它的药理，有改造或合成使药效更为理想的可能。

氯仿和乙醚是德国合成染料企业最早生产出来的化学药物，而各种合成药物中要数阿司匹林最为著名了。1839年，法国化学家皮里阿(R. Piria，1815—1865)将水杨醛和苛性钾一起加热，首先合成了水杨酸。1859年库珀进一步探索，用苯酚的钠盐合成了高产率的水杨酸。水杨酸具有很好的消毒防腐作用，但是由于它有较强的腐蚀性和刺激性而妨碍了它的应用。1899年，在德国拜尔药厂工作的化学家霍夫曼(F. Hoffmann，1866—1956) 发现用于治疗风湿病的水杨酸有较强的刺激性，常使病人呕吐不止。他试图对其进行改进，用醋酸酐来处理水杨酸，得到一种白色晶体——乙酰基水杨酸。它不仅对治疗风湿病十分有效，还可以治疗头痛、牙痛、神经痛，这就是人们熟知的、沿用至今的解热镇痛药——阿司匹林。在20世纪初世界爆发的几次感冒大流行中，阿司匹林拯救了无数人的生命。

1880年，化学家用苯胺和甘油合成了喹啉，于是又着手寻找合成奎宁的方法及改造奎宁以取得它的一些衍生物。在此过程中，费歇尔(O. O. Fischer，1852—1932)制得了许多具有退热疗效的化合物。1883年，德国化学家克诺(L. Knorr，1859—1921)在试图合成奎宁时得到一种药剂，这种药剂虽然不能治疗疟疾，却具有退热的"神效"，它就是"安替比林"，该药于1895年正式投产。1886年德国一家染料厂将煤焦油成分中的对硝基酚加以利用，制成了另一种退热药"非那西丁"，并很快就于1888年正式投产。这两种退热药就是当时闻名世界的"拜尔良药"。此外，化学家还合成了具有使毛细血管扩张而缓解心绞痛功能的亚硝酸戊酯和硝化甘油。

1865年，法国化学家巴斯德指出细菌是致病的根源之一。此后，化学家和医药学家一直都在努力寻找能杀灭细菌的化学药剂。英国外科医生利斯特(J. Lister，1827—1912)发现石炭酸(苯酚)能杀菌，用于外科手术室的消毒效果很好，但是由于它有毒性，不能内服。首先取得成功的是德国化学家艾利希(P. Ehrlich，1854—1915)，他合成了治疗梅毒有特效的"606"。1887年，他发现碱性甲基蓝能使某些寄生虫着色(被吸收)，而不染色人体细胞组织，于是他想到若让这种染料连接上某种能杀细菌的基团，就可能成为杀菌的特效药。1907年他找到了一种叫锥虫红的染料，这种染料能对锥虫染色并致死，杀菌的基团可能就是染料中的"偶氮"基团。而氮与砷属于同族，且砷的毒性更大，于是他将"偶砷"基团引入染料，合成和试验了一系列含砷试剂，发现了对锥虫病有疗效的有机砷——阿托西。

1909年他又发现了能杀灭引起梅毒的微生物的“洒尔瓦散”，意思是安全砷剂，因实验编号为606，故俗称“606”。“606”的发明极大鼓舞了化学家和医药学家联手合成新药品的积极性，促进了药物化学的迅速发展。

中国的黑火药及其制法先后传入中亚和阿拉伯国家、印度及欧洲，各国不仅在军事上以火药武器装备军队，改变了作战形式，还被用于采矿、筑路等工程，在历史上留下了深刻的印迹。但黑火药仍是一种弱炸药，爆破力小。人们在近代科学的帮助下，试图寻找威力更大的炸药来替代它。

人们首先着手对黑火药的配方进行改良。近代黑火药的标准配方是75%的硝石、15%的木炭和10%的硫黄。人们尝试把其中的硫黄去掉，改为由80%的硝酸钾和20%的木炭组成的无硫火药，或用硝酸铵代替硝酸钾组成硝酸铵火药，两者的威力都大于黑火药。后来又发现可用苦味酸钾或苦味酸铵来替代硫黄和木炭，即用硝酸钾和苦味酸盐的混合物来制作火药，威力也大大地超过了黑火药。苦味酸是苯酚的三硝基衍生物，它可以由苯酚来合成。在近代化学的指导下，人们逐渐明白了火药燃爆的机理，有了寻找新火药的方向和信心。

1838年，法国化学家佩鲁兹（T. J. Pelouze，1807—1867）首先研究了纤维素的硝化反应。1846年，瑞士化学家申拜恩在研究塑料和人造纤维的过程中，发现硝化纤维极易燃爆，并改进了利用浓硫酸和浓硝酸对纤维的硝化技术，还为该项技术申请了专利。次年，英国和奥地利按申拜恩的专利技术建立的硝化纤维工厂先后发生了毁灭性的爆炸，使人们对硝化纤维的生产充满恐惧，致使这项专利技术的推广遭遇到严重挑战。直到1864年，英国化学家阿贝尔（S. F. A. Abel，1827—1902）才找到事故发生的原因：硝化棉中混入了一些不稳定、易分解（机械敏感度较高）的物质。若将硝化棉长时间浸泡在近沸的热水中，再进行打浆就可以除去这些物质而成为化学上稳定的硝化棉，这就是第一代的无烟火药。但是这办法不仅费时费力，而且并不完全可靠。1886年，化学家维尔（P. Vielle，1854—1934）制取了胶状低氮硝化纤维素与火药棉的乙醇—乙醚混合物，硝化棉在军事上的应用才取得进展。硝化棉火药不仅发射时无烟，而且能量高出黑火药几倍，优越性明显，因而很快取代了黑火药在炸药中的地位，在军事上得到广泛应用。

在制造和使用硝化棉的同时，人们还注意到硝化甘油。1846年，意大利化学家索布雷罗在低温下将无水甘油慢慢地加入浓硝酸和浓硫酸的混合液中，然后将全部物料倒入水中，油状的硝化甘油沉到底部，再进行分离，用水洗涤除酸，制得硝化甘油。他初步研究了硝化甘油的物理、化学性质，认识到它具有强烈的爆炸性，而且非常敏感，储存、运输都很不安全，所以一时没有当作炸药来使用，而是作为治疗头晕和心脏病的药物。1854年，俄国化学家齐宁（N. N. Zinin，1812—

1880)提出用多孔物质吸收硝化甘油以缓解其爆炸性,但可能方法不当,硝化甘油仍对冲击很敏感,试验没有成功。

1859 年,瑞典化学家诺贝尔(A. B. Nobel,1833—1896,图 2-93)也试验制造出这种液体炸药。他首先仔细地研究了硝化甘油的性质和制法,还参考了别人的研究成果,明确了硝化甘油变为实用炸药要解决的两个问题。一是要寻找一种适宜的方法点燃炸药;二是要在不减其爆炸力的前提下,将硝化甘油转变成一种尽可能安全的形式。为此他经过 50 多次试验,终于在 1862 年完成了第一项发明:诺贝尔专利雷管。但是研究的道路是不平坦的。1864 年 9 月 3 日,在试验中发生了硝化甘油爆炸,实验室被炸成废墟,诺贝尔的 5 个助手,包括他的弟弟和四名工人罹难,诺贝尔因不在现场而幸免于难。他的父亲因这一打击,悲伤过度,患中风而半身不遂。但他并没有因此而放弃努力,而是把试验设备搬到了郊外马拉湖中的一艘平底船上,不屈不挠地继续进行试验。又经过了一百多次的试验,他发明了运用雷酸汞来引爆炸药的新型雷管,进一步完善了发明。这一发明可以说是爆炸科学中的一次重大突破。在解决第二个问题的研究中,他发现硝化甘油用干燥的硅藻土吸收后,仍可保有爆炸能力,但敏感度却大为降低,使用时采用装有雷酸汞的雷管引爆,就可以安全储存和使用。据此,他在 1868 年研制出能安全使用的硝化甘油无烟火药,命名为"代纳买特"。这种黄色炸药的配方为 75%的硝化甘油与 25%的硅藻土,在美国和英国都取得了专利。

图 2-93　化学家诺贝尔

火棉即硝化纤维也是一种炸药,能否将它与硝化甘油混合起来?诺贝尔决定从试验中找寻答案。通过反复试验,他终于研制出一种新型的胶状炸药,这是利用了硝化甘油能溶解硝化纤维素成胶体溶液的性质。该炸药呈胶状,具有猛烈的爆炸性,故又称为"炸胶",它含有 92%的硝化甘油和 8%的硝化纤维素。这种炸药相对而言安全多了,它可以在热气下被压制成条绳状,缺点是硝化甘油溶解的硝化纤维素有限,从而使爆炸功能受限。英国的化学家阿贝尔和杜瓦(J. Dewar,1842—1923)改用丙酮溶解硝化纤维素和硝化甘油,制成了"柯达"双基无烟炸药,这种炸药被广泛用作各种火炮的发射药。

但是毕竟硝化纤维素的敏感度还是较高,使用中可能发生炸膛事故,因此化学家们继续寻找威力大、安全性好的新炸药。苦味酸(三硝基苯酚)曾被用来改良黑火药,人们再次想到它。1871 年,阿贝尔提出直接使用苦味酸作炸药,法国和英国都采纳了,德国则是被一次染房中作为染料的苦味酸意外发生爆炸的事故提醒了，于是欧洲许多国家都采用苦味酸作为军用基本炸药。在使用中又发现，苦味酸具有较强的酸性，会腐蚀金属弹壳，影响储存和使用，稍不注意，较强震动也会发生意外，这当然会降低它的使用价值。

正当人们对苦味酸这种缺陷感到束手无策时，一款新型的炸药吸引了化学家的注意，它就是三硝基甲苯，俗名为“梯恩梯”(TNT)。它是一种黄色的固体物质，1863 年德国化学家威尔布兰德(J. Wilbrand，1839－1906)以沸热的硝酸和硫酸混合液与硝化甲基苯反应制得，1880 年德国化学家赫普(E. Hepp，1851—1915)基本上用同样的方法分三步合成了它(图 2-94)。

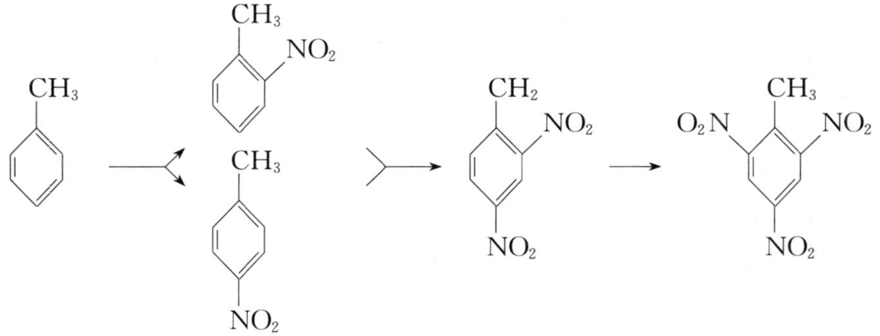

图 2-94　三硝基甲苯的合成过程

TNT 的突出优点是爆炸力强，且撞击或摩擦的敏感度低，使用安全，原料来源比较丰富，所以从 1904 年开始作为炸药使用后得到迅速发展，并逐渐取代了苦味酸。这时期，化学家们还研制出“特屈尔”(三硝基苯甲基硝胺)等多种烈性炸药。

合成氨的故事

古代的农业生产，要么由于人少地多，可以广种薄收；要么因土地比较肥沃，稍加劳作即能丰产，农作物的产量足以维系民众的一般生活。即使这样，中国先民早在商周时期，已知道要使土地长久地保持肥力，就必须经常给土地施肥。古代的肥料主要是农家的粪肥和沤制的绿肥。

在欧洲，人们给农田施肥较晚。例如，法国和德国的农民直到 11 世纪才开始使用粪肥，也曾用过骨粉作肥料。直到 1840 年，德国化学家李比希对农业化学进行了一番研究后指出，由于不断地栽培农作物，土壤中的矿物质逐渐被消耗，如果不把农作物从土壤中所摄取的那些物质归还土壤，那么土壤最后将变得十分贫瘠，甚至寸草不生。李比希这一归还学说对农业生产中施加肥料的必要性给予了清楚的说明。科学家的宣传引导更多的农民给土地施肥，同时也促进了企业家组织矿物肥和氮肥的生产。

1843年在英国建立了第一家生产过磷酸钙的化肥厂，这是化肥工业的伊始。1850年在化工生产中获得的硫酸铵开始被用作肥料。不久，智利的硝酸盐沉淀物和德国的斯特拉斯特的硫酸钾沉淀物也被开采出来用作肥料。19世纪后期，炼焦生产中的副产品硫酸铵和氨水也被用作氮肥。这些不同类型的化肥的生产和应用都是化学研究的成果。

尽管获取化肥的途径多了，但仍满足不了迅速发展的农业的需求。特别是半机械化、专业化的大农场增多，使人们对化肥的需求更为迫切，人们必须寻找或开辟化肥生产的新途径。在保证植物营养方面，相对于钾肥、磷肥来说，氮肥的需求量较大。当时的化学家已知氮气在大气中有丰富的储量，因此在1898年，时任英国化学协会会长的克鲁克斯(图2-95)感慨地说："考虑将来的粮食问题，为了使子孙后代免于饥饿，我们必须寄希望于科学家能实现大气固氮。"克鲁克斯的建议，很自然地成为许多化学家为之奋斗的目标。

图2-95　提出大气固氮的克鲁克斯

化学家们探索性的研究在20世纪初取得了初步的成果，他们利用氮气直接合成硝酸获得了成功。然而这个方法必须有廉价的电力作后盾，它是利用电弧产生的高温从大气中获得具有一定浓度的一氧化氮。1905年，挪威用此法生产硝酸及其化合物，但没有挪威那样丰富的水电的其他国家只能望洋兴叹。1898年，化学家发现电石能与氮生成石灰氮(即碳氮化钙)，石灰氮水解生成氨，因而可用作氮肥。1906年，意大利首先建成一家石灰氮厂，后来，加拿大、美国也兴办过类似的工厂，但都因设备昂贵，耗电较大，产品成本很高，经济上不合算而作罢。科学家们一致认为，最好的固氮途径仍是由氮和氢来合成氨。

到了19世纪末，物理化学的兴起，特别是质量作用定律、化学平衡原理和化学动力学的研究为合成氨的试验提供了理论的指导，制造高压设备的材料和技术也已成熟，实现合成氨的试验有了很好的基础。化学家首先研究了常压下氨的分解，证明该反应的平衡状态如下：

$$2NH_3 \rightleftharpoons N_2 + 3H_2$$

这就从理论上说明在一定温度下，通过加压，由氮气和氢气合成氨是完全可能的。在对这一实验进行研究的过程中，德国化学家哈伯(F. Haber，1868—1934，图2-96)取得了突出的成果。

图2-96　实现合成氨工业生产的哈伯

从1904年起，哈伯花了4年时间，根据热力学原理仔细研究和计算了氢气、氮气和氨气在各种温度和压力下的平衡状态，又考察了多种催化剂在其中的作用。他在提出的报告中明确地阐述了在常温下，氨的生成速度很慢；如果加热气体的混合物，反应速度虽然加快，但是平衡却是朝着不利于形成氨的方向移动；如果增加压力，可以增加氨的产率；若采用有效的催化剂则能明显加速反应，促成氨的合成。随后他设计出一套适于高压实验的装置和合成氨的工艺流程。该流程为：

在炽热的焦炭上方吹入水蒸气，可以获得几乎等体积的一氧化碳和氢气的混合气体，其中一氧化碳在催化剂作用下，进一步与水蒸气反应得到二氧化碳和氢气，然后将混合气体在一定压力下溶于水，二氧化碳被吸收，就制得较纯净的氢气。同样将水蒸气与适量的空气混合后通过红热的炭，空气中的氧气和碳生成一氧化碳、二氧化碳而被吸收除掉，从而得到所需的氮气。氮气和氢气的混合气体在高温高压及催化剂作用下合成氨。

有了装置和工艺流程，但什么样的高温、高压条件为最佳，用什么样的催化剂为最好，仍是一个棘手的问题。哈伯以锲而不舍的精神，经过不断的实验和计算，总算找到了一个答案：500 ℃、200个大气压和用锇或铀作催化剂，在这样的条件下，能得到产率约为6%的合成氨。虽然这个产率不高，但若在循环生产中，不断地把生产出来的合成氨分离出来，则这个工艺就是可行的。这就是当时哈伯设计的合成氨工艺。

图 2-97　改进氨合成法的博施

德国当时最大的化工企业——巴登苯胺和纯碱制造公司买下了合成氨哈伯法的专利，组织了以化工专家博施(C. Bosch，1874—1940，图2-97)为首的工程技术人员来付诸实施。他们首先掌握了能大量廉价地生产原料氢气和氮气的技术；再通过多次试验认识到锇虽然是非常好的催化剂，但是它难于加工，因为它与空气接触时易转变为挥发性的四氧化物，而且这种稀有金属在地球上储量极少。哈伯建议的第二种催化剂是铀，但铀不仅昂贵，而且对痕量的氧和水都很敏感。为了寻找高效稳定的催化剂，两年间，他们进行了多达6 500次试验，测试了2 500种不同的配方，最后选定了含铅镁促进剂的铁催化剂。另外，制造适用的高压设备也是工艺的关键。当时金属材料中能经受住200个大气压压力的低碳钢，却害怕氢气的脱碳腐蚀。博施想了很多方法，最后选定的方法是在低碳钢的反应器管子里贴上一层熟铁的衬里，熟铁没有强度，却不怕氢气的脱碳腐蚀，就这样解决了又一个难题。

1913 年世界上第一座合成氨工厂在德国建成并投产，日产合成氨 30 吨，从此合成氨的工业生产开始向世界推广并得到迅速发展，成为化学工业领域里富于生机的组成部分。合成氨工艺(图 2-98)的创立不仅开辟了获取氨的又一途径，更重要的是，这一生产工艺的实现对于整个化学工艺的发展产生了重大影响。合成氨的研究来自正确的理论指导，反过来合成氨工艺的研试又推动了化学理论的进步。

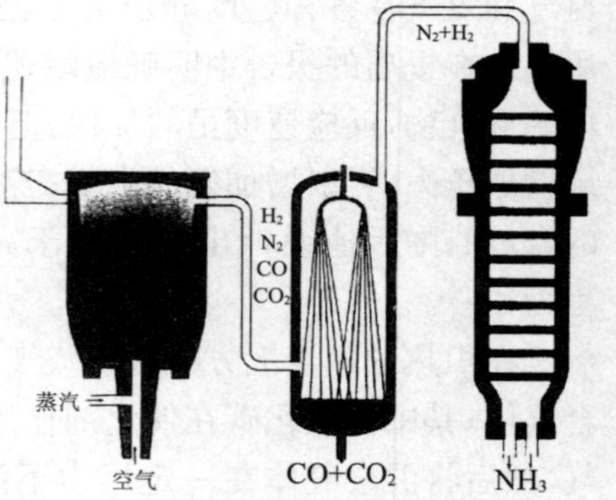

图 2-98　哈伯—博施合成氨法示意图

鉴于合成氨工业生产的实现和它的研究对化学理论发展的推动，1918 年的诺贝尔化学奖授予了哈伯。当时的一些英、法科学家提出了异议，认为哈伯没有资格获奖，有人曾分析说，假若没有合成氨工业的建立，德国就没有足够的军火储备，军方就不敢贸然发动第一次世界大战。原先的火药生产主要依赖智利的硝石进口，而有了合成氨，就可以通过将氨氧化成硝酸盐以保证火药的生产，因此对合成氨的工业生产的意义存在不同看法。当然某些科学发明被用于非正义的战争，科学家是没有直接责任的，英、法科学家对哈伯的指责还有另一个原因。1906 年哈伯成为卡尔斯鲁厄大学的化学教授，1911 年改任在柏林近郊的威廉物理化学及电化学研究所所长，同时兼任柏林大学教授。1914 年世界大战爆发，民族沙文主义所煽起的盲目的爱国热情将哈伯卷入了战争的旋涡。

他所领导的实验室成了为战争服务的重要军事研究机构。哈伯承担了战争所需材料的供应和研制，特别是在战争毒气研制中发挥了作用，并担任了实施毒气战的科学负责人。根据哈伯的建议，1915 年 1 月，德国把装盛氯气的钢瓶放在阵地前沿施放，借助风力把氯气吹向敌阵。第一次野外试验获得了成功。该年 4 月 22 日在德军发动的伊普雷战役中，在 6 公里宽的前沿阵地上，5 分钟内德军施放了 180 吨氯气，约一人高的黄绿色毒气借着风势沿地面冲向英、法阵地(氯气比重较空气大，故沉在下层，沿着地面移动)，进入战壕并滞留下来。这股毒浪使英、法士兵感到鼻腔、咽喉灼痛，随后有些人窒息而死。英、法士兵被吓得惊慌失措，四散奔逃。据统计英、法军队中约有 15 000 人中毒，这是军事史上第一次大规模使用杀伤性毒剂的现代化学战。此后，双方都使用过毒气，而且毒气的品种有所发展。然而使用毒气进行化学战，遭到了各国人民的一致谴责，科学家们更是指责这种不人道的行径。哈伯本人的心灵也受到震撼，战争结束时，因害怕被当作战犯而躲到了乡下。

通过对战争的反省，哈伯回到研究所后，把全部精力都投入到科研及其组织工作中，强调理论研究与应用研究相结合，注重人才培养，加强国际学术交流与合作，很快把威廉物理化学研究所办成了世界上化学研究的学术中心之一。哈伯以实际行动得到了科学界同仁的谅解。然而悲剧再次降临到他身上。1933 年希特勒篡夺了德国的政权，实行法西斯统治，推行以“消灭犹太科学”为己任的建立所谓“雅利安科学”的闹剧。尽管哈伯是著名科学家，但他是犹太人，因而被迫辞职。他因无生活来源而流落他乡，最后在去以色列的希夫研究所的途中，心脏病发作而在瑞士逝世。

诺贝尔和诺贝尔奖

诺贝尔(图 2-99)这一名字在世界上几乎家喻户晓，这不仅是因为诺贝尔在化学工业发展史上留下了醒目的足迹，更重要的是因为根据他生前的遗愿而设置的诺贝尔奖。包含物理学、化学、生理及医学、文学、和平及后来设立的经济学共 6 个奖项的诺贝尔奖是举世瞩目的大奖，获奖人得到的不仅仅是奖金，更重要的是荣誉，是为全人类的发展做出贡献的自豪。

图 2-99　晚年的诺贝尔

诺贝尔是怎样一个人？有什么科学贡献和使人敬仰的人格？这可能是许多人想了解的。

诺贝尔 1833 年出生在瑞典斯德哥尔摩。父亲是个勤奋的、颇有才干的机械师，由于不善经营，工作屡受挫折，1832 年的一场大火烧毁了他的全部家当，只好离家去芬兰、俄国谋生。在那场大火中，母亲为了救孩子，健康和精神都受到影响。诺贝尔从出生的第一天起，就纤弱多病，不像其他小孩那样活泼、欢快，直到 8 岁才上学，仅读了一年就辍学了。由于父亲的一些发明在俄国受到欢迎，1843 年即诺贝尔十岁那年，举家迁往俄国的彼得堡。因为语言不通，诺贝尔和他两个哥哥都进不了当地学校，只能通过家教学习语言和一些科学技术方面的基本常识。由于诺贝尔的好学和勤奋，凡是经他耳闻目睹的重要知识，他都能很快融会吸收，生活成为了他的学校，同时也培养了他极强的自学能力。为了拓宽他的视野，1850 年，他父亲让他离家，先后到德国、法国、意大利等国游学。通过观察、交流，他不仅精通多国语言，还学习和积累了丰富的知识。回家后，他已能参与工厂的生产管理，还掌握了一些实用的工艺技术。没有正规学历的诺贝尔，正是通过刻苦、持久的自学，逐步成长为科学家、发明家的。

1859 年，诺贝尔的父亲带着妻子和最小的儿子埃米尔回到瑞典，留下三个儿子共同管理在俄国的工厂。从这时起，诺贝尔就全力投入他心爱的发明创造中。短短两年多的时间里，他就在实验室(图 2-100)中完成了三项发明：气体计量仪、液体计量仪、改良型的液体压力计。这三项发明虽然都不太重要，但是它们给了诺贝尔以鼓舞，使他更有信心地投入新的发明创造中。据不完全的统计，他一生共获专利 355 项，其中与炸药有关的 127 项。前面已介绍的由雷酸汞制成的引爆雷管和将火棉与硝化甘油混合而成的胶状炸药就是其众多发明中的典型。诺贝尔的发明兴趣不限于炸药，他有丰富的想象力，更有千方百计把这些想象付诸实现的不屈不挠的毅力。他曾研究过合成橡胶、人造丝，做过改进唱片、电话、电池、电灯零件的实验，他还曾试图合成宝石。尽管在这些研究领域并未取得太大的成绩，但是他那勇于探索的精神给后人留下了深刻的印象。

图 2-100　诺贝尔的实验室

纵观诺贝尔的经历和成就，有两个特点耐人寻味。一个特点是诺贝尔的主要兴趣似乎在应用方面。他的许多发明创造实际上都是将前人的研究成果进一步转化为实用产品或技术。翻阅诺贝尔的发明专利目录，可以看到他的发明绝大部分都是应用于生产、生活的实用化工技术，因为他清楚地认识到，只有把科学上的最新研究成果变成生产、生活中的实际产品，科学才能造福于人类，科学研究才具有推动社会进步的意义。另一个特点是他关注的研究课题总是位于科研的前沿。最早研制的新型炸药和稍后研究的合成橡胶、人造丝等都是当时科技的前沿领域。再看诺贝尔最后十年(19 世纪 90 年代)的书信，发现他的兴趣在于怎样通过空中摄影来勘测和制作地图，同时还预见未来的空中交通工具将不是气球或飞船，而是由推进器推进的飞机。这一切都表明诺贝尔时刻在关注着科技的最新成果，并准备为它的应用推广作出自己的努力。任何发明创造要付诸生产，使它服务于人类社会，都必须有设计和组织生产的企业家，诺贝尔就是他们中的佼佼者。

勤奋工作是诺贝尔的生活准则。为了发展他的企业，他不知疲倦地四处奔走，从产品的展示宣传到推广使用，诺贝尔都是亲力亲为。生产诺贝尔新型炸药和雷管的企业从瑞典发展到德国、美国，黄色炸药的产量从 1867 年的 11 吨发展到 1870 年的 424 吨，到 1874 年已达 3 120 吨。诺贝尔公司到 19 世纪 80 年代已发展成为世界性的企业，它下属的几百家工厂或公司分布于 20 多个国家。由此可见，诺贝尔是一位有很强组织能力的企业家。

使得诺贝尔的形象高大、令人崇敬的原因不仅仅在于他是个有成就的科学发明家，是一个能干的企业家，是一个百万富翁，而在于他拥有一个崇高的理想、一个伟大的胸怀。他与许多富豪不一样，他一贯轻视金钱和财富。当他母亲去世时，他将母亲留给他的遗产全部捐献给瑞典的慈善事业，仅留下慈母的照片作为纪念。他曾经说过："金钱这种东西，只要能够解决个人的生活就行，若是过多了，它会成为遏制人们才能的祸害。对于有儿女的人，如果除去留给必需的教育费用外，再传给很多财产，我认为那是错误的，这样只能鼓励懒惰，使他不能发展个人独立生活的能力和才干。"

正是依照这一思想，尽管遭到包括他的亲属在内的一些人反对，他还是在遗嘱中写道："我所留下的全部可变换为现金的财产，将以下列方式予以处理：这份资本将由我的执行者投资于安全的证券方面，并将构成一种基金；它的利息每年以奖金的形式，分配给那些在前一年里曾赋予人类最大利益的人。上述利息将被平分为五份，其分配办法如下：一份给在物理学方面作出最重要发现或发明的人；一份给作出最重要的化学发现或改进的人；一份给在医学和生理学界有最重要的发现的人；一份给在文学方面曾创作出有理想主义倾向的最杰出作品的人；一份给曾为促进国家之间友好、为废除或裁减常备军队以及为举行与促进和平会议作出过最多或最好工作的人。"

诺贝尔之所以设立这五种奖是有缘由和考虑的。他一生所从事的科研活动，主要涉及化学，其次是物理学。他真切地认识到化学和物理学的重要性，所以特意为化学、物理学各设一奖。生理学和医学则是他一直所关注的领域，生前他曾想创办一个医学研究机构，但这一愿望没有实现，为了弥补这一遗憾，故决定设立生理学和医学奖以促进该项事业的发展。在他长期的孤独生活中，阅读文学名著曾是他业余时间的主要爱好，因此他设立文学奖，希望有更多的优秀作品满足人们的精神需求。他发明炸药的本意是用于工业生产和社会建设，事实上也被用于战争，对此他感到愤慨与无奈，为了倡导和平、反对战争，故特设和平奖。

1896 年 12 月 10 日，由于心脏病突发，诺贝尔与世长辞，终年 63 岁，但是他的名字将随诺贝尔奖（图 2-101、图 2-102）永存于人们的心中。

图 2-101　诺贝尔奖的颁奖仪式

图 2-102　诺贝尔奖章

诺贝尔化学奖从 1901 年至 2000 年的百年里，除因世界大战等原因，1916、1917、1919、1924、1933、1940、1941、1942 年没有颁奖外，有 134 位科学家荣获这一奖项。该奖已成为公认的化学研究中最突出的成就奖，获奖的项目不仅是化学发展的标志，更引领着化学发展的方向，起着化学发展催化剂的作用；同时，获奖的内容实际上也成为化学在 20 世纪发展历程的重要展示。

下　篇

20 世纪化学的新貌

一、物理学革命与化学

发端于19、20世纪之交的物理学革命，以不可抗拒的洪流，冲破了以自然界绝对不变性为核心的机械论自然观的桎梏，荡涤着陈旧的机械论的物质观、运动观及时空观，揭开了现代自然科学的序幕。物理学革命给化学带来了新时期的曙光。如果说，近代化学达到了对物质的原子、分子层次的认识，那么，X射线、放射性、电子的发现则叩开了原子的大门，使化学研究深入到探索原子、分子、晶体内部结构的新阶段。

物理学革命中出现的量子概念及量子力学，导致量子化学的诞生和化学键理论的提出，使化学研究从过去主要依赖宏观实验及经验归纳，转为更多地从微观领域的演绎和推理来阐明物质及其变化的本质。元素周期律本质的全面揭示，表明新的物质结构理论的成功，化学将不再是纯粹的实验科学了。那些迅速发展起来的，对原子、分子、晶体结构进行测定的各种物理实验方法，使得揭示微观世界的奥秘成为化学的重要内容。

物理学革命的前奏

牛顿力学经历了18、19世纪的发展，显示了无比强大的理论威力，不仅成为物理学的理论基础，同时也成为化学、天文学、地质学等学科的理论基础。大至日月星辰，小至原子分子，无不为牛顿理论体系所包罗。正当人们为经典物理学的全面胜利而欢呼时，经典物理学体系本身却开始出现了危机。促成危机的根由正是牛顿建立力学体系时所遵从的认知基础。当年，牛顿以自己的科学成果排除了经院哲学的思想偏见，认为世界是由运动着的物质所组成的，物体的运动及其各种属性都服从机械运动的规律，而探求这些规律的准确方法则是科学实验。他的这种看法实际上是继承和发展了弗兰西斯·培根等人的唯物主义，同时还把存在于培根认识论里的机械论即形而上学也接收了，从而构成了机械唯物论的基础。

机械唯物论是历史唯物主义发展的一个必然阶段，其思潮在近代科学的发展中曾占据统治地位。机械唯物论自然观的核心是自然界的绝对不变性，其具体表现为机械论的物质观、运动观和时空观。它的物质观就认为，构成物质的最小微粒——原子是绝对不可分的,元素是绝对不可变的。这种观念在近代化学中一直占据主导地位,从拉瓦锡到道尔顿,牛顿的科学思想的烙印是明显的。拉瓦锡就是参照牛顿物理学中重量和质量等价的观念,运用质量守恒原理成功地进行了一系列的定量化学实验,完成了化学理论的一场革命。道尔顿长期从事气象物理学的研究,正是因为理解和接受了牛顿关于物质运动的观念,才根据自己的气体实验事实提出了化学原子论。在化学家中,像道尔顿一样强调原子不能分、元素不能变这一原则的大有人在。另一个典型人物就是门捷列夫,门捷列夫发现化学元素周期律是不自觉地运用了量变到质变的规律,完成了科学上一项勋业,这一发现实际上已给了机械唯物论一次打击。然而,门捷列夫直至晚年仍坚持认为元素不能变,并认为这是周期律的根据,因此他拒不承认那些科学的新发现。由此可见,机械唯物论仍是 19 世纪化学家思想的主流。

随着自然科学的新发现、新成就的涌现,特别是 19 世纪中叶自然科学的三大发现能量守恒与转化定律、细胞学说、进化论的出现,机械唯物论的自然观开始遭到一次又一次的冲击。面对许多新的科学发现,牛顿那种把复杂的自然现象分解为简单的、个别的变化单元加以理性分析的方法显然是不够的。特别是当那些被称为反常现象的科学实验开始动摇牛顿力学的基础时,科学家们真是不知所措,有的走向实证论,有的走向不可知论,有的陷入神秘主义,思想呈现一片乱象。例如,放射性的发现表明原子是可分的,镭元素的发现证明元素是可变的,这些实验事实直接动摇了机械唯物论的根基。一些科学家对旧理论失去了信心,除了实验事实外,干脆什么理论都不相信了。这就是实证主义的思潮,它深深地影响了一些化学家,特别是物理化学家。

在机械唯物论受到冲击时,化学界有两个大问题引起了广泛的注意。一是原子是否真实存在?二是唯能论是否合理?1860 年,原子—分子论虽然得到科学界的认同,但是在人们心中,原子、分子究竟是什么样子,谁也没有见过。早在 1832 年法国哲学家孔德(A. Comte,1798—1857)创建了一种新的哲学流派,认为探索所谓的最初原因和终极原因都是绝对不可容许的和毫无意义的,基元粒子聚集的实际形式是而且永远是我们所不可知的,因此此类研究并无适当的对象。孔德宣称他的哲学既不是唯物论,也不是唯心论,而是超乎两者之上,实际上它是一种主观唯心论。

孔德的观点在那些强调实践、注重经验、忽视理论思维的化学家中有一定市场。例如曾是欧洲大陆化学权威的杜马,他在一次实验受挫后,公然宣称:“如果由我作主,我就会把原子一词从科学中删除。”此后不久,法国化学家贝特罗提出一个著名的反诘“谁曾见过一个气体分子或一个原子呢?”来否定原子论、分子论的科学性。

在当时的化学研究中，特别是运用原子论于实际的计算时，当量、原子量、分子量混淆不清，使许多化学家不仅对研究原子本身毫无兴趣，甚至对原子这一概念产生反感。德国化学家凯库勒曾声明："从哲学观点出发，我可以毫不怀疑地说，我根本不相信原子的实际存在，只是在物质的不可分微粒的文字意义上采用这个词。" 1867 年他又说："原子是否存在的问题，从化学观点来说是没有什么意义的，它的讨论倒像是形而上学……我倒期望有朝一日对今天我们所说的原子找到一种数学—力学的解释。"凯库勒所谓的哲学观点实际上就是孔德的实证论哲学。可见围绕着原子、分子是否存在的争论十分尖锐。

气体分子运动论在物理学家、化学家的共同努力下，在 19 世纪 80 年代取得了辉煌成就，它曾给原子—分子论以强有力的论证。人们根据气体分子运动和其他方面的数据，曾估计普通物质的原子和分子的直径约在 $10^{-8}\sim10^{-7}$ cm 之间。然而到 19 世纪末，由于实证论思潮的泛滥，否定原子—分子论的气势有增无减，欧洲不少著名的物理学家、化学家和哲学家都参加到这一行列中，其主要代表人物有奥地利物理学家兼哲学家马赫(E. Mach，1838—1916)、德国化学家奥斯特瓦尔德、法国物理学家兼哲学家彭加勒(H. Poincare，1854—1912)和量子论创立者、德国物理学家普朗克。普朗克早期属于这个阵营，后来改变了观点，成为马赫和奥斯特瓦尔德的论敌。

他们否定原子论的主要论点几乎全部来自实证论哲学，认为知识只能直接来自经验，不能直接从经验得到的东西都属于形而上学。在当时，对于原子的存在，的确还没有掌握可靠的实验证据，因此马赫提出，我们无论在什么地方都不能感觉到原子，以此否定原子论。彭加勒的态度则缓和一些，认为原子假设还未成为实验事实，既不能认为是真实的，也不能认为是虚构的，它作为一种辅助假设到底有用还是无用，依然是个悬而未决的问题。

作为物理化学家的奥斯特瓦尔德则是因为在应用原子论来解释热力学第二定律、气化热、渗透压、化学平衡等问题上遇到了困难，就断然认为这些假设(指原子论、分子论)推导不出可由实验直接检验的结论，从而认为原子论、分子论是无用的假设，必须摒弃。奥斯特瓦尔德为了在物理学和化学之间谋求统一的基础，加上他特别重视能量守恒与转化定律在完成物理学的第二次综合中所起的巨大作用，于 1895 年提出了"唯能论"。这一理论夸大并曲解了能量的概念，把能量作为世界最终的实在，认为用能量的概念可以解决一切物理学和化学问题，物质是多余的，可以省略，原子、分子、离子只是说明能量运行的虚构，把能量守恒推广到物理学以外的一切领域，甚至精神领域。他还认为经"唯能论"改造后的化学理论可以全部推导出以前只有原子论才能解释的那些定律，这样原子论就可以摈弃了。

唯能论排除了物质这一能量的承担者，否定了物质的客观实在性，把能量看成思想、感觉等主观东西的运动，是典型的主观唯心论。它将能量看成人的主观认识与客观世界的障碍，显然会妨碍科学的发展。唯能论提出的问题实际上是认识论的问题，对此，许多科学家都对它进行了有力的批判，最使人信服的批判就是一系列科学实验的新发现。

1905—1908 年，通过犹太裔物理学家爱因斯坦(A. Einstein，1879—1955)、瑞典化学家斯维德贝里(T. Svedberg，1884—1971)、波兰物理学家斯莫卢霍夫斯基(M. Smoluchowski，1872—1917)等人对布朗运动的理论和实验研究，特别是法国物理学家佩兰(J. B. Perrin，1870—1942)利用超显微镜所做的精确可靠的测定，终于证明了分子和原子的客观存在，这一持久、激烈的争论最后总算完满地收场。奥斯特瓦尔德在 1908 年读到斯维德贝里的实验报告后，对原子论的敌对态度动摇了。不久佩兰的论文使他完全改变了立场，他声明说："我完全清楚地认识到，不久前我们已经有实验证据，证明物质的分立的或颗粒状的本性……一方面通过汤姆孙(J. J. Thomson，1856—1940)长期杰出的工作，完全成功地离析出并计数了气体离子；另一方面，通过一系列研究，最后由佩兰完满地证明了布朗运动符合分子运动假说的要求，这就使得连谨慎的科学家也有充分理由可以谈论关于充满空间的物质的原子性组成的实验证据了。原子假说由此提高了地位，成为一种基础巩固的科学理论。"奥斯特瓦尔德对待科学真理的态度是光明磊落的，体现了一位正直科学家应具备的品质。

启动物理学革命的三大发现

伏打发明的银锌电堆，为科学实验提供了稳恒的电源，把电学研究从静电学带入了动电学的新阶段。不仅在物理学家的实验室，同时在众多化学实验室中也开始了电学研究。19 世纪初，英国化学家戴维就是通过电解技术，发现并制备了金属元素钾、钠、钙、锶、钡、镁，成为元素发现史上的一段佳话。英国物理学家法拉第是电磁学的开拓者，他在电化学上最大的贡献就是发现了电化学当量定律。从 19 世纪中叶起，欧洲一些国家开始建立以电化学为基础的冶金和化工企业，例如，电炉炼钢(1853 年)、电解炼铜(1865 年)、电解炼镁(1883 年)、电解炼铝(1886 年)、汞阴极电解食盐制造金属钠(1892 年)、电石生产(1895 年)等，可以说，到 19 世纪末，电已得到广泛的应用。可是在那时，关于电的本质，人们的认识仍是模糊不清的。

1834 年，当法拉第提出电化当量定律时，他曾设想电和原子一样，是由一些微小的颗粒组成的。可惜，这种设想当时无法用实验来验证。1836 年科学家在研究真空放电的实验中曾发现，在稀薄空气中放电会产生辉光。1858 年，德国一位科学仪器制造商盖斯勒（H. Geissler，1814—1879）发明了一种低压气体放电管，使用这个仪器可以观察到各种低压气体的放电现象，不同的气体所发出的辉光颜色各异。1869 年，德国化学家希托夫（J. W. Hittorf，1824—1914）在使用盖斯勒管的实验中又发现当管中气压降到很低时，则全管逐渐成暗区，不再发辉光，而在正对阴极的玻璃壁上却出现荧光。他认为真空放电来源于阴极，并以直线传播，故称这种射线为阴极射线。1878 年，那位曾发现元素铊和提出大气固氮想法的英国化学家克鲁克斯重复了希托夫的实验，有了更多的发现。他不仅观察到暗区的出现和荧光现象，还观察到当管内安装一个十字挡板时，在正对着阴极的玻璃壁上会出现一个十字挡板的阴影；如果安装的是一个带云母叶片的风车，通电后，风车就会飞快地转动。他还在管中阴极和阳极之间安装两块各雕有狭缝的挡板，并令两狭缝互相垂直，使通过的阴极射线仅是一小束，当这一小束射线照射到阴极对面的玻璃上时，便会出现一个发热的亮点。若在真空管外安装一个马蹄形的磁铁，随着磁铁的位移，亮点也会发生上移或下移。据此，克鲁克斯认为，阴极射线是一束具有动量的带电粒子流，而且这粒子流的性质与材料无关。克鲁克斯的发现使物理学界对阴极射线的研究热情更加高涨，同时克鲁克斯的观点也遭遇到了挑战。德国物理学家赫兹（H. R. Hertz，1857—1894）等认为阴极射线是以太波，为此双方展开了争论。1894 年赫兹的学生、德国实验物理学家勒纳德（P. Lenard，1862—1947）在放电管的玻璃壁上开了一个薄铝窗，成功地使阴极射线射出管外，他依然认为阴极射线是以太波。1895 年，法国物理学家佩兰通过使阴极射线进入法拉第笼（电屏）的实验，有力地支持了阴极射线是带负电的粒子流的观点，佩兰当时认为这种粒子是一种气体离子。

图 3-1 确认电子存在的英国科学家 J. J. 汤姆孙

在佩兰工作的基础上，同时吸收了当时 X 射线的研究成果，1897 年，克鲁克斯的学生、英国剑桥大学物理学教授 J. J. 汤姆孙（图3-1）对阴极射线做了定性和定量的研究（图 3-2）。他设计了一个巧妙的实验装置，证明阴极射线在电场和磁场作用下，其带负电的粒子流路径相同，从而无可辩驳地证实阴极射线是由带负电的粒子所组成的，为这场粒子说和以太说之争划上了句号。

J. J. 汤姆孙还根据阴极射线在电场和磁场中偏转的量度，推算出阴极射线粒子的质量与电荷的比值，其数值大约是氢离子的千分之一。同时还观察到，无论是改变放电管中气体的成分，还是改变阴极材料，阴极射线粒子的荷质比都是不变的，这表明来源于各种不同物质的阴极射线粒子都是一样的。根据这些实验事实，并结合勒纳德的实验，J. J. 汤姆孙得出阴极射线粒子比原子小的结论，并认为这种粒子必定是“建造一切化学元素的物质”，也就是说这种粒子是一切化学原子所共有的组成部分。为了证实这一推论，J. J. 汤姆孙和他的学生用云雾法测定出阴极射线粒子的电荷同氢离子所带的电荷是同一数量级，从而直接证明了阴极射线粒子的质量只是氢离子的千分之一。他把这种组成一切原子的粒子命名为电子，以示其为电荷的最小单位。以上就是电子发现的历史片断。

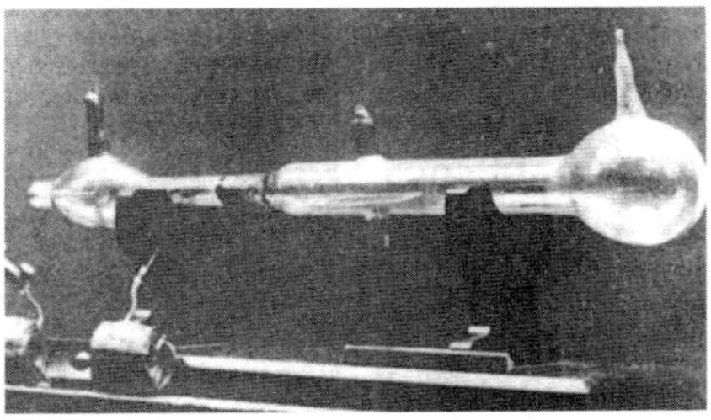
图 3-2　汤姆孙使用的阴极射线管（1897 年）

在探索阴极射线本质的研究中，一位当时还不太知名的德国物理学教授伦琴（W. C. Rontgen，1845—1923，图 3-3）于 1895 年又发现了另一种更加奇特的射线。大致的过程是这样：他首先使用勒纳德管重做勒纳德的实验，确认阴极射线能使放电管旁的荧光屏产生荧光。接着又采用克鲁克斯管继续做阴极射线的实验。某日他突然发现，放在克鲁克斯管附近的一盒存封完好的照相干板被莫名其妙地曝光了。他又买了新的照相干板试验了几次，发现只要室内的克鲁克斯管点亮过，照相干板就会被感光，这显然与克鲁克斯管发出的冷光有关。于是他把克鲁克斯管用黑色的厚纸包住，再做实验。结果他发现，在暗室中，即使用黑纸包住克鲁克斯管，一旦通电，放在它旁边的涂有荧光粉铂氰化钡的硬纸卡片便会发出荧光。这一系列的发现把伦琴的注意力完全集中到克鲁克斯管所发射的冷光上。对这种冷光的进一步实验使他惊讶不已：他把铜质的钥匙放在密封的照相干板上，一经克鲁克斯管照过，底片上便会留下钥匙清晰的影像；在暗室中，把手放在铂氰化钡的纸屏上，克鲁克斯管一旦通电，光屏上便出现了一只仿佛透明的手，手指骨的关节清晰可见（图 3-4）。

图 3-3　发现 X 射线的德国物理学家伦琴

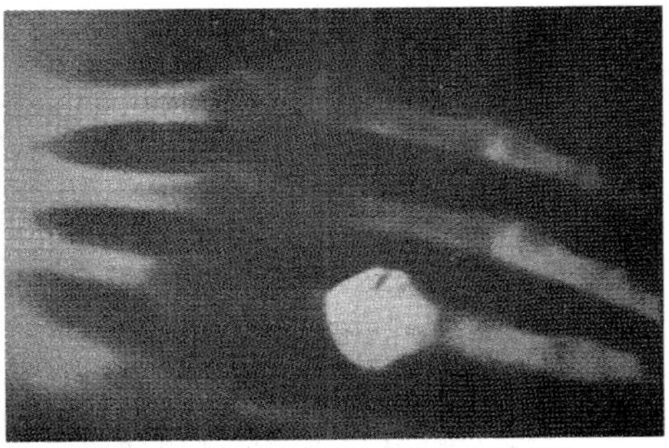
图 3-4　伦琴夫人手骨的 X 射线照片

由此，伦琴坚信通电的克鲁克斯管会发射出一种肉眼看不到的、穿透力极强的射线。这种神秘的射线是由阴极射线打到玻璃管壁上产生的，它可穿透 1 000 页厚的书、2～3 cm 的木板、15 cm 厚的铝板。它可以使照相底片感光，还可以使各种荧光物质发光，但它不是阴极射线，因为它不能被磁场所偏转。当时他弄不清楚这种射线的本质，于是给它取名“X 射线”（X 射线的本质直到 1912 年才弄清）。伦琴由于发现 X 射线而荣获首届诺贝尔物理学奖。

1895 年 12 月 28 日，伦琴把他的论文送交出版，这一重要发现的信息迅速传播开来，反应之强烈在科学史上也是罕见的。伦琴的论文三个月内被印行五次，同时有关 X 射线的各种研究论文如雨后春笋，一年之内竟有 1 000 多篇，还出版了 48 种专著和小册子。X 射线的发现，挑战般地预示，物理学尚有亟待探索的未知领域。

X 射线的发现在科学界引起了轰动，吸引了许多科学家投身于此项研究。有的继续伦琴的研究，以期扩大已取得的成果；有的则希望寻找到新的射线。在这一热潮中，法国科学家彭加勒好奇地思索着 X 射线的来源。伦琴曾指出，X 射线发生在克鲁克斯管壁上受到阴极射线轰击的部分，这部分玻璃壁的冷光现象格外强烈。彭加勒便猜想荧光就是 X 射线的根源，那么所有能强烈发射磷光或荧光的物质都有可能发射 X 射线。于是他从市场上买来了硫化锌磷光粉（先经太阳曝晒）做实验，在暗室中把它放在密封的照相底片上，果然在显影后，底片上显现一块黑斑。1896 年 2 月他在巴黎科学院的会议上宣读了这一实验结果。在此后一段时间里，便会经常听到有关应用荧光、磷光物质获得 X 射线的报道。这样一来，X 射线的神秘色彩逐渐消退下来。彭加勒的误导在不知不觉中引导着科学家从 X 射线的研究走向另一项重大的科学发现。

出身于科学世家的法国物理学家亨利·贝克勒尔（A. H. Becquerel，1852—1908，图 3-5）也被 X 射线的研究所吸引。他有着与别人不同的研究条件，他的祖父、父亲都是法国颇有名望的物理学家，都曾担任过巴黎自然历史博物馆的物理学教授，又都对磷光物质感兴趣，都因研究磷光、荧光而闻名。因此，在他们的实验室中收集了许多磷光、荧光物质。贝克勒尔决定探索 X 射线与磷光、荧光的关系。最初的一系列实验得到的结果却是许多磷光或荧光物质并不发射 X 射线。根据彭加勒的意见，是否是因为这些物质的磷光或荧光不够强呢？他决心继续实验。他想起 15 年前和父亲一起制备过的硫酸铀酰钾的晶体，它经太阳照射后，

图 3-5　发现放射性的法国科学家贝克勒尔

在黑暗中可以长时间地发出黄绿色磷光。于是他用这种晶体做实验：先把铀盐在阳光下曝晒，让它发磷光，然后把它放在用黑纸包严的照相底片上，以便检验它能否像X射线那样使底片感光。结果表明这种晶体确实能使密封的底片感光。他立即在科学院例行会议上报告了他得到预期结果的铀盐实验。但是在往下的继续研究中，他却发现了奇怪的现象：不经日晒，已不发磷光的铀盐在暗室中同样会使照相底片感光，而且所产生的影像与太阳曝晒过的铀盐一样清晰。由此他认识到日晒和磷光都与底片感光无关。他初步推测，感光必定是由于铀盐自身发出的一种神秘射线。接下来，他重复当年彭加勒的实验，以考察其他磷光物质是否也能发出这种神秘射线。他使用硫化锌、硫化钙等磷光物质，并用力所能及的手段来加强这些物质的磷光。但是这些硫化物晶体对照相底片没有产生丝毫影响。几个月的反复实验，使贝克勒尔肯定了原先的推测：铀和它的化合物放射出一种奇异的射线。他把这种射线命名为“铀射线”。

随后，贝克勒尔在实验室（图3-6）对铀射线和X射线进行了比较研究，发现它们都能穿透黑纸使照相底片感光；都能使空气电离成为电导体，并使验电器放电。但是铀射线是自然产生的，好像不受外界环境的影响，铀和铀盐总是在持续地发出铀射线，却不影响它的化学性质。X射线则与阴极射线一样，一旦停止通电便随之消失。贝克勒尔还发现铀射线的穿透能力不如X射线，它不能穿透肌肉或木板。由于发现放射性现象，他和居里夫妇共享了1903年的诺贝尔物理学奖。

图3-6　贝克勒尔在实验室

电子的发现，揭示了原子是可分的，并有复杂的内部结构，从而促进了原子内部秘密的探索。X射线的发现不仅为化学进一步研究微观结构，例如分子和晶体结构开辟了新纪元，而且也为医疗保健提供了重要的检测手段。放射性现象的发现引导科学家发现了一批放射性元素及其化合物，还使人们认识到元素衰变的存在，即元素也是可变的。由此可见，电子、X射线、放射性这三大发现，不仅揭开了物理学革命的序幕，同时也标志着化学发展进入了一个新时期。

放射性物质的研究和居里夫妇

铀射线的发现并没有引起像X射线那样的轰动，但许多科学家预感到这一新发现所蕴藏的深刻内涵。英国物理学家瑞利曾担忧地说：“如果贝克勒尔的发现是真的，那么能量守恒定律岂不遭到破坏了吗？更糟糕的是，我完全相信贝克勒尔是一位值得信任的观察者。”瑞利的这段话反映了当时部分物理学家的矛盾心态。

铀盐连续不断发射的铀射线究竟来自何处？铀射线的本质是什么？这都是有意义的研究课题。一位年轻的学者被贝克勒尔关于放射性的报告所深深地吸引。据她所知，当时欧洲的所有实验室中尚未开展有关铀射线本质的研究，相关的资料也仅限于贝克勒尔的几份报告，她决定以此课题作为自己博士论文的内容，她就是后来举世闻名的女科学家玛丽·居里（Marie Sklodowska Curie，1867—1934，图 3-7）。1896 年，在她的丈夫、巴黎理化学院物理学教授皮埃尔·居里（Pierre Curie，1859—1906）的帮助下，她在设备简陋、环境很糟的实验室（图 3-8）里开始了艰苦的奋斗。

图 3-7　居里夫人

图 3-8　居里夫妇在实验室

居里夫妇共同设计了包括电离室、验电器、石英压电计在内的灵敏而简易的铀射线检验器，以测定铀射线的强度。经过数周研究，居里夫人首先弄清了铀射线的强度与试样中铀的浓度成正比，而与含铀化合物的化学组成无关，且不受外界光照和温度变化的影响。由此，他们得出结论：这种辐射是铀元素原子的一种特性，与一般化学反应不一样。随后她又想到，难道只有铀元素才有这种特征？她决心检查所有已知的化学物质。终于发现钍矿石也具有这种性质，钍矿石也自动地发出与铀射线相似的射线，且强度相近。这表明这种辐射性质非铀元素所独有，故再称它为铀射线似乎不妥，居里夫人建议称这种性质为“放射性”，并把具有这种特殊放射性质的铀元素和钍元素都叫作“放射性元素”。

钍的放射性的发现使居里夫人大受鼓舞，她更坚信放射性物质不止有铀和钍，研究必须继续下去。她借来学院收藏的各种矿石，又从矿物博物馆要到了从天涯海角收集的各种矿物标本，逐个检测放射性。当检测一种沥青铀矿和一种铜铀云母矿时，发现这两种矿石中含有一种数量很少，但放射性比铀、钍强得多的新元素。经过极其艰辛的努力，居里夫妇在 1898 年 7 月发现了放射性比铀强的新元素钋，同年 12 月又发现了放射性更强的新元素镭(图 3-9)。

图 3-9　就是在这间实验室里居里夫妇发现了镭

钋的化学性质与铋相似，故在沥青铀矿中容易富集在硫化铋中，但在沥青铀矿中的含量仅有百万分之一。居里夫人为了纪念她的祖国波兰，特将这种新元素命名为“钋”。镭的化学性质很像钡，在沥青铀矿中容易富集在氯化钡的结晶中。混有镭的氯化钡晶体，其放射性比铀大 900 倍，故居里夫妇命名它为“镭”，意为赋予放射性的物质。当 1898 年底他们公布发现放射性元素镭时，轰动了物理学和化学界。有的人表示震惊，还有人表示怀疑，因为当时尚未取得纯净的镭盐，更谈不上对镭元素性质的认识，特别是元素原子量尚未测定。部分物理学家持谨慎的态度，部分化学家则明确表示：“没有原子量，就没有镭；把镭指给我们看，我们就相信你们。”为了消除人们的怀疑，居里夫妇从 1899 年至 1902 年又继续奋斗了近 4 年(图 3-10)。

图 3-10　居里夫人在做实验

经过 45 个月的令人难以想象的艰苦努力，他们处理了 8 吨铀矿渣，终于得到了 100 毫克的氯化镭。它的放射性竟是铀盐的 200 万倍。它能使金刚石、红宝石、荧石、硫化锌、铂氰化钡及贮放它的玻璃瓶发出磷光；它的放射性居然还有“传染性”，居里夫人实验室里的各种仪器、衣服、灰尘、空气不久后都有了“活性”。他们对镭的原子量做了初步测定，约为 225，在周期表中位于钡的下面，由此使怀疑的科学家信服了。居里夫妇在这个新领域的开创性研究所取得的重大成果，赢得了科学界的极高评价，1903 年 11 月，英国皇家学会授予居里夫妇戴维金质奖章。12 月他们又和贝克勒尔一起分享了诺贝尔物理学奖。此后，许多奖章、奖金及荣誉接踵而来，表明了人们对他们的尊敬和鼓励。

1899 年法国化学家德比尔纳(A. Debierene，1874—1949)在研究沥青铀矿时，又发现了一种放射性元素锕。短短的几年间，接二连三地发现放射性新元素，特别是镭元素的发现，引起了化学家和物理学家的高度重视，促使研究这些新元素成为热门。不久，就发现镭射线能治疗一种残酷的疾病——癌症，于是欧洲各国纷纷成立镭学研究所，来探索镭的生产和应用。美国曾有人出高价想要购买居里夫妇提取镭的技术，而居里夫妇不为金钱所诱惑，毅然决定“不由我们的发现取得物质上的利益，因此我们不曾领专利执照，并且毫无保留地发表了我们的研究成果，包括制镭的手续在内。遇有对于镭感兴趣的人们向我们请求指示，我们也都详加说明。”这一态度充分地体现了居里夫妇那种献身科学并以科学成果造福于全人类的崇高品质。

1910 年，居里夫人和德比尔纳合作，通过电解氯化镭取得了金属镭，精确地测定了镭的原子量，并总结了镭的衰变规律，开辟了放射学的新领域，因而荣获了 1911 年诺贝尔化学奖。两次获得诺贝尔科学奖的人，至今仍是凤毛麟角，居里夫人是世界上获此殊荣的伟大女性。

元素衰变理论的提出

图 3-11　提出元素衰变理论的卢瑟福

居里夫人已通过实验证明放射性是元素原子本身的一种特性，但是在当时实证主义思潮和唯能论的影响下，只是把放射性看作一种“能”，忽视了对放射性及其相关物质变化的考察，从而将发现元素衰变的良机让给了其他科学家。发现和提出元素衰变假说的是出生在新西兰的物理学家卢瑟福(L. E. Rutherford，1871—1937，图 3-11)和英国化学家索迪(F. Soddy，1877—1956)。

1895—1898 年在英国剑桥大学卡文迪许实验室，作为 J. J. 汤姆孙的研究生，卢瑟福就做过 X 射线对气体电离作用的实验，并对放射性产生了浓厚的兴趣，他曾考察过在铀射线影响下导电气体离子的速度问题。研究生毕业后，经老师的推荐，他来到加拿大蒙特利尔的麦克吉尔大学就任物理学教授，在这里他继续研究放射性的本质。他把富集镭盐的物质放在铅槽内，用强大的磁场作用于镭发出的射线，这射线分成三部分，他把这三部分分别叫作 α、β 和 γ 射线。α 射线受磁场作用，行进方向有些偏转但是不大，按照偏转方向说明它带正电，其穿透力比较小，一层玻璃或厚纸就可以挡住它；β 射线在磁场作用下行进方向有很大偏转，但与 α 射线的偏转方向恰好相反，这表明它带负电，其穿透力较 α 射线强，大部分能穿过玻璃；γ 射线则不受磁场影响，有些像普通光线，但波长比 X 射线还要短，而穿透力大得惊人，不仅能穿过肌肉，甚至几寸厚的铅板和几尺厚的铁板也能轻松穿过(图 3-12)。

图 3-12　卢瑟福在英国皇家学会会场演示他的实验

图 3-13　英国化学家索迪

1899 年，德国物理学家道恩（F. E. Dorn，1848—1916）认为镭能不断发射一种具有放射性的气体进入空气而使空气也具有放射性，他称之为“镭射气”。这一发现立即引起了卢瑟福的注意，他和英国化学家索迪（图 3-13）合作研究钍、镭、铀的放射性，并吸收了其他化学家的实验研究成果，例如，拉姆塞通过实验证明钍射气和镭射气的光谱完全一样，而且是一种新元素，并把它命名为“氡”，这是第 6 个被发现的放射性元素。

根据以上实验所发现的事实，从 1902 年起，卢瑟福和索迪合作发表了 4 篇论文，提出了放射性元素衰变理论。他们指出：放射性元素的原子是不稳定的，它们自动地发射出射线和能量，就变成另一种放射性元素，直至成为一种稳定的元素原子为止（图 3-14）。放射性是由于原子本身衰变成另一种元素的原子而引起的。这种变化与一般的化学反应截然不同，它不是原子间或分子间的重新组合，而是原子自身的自发变化，放射出 α、β、γ 射线后变成了新的原子。

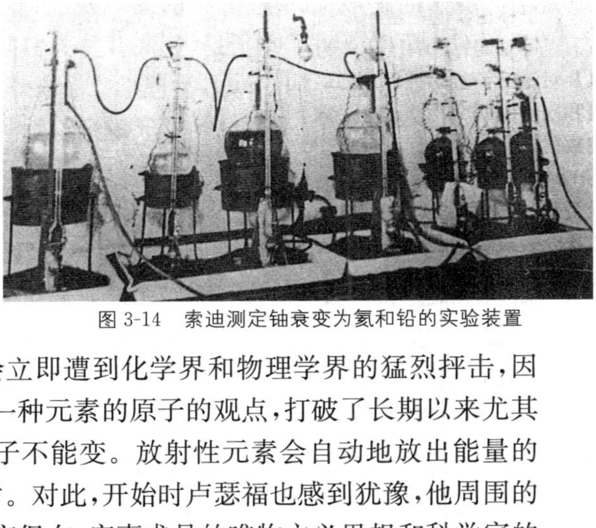
图 3-14　索迪测定铀衰变为氦和铅的实验装置

卢瑟福预料，这一理论的提出会立即遭到化学界和物理学界的猛烈抨击，因为认为一种元素的原子可以变成另一种元素的原子的观点，打破了长期以来尤其是 19 世纪化学的基本观念：元素原子不能变。放射性元素会自动地放出能量的说法，也直接与能量守恒原理相矛盾。对此，开始时卢瑟福也感到犹豫，他周围的同事也告诫他千万要谨慎。但是事实俱在，实事求是的唯物主义思想和科学家的责任感，还是促使卢瑟福和索迪大胆地发表了自己的理论。

像其他的革命性理论一样，元素衰变理论发表伊始即遭到了强烈的责难。但是科学界的情况毕竟是复杂的。开始时，居里夫妇也持怀疑态度，但是，当他们测得镭原子的确放出氦后，欣然地接受了这一理论。晚年的门捷列夫不仅公开反对元素衰变的思想，还号召其他科学家不要相信。他认为承认原子可分解出电子，只能使事情复杂化，元素不能变的观念特别重要，因为它是元素周期律得以成立的前提。晚年以思想保守著称的英国科学界泰斗开尔文勋爵更是竭力反对元素衰变理论，他于 1906 年和 1907 年在英国科学促进协会的年会上，一再提出镭产生氦和铅并不能证明原子的衰变，很可能镭本身就是由 4 个氦原子和一个铅原子构成的化合物。他企图从根本上否定元素衰变和元素具有放射性的事实。但不断涌现的大量实验事实都进一步证明了元素衰变理论的科学性，因此，否定它的作法是徒劳的。面对这种状况，法国物理学家彭加勒在分析当时物理学形势时，把镭称为现代物理学的伟大“革命家”。英国化学家克鲁克斯则评论说：“十分之几克的镭就破坏了化学中的原子论，革新了物理学的基础，复活了炼金术的观念，给某些趾高气扬的化学家以沉重的打击。”从他们的评价不难看出，放射性元素的发现、元素衰变理论的提出，在物理学革命、化学发展及科学思想变革中所占据的重要地位。

原子结构模型的演进

电子的发现、放射性元素的发现及放射性物质的研究，以令人信服的实验事实从不同角度证明了原子是可分的，并具有复杂的内部结构；元素是可变的，还有一定的规律。这一切使许多物理学家和化学家感到震惊。他们之中的有些人熟知原子—分子论在 19 世纪的形成过程，元素不能变、原子不能分的传统观念在他们的思想中根深蒂固，因而表示了对上述实验事实的怀疑和反对。门捷列夫就是其中的代表，直到 1906 年即他逝世的前一年，在他的名著《化学原理》最后一版中，他仍表示了对这些新观点的怀疑。当然，更多的化学家看到，19 世纪末化学发展所提出的一系列问题，例如元素周期律的实质、原子价概念的物理意义、光谱的秘密、电离理论的解释等都需要揭开原子内部结构的秘密才能解答，因而他们主动地配合物理学家去打开原子的大门，并参与了原子结构的讨论。

证明阴极射线是带负电荷的高速电子流，并测出了电子荷质比的英国物理学家 J. J. 汤姆孙，根据自己的实验，推测法拉第所说的离子就是带电荷的原子，进而把原子设想为一个带正电荷的有重量的球，许多细小的电子则分布在它的体内，就像西瓜瓤里的瓜子一样。这个模型被后人称为西瓜模型（图 3-15）。这一静态的模型虽然很形象，但是连最起码的光谱事实都不能解释。

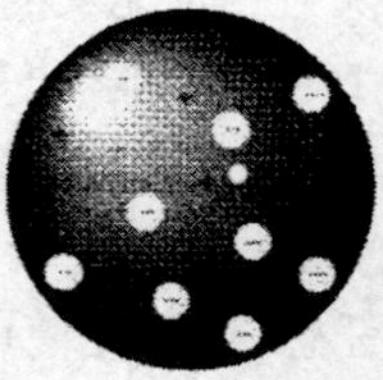

图 3-15　原子的西瓜模型

1904 年，日本物理学家长岗半太郎（1865—1950）提出太阳系模型的设想（图 3-16），认为电子以带状存在，如土星环一样。然而，由此模型得到的推论并没有与原子所表现的事实达到定量上的相符。

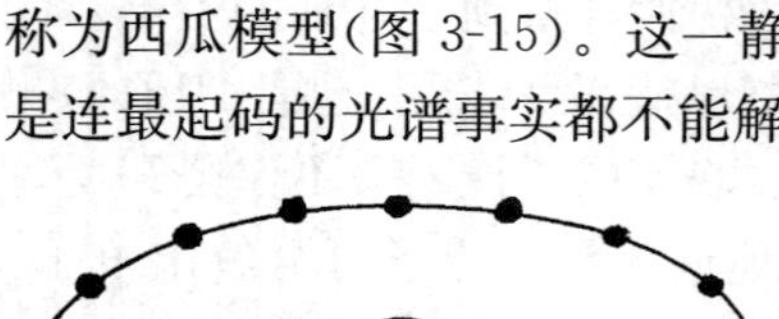

图 3-16　长岗半太郎的太阳系模型

发现元素衰变和提出元素衰变理论的卢瑟福，觉察到老师 J. J. 汤姆孙的西瓜模型的缺陷，根据他所做的 α 射线散射实验的结果，于 1911 年提出了有核的原子模型(图 3-17)。卢瑟福认为正电荷和原子大部分质量都密集在一个极小的空间，他称之为原子核，而那些带负电荷的电子则在其周围旋转。这一模型较西瓜模型虽有明显的进步，但是仍难解释原子的稳定性和光谱的规律性。

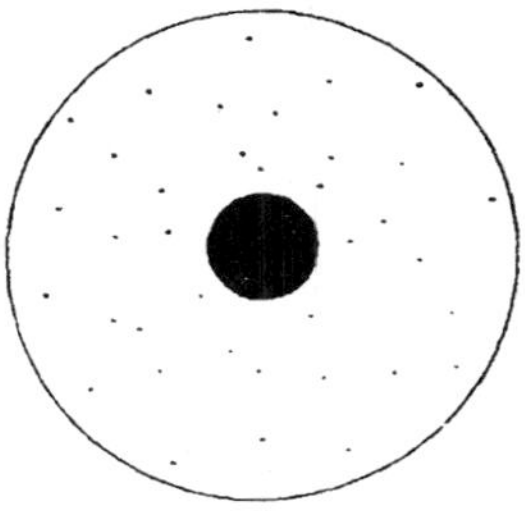

图 3-17　卢瑟福的有核原子模型

图 3-18　创立原子结构理论的丹麦科学家玻尔

丹麦物理学家玻尔(N. Bohr，1885—1962，图 3-18)认识到他的老师卢瑟福有核原子模型的深刻意义和所存在的问题，并提出了解决办法。他大胆地引入量子假设，创立了原子结构理论。他认为绕原子核运转的电子仅在某些特定的轨道上运行，而且电子可以从一个轨道跳到另一个轨道上，但却不能在这些一定的轨道之间运行。电子从一个轨道跳到另一个轨道就会发生能量的变化从而发射出光，这就成功地解释了光谱学的一些实验现象。玻尔的原子结构理论还能定性地说明元素周期律及元素的化学性质。玻尔的原子模型可以说是一个易于描绘的模型。实际上，电子这样的微观粒子的运动都具有粒子和波的二象性，比上述描绘要复杂得多。直到 1925 年，表述微观粒子波粒二象性的量子力学建立后，人们才认识到原子没有一定的形状，电子也没有精确的轨道。

量子力学描述下的原子结构

近代原子结构理论的开端是由氢光谱的实验工作开始的。令含有低压氢气的放电管所发出的光通过分光棱镜，就可以得到氢光谱。如果将日光通过棱镜，可以得到红、橙、黄、绿、蓝、靛、紫七色光，各色光之间没有明确的界限，是连续的光带，称为连续光谱。氢光谱则是由一条条不连续的光谱线组成(图 3-19)，称为线性光谱。每种元素都有自己独特的线性光谱，而且元素的含量越多，光谱线的强度就越大，这就是光谱定性、定量分析的依据。原子光谱是原子内电子能量变化的一种反映。若原子内电子能量变化是连续的，则发出的光谱是连续光谱。事实上，原子发出的都是不连续的线性光谱，说明原子内电子能量的变化是不连续、跳跃式的，亦即能量的变化是量子化的。

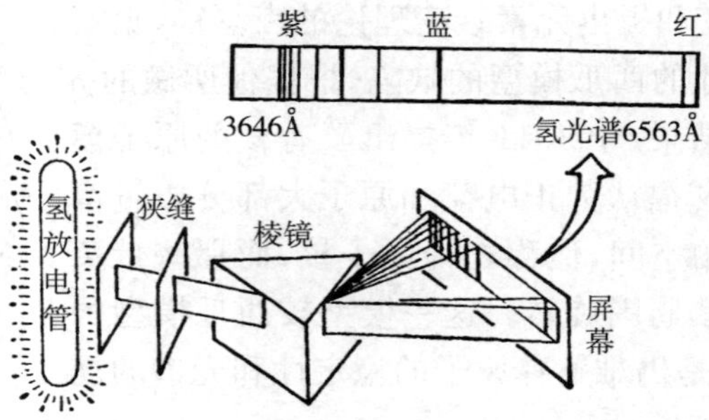

图 3-19　氢原子光谱的实验测量图

1911 年卢瑟福提出的有核原子模型，奠定了近代原子结构理论的基础。但是，根据经典电磁理论，电子在原子核外运动会发射电磁波，本身能量会逐渐减少，最终电子会沿着螺旋线轨迹坠毁于原子核。事实上，原子并没毁灭，而且发射电磁波的频率也是不连续的，即光谱为线性光谱。矛盾的存在恰好表明卢瑟福的原子模型没有反映核外电子运动的特殊性。

玻尔于 1913 年提出的原子结构模型，综合了德国物理学家普朗克（图 3-20）的量子论、爱因斯坦（图 3-21）的光量子论和卢瑟福的原子结构模型。他指出：电子在核外只能沿着某些特定的而不是任意的圆形轨道运动，在这些轨道上运动的电子不放出能量，也不吸收能量；当电子由一个轨道跃迁到另一个轨道时，才会放出或吸收能量，能量以光辐射的形式出现，其频率由两个轨道的能级差值所决定。这就不但回答了原子稳定存在的原因，而且还解释了激发态原子为什么会发射出射线和原子辐射能的不连续性，成功地解释了氢原子光谱的规律性。此外，他还提出了主量子数 n 的概念，n 代表距原子核不同远近电子的能量状态，离核最近的最低能级 $n=1$，离核较远的能级及其能量渐高，依次是 $n=2$、3、…。玻尔的能级概念为人们研究光谱学以及发展物质结构的现代理论做出了贡献。

图 3-20　提出量子论的德国物理学家普朗克

图 3-21　提出光量子论的犹太裔物理学家爱因斯坦

玻尔虽然成功地解释了氢原子光谱，但是他提出的原子结构模型仍然不能解释多电子原子的光谱，甚至不能说明氢原子光谱的精细结构（氢原子光谱的每条谱线实际上是由几条精细谱线组成的），其原因就在于电子运动不遵守经典力学定律，而是具有微观粒子所特有的规律性。这种特殊的规律性恰恰是当时的玻尔尚未认识的。

所谓的微观粒子是指光子、电子、中子、质子以及所有的基本粒子。微观粒子运动的特殊性在于其在运动中既表现出粒子性，又具有波动性。在经典力学中，可以用位置和速度准确地确定宏观物体的运动状态，而对微观粒子，德国物理学家海森堡（W. K. Heisenberg，1901—1976，图 3-22）明确指出：同时准确地知道粒子的位置和动量是不可能的。这就是测不准原理。对于具有波粒二象性的电子运动而言，即是无固定的运动轨道。因此，微观粒子的波粒二象性只能用量子力学来描述。

图 3-22　提出测不准原理的海森堡

图 3-23　创立量子力学的奥地利科学家薛定谔

根据电子运动的波粒二象性，1926 年奥地利物理学家薛定谔（E. Schrödinger，1887—1961，图 3-23）给核外电子运动建立了运动方程，即薛定谔方程，并创立了量子力学。量子力学是如何描述电子的运动状态的呢？薛定谔方程的解是描述核外电子运动状态的数学表示式，即它描绘出电子在核外三维空间的运动轨迹。例如，氢原子中的电子在氢原子核外作毫无规律的混乱运动，一会儿在这里出现，一会儿又在那里出现，只能用统计学的方法描述出电子在核外空间一个球形区域经常出现，表现出明显的统计规律性。一个电子在核外的运动轨迹就像形成一团带负电荷的云包围着原子核，这个统计结果叫电子云，哪里电子云分布密集，电子在那里出现的几率就大。这个电子云究竟是什么形状？它在空间的分布方向如何？电子云离核的平均距离又是多少？回答这些疑问的实质就是要了解电子在核外运动的状态。为此，在量子力学中引入四个量子数（n、l、m、m_s）分别与电子层、电子亚层、电子云的伸展方向、电子自旋相对应。

主量子数 n 由玻尔引入，它决定核外电子的能量和电子离核的平均距离。为了解释原子光谱的双线现象，1915 年德国物理学家索末菲（A. J. W. Sommerfeld，1868—1951）提出电子运动存在椭圆形的轨道，从而引入角量子数 l，表示原子轨道和电子云的形状。根据原子光谱在磁场中发生分裂的事实，1916 年又引入磁量子数 m，它表示原子轨道和电子云的伸展方向。以上三个量子数实际上已确定了电子在核外的运动状态。1925 年在研究碱金属光谱的精细结构中，发现钠的光谱其实是由两条靠得很近的谱线组成的，于是提出电子自旋的问题，由此引入自旋量子数 m_s，表示电子在核外运动存在的两个自旋方向：顺时针和逆时针。四个量子数确定了，电子的运动状态也就确定了。

前面三个量子数之间的关系可用表 3-1 进行归纳。

表 3-1　量子数的取值、轨道数和符号表示

主量子数（主层）n	角量子数（分层）l	分层的符号	磁量子数（原子轨道）m	分层中的原子轨道数	主层中的轨道总数
1　K	0	1s	0	1	1
2　L	0	2s	0	1	4
	1	2p	−1,0,+1	3	
3　M	0	3s	0	1	9
	1	3p	−1,0,+1	3	
	2	3d	−2,−1,0,+1,+2	5	
4　N	0	4s	0	1	16
	1	4p	−1,0,+1	3	
	2	4d	−2,−1,0,+1,+2	5	
	3	4f	−3,−2,−1,0,+1,+2,+3	7	

原子中电子的能量是由 n、l 决定的。随着 n 的增大，主层的能量升高。在多电子的原子中，不但有原子核对电子的吸引，还有电子之间的排斥，有内层电子对外层电子的屏蔽作用，其作用力的大小有如下顺序：ns＞np＞nd＞nf。另一种作

用叫钻穿作用，例如主层的 s 电子可以向核靠近，从而造成所谓的能级交错现象，即造成能量上 4s<3d<4p，5s<4d<5p，6s<4f<5d<6p 等现象。

1925 年奥地利物理学家泡利（W. Pauli，1900—1958，图 3-24）提出在同一原子里，两个电子不能共处于同一量子状态。这就是泡利不相容原理，据此可确定各轨道的电子容纳数。电子在原子中的排列还应符合能量最低原理，这样才能处于稳定状态。有了这些原则和限定条件，就能依照各种元素的原子序数，即原子核的电荷数来排列核外的电子了。

图 3-24　提出不相容原理的奥地利科学家泡利

二、元素世界的新认知

为了纪念1851年伦敦世界博览会100周年，英国出版了一本名叫《一百年的科学》的书，其中请英国著名的化学史家帕廷顿(J. R. Partington，1886—1965)写了一篇名为《化学元素》的文章。文章最后一段写道："据字典载，定义是把一个事物的性质加以简略的叙述，也就是概括科学所获得的有关知识。……要替元素下个定义，与替一个梦，或一个通常感冒，或一条狗下个定义一样不容易。……在元素表中占一个位置的东西是巨量实际工作的结果，它们的叙述占了书籍杂志成千的篇幅，若能用简略的字句把这些知识总括起来，那才是奇迹呢！……眼下很难替化学元素下一个满意的定义。"到头来帕廷顿也没有给出元素的定义。元素作为认识物质的一个基本概念，从提出到今天，它伴随着科学技术的发展和人们对自然界认识的深化而不断地被修正和补充。在不同的历史阶段，它有着不同的内容和表达方式。正因为这样，要用几句话来给元素下定义或将其描述清楚，实在是很难的，只有通过对元素概念的历史演进作一回顾，对此概念的理解或许才能深刻一些。

探索元素的征途

中国古代的五行说、古印度的四大元素说、古希腊的四元素说都是当时人们对构成万物的基质的抽象，是一种天才的猜测。中国古代炼丹术和西方的炼金术都把臆测的元素说作为指导思想。17世纪的英国科学家波义耳提出了一个有明确含义的元素概念，从而为化学研究指明了方向。其实，当时的化学家并没有弄清什么是元素，故把土、空气、水及"燃素"等都看作元素。拉瓦锡的化学革命，把元素规范为化学分析所能达到的终点，从而通过实验把土、空气、水及"燃素"等从传统的"元素"宝座上拉下来，氢、氧、氮、金、银、铜、铁等真正的元素取而代之。道尔顿的原子论揭示了元素与原子之间的内在联系和区别，并把测定元素原子量作为其理论的基本建设。贝采里乌斯还首创了用元素拉丁文名称的第一个字母作为元素符号的简便表达方法。元素的陆续发现和元素原子量的精确测定，使门捷列夫和迈尔在1869年发现了元素周期律，把那些看来互不相干的元素排列成一个有序的整体。这就是几千年来人们为了认识元素所走过的路。在这条征途上,众多的科学家付出了辛勤的劳动和绽放的智慧,甚至付出了生命的代价。远的不说,就说那个探讨元素放射性的贝克勒尔,因长期与放射性物质接触,年仅 56 岁就英年早逝了。当时人们还没有发现放射性物质对人体的伤害,故居里夫人也因此患恶性贫血(白血病)而与世长辞。最让后人崇敬的是法国化学家莫瓦桑(H. Moissan,1852—1907,图 3-25)那种不怕牺牲生命的探索。

图 3-25 法国化学家莫瓦桑

当 1872 年莫瓦桑还在巴黎自然历史博物馆实验室做学生时,人们就告诉他,世界上还没有人能制出单质氟,这是因为与单质氟打交道非常危险。那位曾用电解法获得单质钾、钠、钙、镁的英国化学家戴维,曾想制取单质氟,结果是不仅没有成功,还因中毒而伤了身体。法国化学家盖・吕萨克继续努力,也因中毒几乎丧命。爱尔兰科学院一对兄弟化学家在制取单质氟的实验中,哥哥中毒身亡,弟弟中毒住院。总之,为此献身或受伤的化学家不少,一些人称氟是死亡元素。

1880 年莫瓦桑完成了博士学业后,下定决心要把单质氟提取出来(图 3-26)。1884 年他成功地制得三氟化磷,但是通过易挥发的三氟化磷制取单质氟却失败了。由于单质氟的极强腐蚀性,实验中还烧毁了两支昂贵的白金管。接着他改用电解氟化砷和氟化磷的方法,结果在实验中,他几乎被毒气夺去生命。失败没有让他气馁,他改进了实验设备,终于在阳极获得了气态的单质氟。这一天是 1886 年 6 月 26 日,当时莫瓦桑年仅 34 岁。

图 3-26 莫瓦桑在做实验

单质氟制取的成功轰动了整个化学界,从 1768 年发现氢氟酸到 1886 年成功制取单质氟,人们前赴后继用了 118 年。这一成功不仅开辟了氟化学这一新领域,而且还树立起了一个为科学事业不畏艰险勇于探索的科学家形象。莫瓦桑也因此贡献而荣获 1906 年诺贝尔化学奖。

认真、精确、耐心的收获

道尔顿的原子论明确指出:每一种元素都以其原子量为最基本的特征。因此,化学家一直把精确地测定元素的原子量看作化学研究中的重大课题。早在 19 世纪上半叶,许多化学家就投身于已知元素的原子量的测定工作中。当时成绩最突出的要算瑞典化学大师贝采里乌斯了，他在1810—1830年的20年间，在简陋的实验室中对2 000多种单质和化合物进行了分析，以求得其中元素的原子量，曾先后在1814年、1818年发表了包含40多种元素的原子量表，1826年又修正了部分元素的原子量。当时的许多化学家都力图用最新的分析手段和化学理论来完善原子量的测定，但由于当时分析技术较落后，特别是分子假说尚没有被承认，化学式仍混乱不清，原子量的差错在所难免。

1860年原子—分子论得以确立，原子量的测定工作有了较大的进展，其中以比利时化学家斯达(J. S. Stas，1813—1891)的工作最为出色。他想方设法制备出最纯状态的化合物，确定元素的化合比，再以氧原子＝16.000为标准(实际上却是以银的原子量为标准)，推算出原子量。他测定的原子量一直被认为是精确的，直到1903年大多数都没有被怀疑过。由于掌握了已知元素的较准确的原子量值，门捷列夫才得以发现周期律。19世纪80—90年代，正是由于科学家们精确地分别测定出大气中氮的原子量和化合物(硝酸盐、铵盐)中氮的原子量，发现其明显的差别才导致新元素氩和整个惰性气体元素族的发现。

20世纪初，当人们认识到原子也有复杂的内部结构后，对精确测定原子量又有了新的认识基础。美国化学家里查兹在1888年撰写他的博士论文时就以测定原子量为主题，他准确地测定出以氢为基准，氧的原子量是15.869，而不是16。1903年他觉察到斯达所测的原子量数值并非那么精确。1904年他通过对卤化银的反复测定，证明银的原子量是107.87，而不是斯达的107.93。1905年他进而发现斯达测定中的错误根源在于基准物的测定偏差，为此他重新精确核定了60多种元素的原子量，他的这项工作对于化学研究的发展是十分重要的。特别是1913年他和英国化学家索迪各自独立地从放射性铀、钍矿物中发现了铅的同位素，揭示了同位素的存在。根据位移规则来推断，卢瑟福和索迪认为，铀、镭、钍三个放射系列的最终产物都是铅，但各系列中铅的原子量应该是不同的。按衰变假说推算，铀、镭系列的铅原子量应当为206.07，钍系列的铅原子量应为208。1914年，里查兹选用由最纯的镭衰变生成的铅做测定，发现其原子量为206.08，而不是公认的铅原子量值：207.21。里查兹的测定值与卢瑟福、索迪的推算值基本吻合。同年，索迪也研究了独居石中的铅，测得其原子量为208，这也与推算值相同。这不但证明了虽然同位素的原子量不同，却具有相同的化学性质，而且进一步证明了同位素理论及原子衰变的存在。里查兹由于在原子量精确测定上的杰出成绩和用测定的原子量精确数值证明了同位素理论而获得了1914年诺贝尔化学奖，他也是第一个获诺贝尔科学奖的美国人。

20世纪初，科学家通过仔细测定铀、镭、钍等放射性元素及其衰变产物的原子量和化学性质，才发现了同位素的存在，也由此诞生了同位素化学和放射化学。许多历史事实都说明精确测定元素原子量在化学发展中具有不容忽视的重要意义。随着分析技术的提高，科学家对精确地测定原子量的热情从未减弱。在众多化学家的努力下，许多元素的原子量仍然不断被更新。20 世纪 80 年后期，中国北京大学著名的化学教授张青莲（1908—2006，图 3-27）在从事同位素化学研究 50 年后，决心对测定某些元素原子量新值做出自己的努力。他考虑到，只有一种核素（即没有同位素）的元素，只需用核素质量作为原子量，原子量不必再研究；有一种同位素的丰度大于 0.99 的元素，其原子量需要修改的可能性很小；那些天然同位素丰度在地球不同地区变动幅度之大已超过测量准确度的元素，原子量难以测得更准，这样约计有 39 种元素不必再做研究。除此之外，他选择了测定 10 个元素的原子量新值作为科研计划。由张青莲主持的科研组经过 10 年（1991—2001 年）的努力，完成了其中 9 项的测定，其概况见表 3-2。

图 3-27　中国化学家张青莲

表 3-2　张青莲等所测的元素原子量新值

元素	原子量新值	被取代的旧值	论文发表时间	国际确认时间	注
In	114.818(3)	114.82(1)	1991	1991	首次采用我国测值，非校准法
Ir	192.217(3)	192.22(3)	1992	1993	与 Heumann 测值并列，非校准法
Sb	121.760(1)	121.757(3)	1993	1993	校准法
Eu	151.964(1)	151.965(9)	1994	1995	校准法
Ce	140.116(1)	140.115(4)	1995	1995	校准法
Er	167.259(3)	167.26(3)	1998	1999	校准法
Ge	72.64(1)	72.61(2)	1999	1999	校准法
Dy	162.500(1)	162.498(2)	2001	2001	校准法
Zn	65.409(4)	65.39(2)	2001	2001	校准法
Sm	150.363(8)	150.36(3)	2002		校准法

张青莲是我国同位素化学的奠基人，重水研究的巨擘。他在 80 岁高龄之际在原子量新值测定方面所取得的举世瞩目的成果，不仅为国争了光，还申明了一个大家熟知的事实：科学发展永无止境。

元素周期律的科学实质

1871年以后，在元素周期律的启示下，化学家们共同努力使各种元素的化学性质和它们之间的联系有了更清晰的认识，化学元素被纳入一个精确的体系。新元素不断地被填入周期表，部分元素的原子量进一步得到修正而日益精确。与此同时，一些新的实验事实与门捷列夫的理论也产生了愈发明显的矛盾。这些矛盾大致上可归纳为三点。

第一个矛盾即前面已讲述的，英国化学家拉姆塞在1894—1898年间发现了氩、氖、氪、氙及在矿物中找到了氦，这一组惰性元素在门捷列夫周期表中是没有预留空位的。但拉姆塞帮助门捷列夫解决了这一难题。他建议将这些惰性元素作为一族完整地插入典型非金属元素和典型金属元素之间，形成一个0族。化学家们都觉得这一建议合理可行。

第二个矛盾是由周期表中元素的排列不遵从原子量大小的顺序而引起的。当年门捷列夫在排列元素在周期表中的位置时都强调其依据是该元素的原子量，无论是他发表的第1、2张元素周期表，还是他生前发表的最后一张元素周期表，都没有违背这一原则。随着科学实验分析精确度的提高，化学家发现镍的原子量为58.7，小于排在它前面的钴（当时测定的原子量为59）。碲（原子量为127.6）和碘（原子量为126.9）也存在类似的情况。1894年发现的氩，经测定其原子量为39.9，也大于排在它后面的钾（原子量为39）。人们不禁要问，这里是否存在排列顺序颠倒的问题？对此门捷列夫的态度很明确，认为一定是原子量测定有误。他说："镍的原子量为58.7，但按照这个金属的性质来判断，应该紧接着在钴（原子量为59）的后面。对于它的原子量应该期望比钴大一些，而不是小一些。"对于氩，他则强行将其原子量修定为38。然而到了19世纪末，由于元素原子量的精确测定，碲的原子量大于碘，氩大于钾，钴大于镍都被肯定了下来，谁是谁非的矛盾更加尖锐。矛盾的实质不是原子量的测定，而是元素性质随原子量递增而呈现周期性变化——元素周期律的科学性受到质疑。

第三个矛盾是那些化学性质十分相似的镧系元素放在周期表的何处？在1871年门捷列夫排列他的第2张元素周期表时，根本不懂得也不可能懂得镧系元素的实质，因此在表中把铈、铒等元素的位置都排错了。幸好那时发现的镧系元素还不多，所以他的错误没有影响他所排定的周期表的整体格局。到了19世纪末，已发现的镧系元素已多达12个。门捷列夫不知如何处理，在他1906年发表的元素周期表中，他只将镧、铈列入，其他镧系元素都消失了，而且铈也排错了。瑞士化学家维尔纳（A. Werner，1866—1919，图3-28）在1905年提出一个拉长的周期表。在该表中他把当时已发现的12个镧系元素排在一起，让它们在周期表的下面单排一行，表示在周期表中共占一个位置。同时还在这些镧系元素的中间留下了三个空位，表示镧系元素共有15个元素。维尔纳的工作不仅解决了镧系元素在周期表的位置，也是对元素周期表的重要发展和完善。然而维尔纳这样处置的根据是什么？除了考虑镧系元素具有相似的化学性质外，更深一层的机理在当时他是无法回答的。

图3-28　瑞士化学家维尔纳

进入20世纪后，解决上述三个问题再依靠对元素表观性质的研究已是不可能的了，揭开秘密的办法就是打开原子结构的大门。在1911年卢瑟福提出原子的有核模型的同年，英国物理学家巴克拉(C. G. Barkla，1877—1944)在研究X射线的实验中发现每一种元素都有自己特征的X射线。1913年卢瑟福的学生、英国青年物理学家莫斯莱(H. Moselay，1887—1915，图3-29)在研究各种元素的特征X射线时进一步发现，各种元素的特征X射线的波长，其顺序恰好与元素在周期表中的次序一致。为此他把这种次序命名为原子序数，并提出了计算原子序数的经验公式。结合卢瑟福关于α粒子散射实验的结论“一种元素原子的原子核所带的单位正电荷数，或者说一种元素原子所具有的电子数，大约等于这个元素原子量数值的一半”，莫斯莱得到一个重要的推论，即原子序数在数值上恰好等于原子的核电荷数。1916年德国化学家柯塞尔(W. Kossel，1888—1956)首先以原子序数代替原子量而制出了新式的元素周期表。在这个周期表中，氩与钾、碲与碘、钴与镍就不存在顺序颠倒的问题了，镧系元素在周期表的位置也明确了。

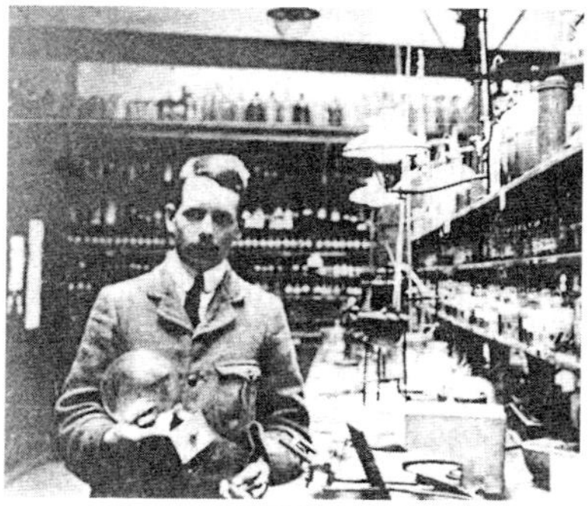

图3-29　英国化学家莫斯莱

1920年，英国物理学家查德威克(J. Chadwick，1891—1974)用实验证实了莫斯莱的推论，从而揭示了原子序数的物理意义：决定元素在周期表排列顺序的是原子内部的要素，即原子核所带的电荷数，而不是原子量。原子序数的引入赋予元素周期律以新的含义，即元素性质是其原子序数的周期函数。原子序数的确定不仅能更准确地判定元素在周期表中的位置，还可以预测尚未发现的元素，从而检验和发展元素周期律。

元素性质为什么是原子序数的周期函数？解答这个问题要用到玻尔等人建立起来的原子结构理论。他们引进了四个量子数，描述了原子核外电子的分布和运动规律，同时再遵循泡利不相容原理，电子总是先占据最低的能态。参见上一部分中的“量子力学描述下的原子结构”。

原子最外层电子数总是由 1 至 8 周期性地重复；在同一族内，最外层电子数基本一样，不同的是屏蔽作用和钻穿作用以及电子与原子核间的作用力不一样。元素的化学性质完全取决于其核外电子的排布，特别是最外层电子的状况，所以元素的化学性质随着原子序数的递增而呈现出周期性的变化。元素周期律的实质由此得到了清楚的阐明。

同位素的发现和研究

放射性现象的发现和放射性元素的研究，开辟了核化学研究的新领域。1902 年，卢瑟福和索迪提出的元素嬗变理论打破了长期以来认为化学元素不变的旧观念。在研究放射性元素及其衰变产物时，发现某些放射性元素同周期表中某些元素的化学性质极其相似，甚至用任何化学方法都无法将它们分离。对此瑞典化学家斯特龙霍姆(D. Strömholm，1871－1961)和斯维德贝里于 1909 年提出，这些化学性质十分相似的元素在周期表中应占据同一位置。在这方面做了大量研究的索迪接受了他们的建议，提出了同位素的概念，指出一种化学元素可以有几种不同的原子量和放射性，但是它们的化学性质完全相同，因此在元素周期表中处于同一位置。随后他将当时已发现的 37 种放射性元素根据其化学性质分为 10 类，分别放入周期表中的相应位置。同位素概念的提出使人们对“化学元素”有了新的认识，化学元素不再只是代表一种原子，而是可以代表几种原子，尽管这些原子的原子量、放射性及寿命不同，化学性质却完全相同。正如索迪简要说明的那样，同位素的各原子在表面上是相同的，而内部是不同的。此外索迪在放射性物质研究中还提出了元素衰变的位移规律。尽管同位素理论和位移规律的提出凝聚了众多科学家的成果，但大家公认索迪在这一过程中做出了重要的贡献，因此索迪被授予 1921 年的诺贝尔化学奖。

图 3-30　发明质谱仪的英国化学家阿斯顿

紧接着索迪之后荣获 1922 年诺贝尔化学奖的是英国化学家阿斯顿(F. W. Aston，1877—1945，图 3-30)，获奖的原因是由于他用质谱方法发现了许多非放射性元素的同位素，以及他对整数规则的发现。

1912 年 J. J. 汤姆孙利用磁场作用来测定氖的荷质比时，发现氖有两种同位素，其原子量分别为 20 和 22，这是第一次发现稳定的同位素。为了进一步研究各种元素的同位素，J. J. 汤姆孙的学生阿斯顿于 1919 年发明了质谱仪，它利用电场和磁场的作用，可以把不同原子量的同位素区分开来，并测定其原子量和丰度（相对含量）。借助质谱仪，到 1922 年阿斯顿已研究了 30 多种元素（图 3-31），发现它们的大多数都是由两种以上同位素组成的混合物，并由此发现了元素原子量的整数规则。

图 3-31　阿斯顿在实验室

早在 1815 年，英国有位医生兼化学家普劳特（W. Prout，1785—1850）曾提出一种假说——所有元素的原子都是由氢原子构成的。但当时人们所知的绝大多数元素的原子量都不是氢原子量的整数倍，例如氯的原子量是 35.5，因此这一假说遭到了否定。当元素周期律获得公认后，一些化学家再次想到：各种化学元素是否存在着共同的东西？特别是英国化学家克鲁克斯在 1886 年就提出：同一元素的原子可以具有不同的原子量，元素的性质就是这些不同原子量的同一元素原子的平均性质；所有的元素都是由一种原始物质逐步凝聚而成的。这一颇有见地的看法在当时由于缺乏实验根据而没有引起重视。阿斯顿使用质谱仪证明氯是由原子量分别为 35 和 37 的两个主要同位素按4∶1 的丰度混合而成的，其混合物的原子量才是 35.5。这样一来，普劳特—克鲁克斯的假说只要稍作修改就可以成立了。经过几年的努力，运用不断被改进而日益精确的质谱仪，阿斯顿在 71 种元素中发现了 202 种同位素，原子量的整数规则更清楚了。

在人们重新提出普劳特假说后，又把氢原子核命名为质子。由于原子通常处于电中性，核电荷必定同核外电子的总电荷等量而电性相反，人们很自然地设想所有元素的原子都是由氢核（质子）和电子构成的。由于质子数与原子量之间存在矛盾，卢瑟福于 1920 年曾猜想，原子核内可能存在一种质量同质子相近的中性粒子。几年后，卢瑟福的猜想终于被他的学生查德威克所证实，中子的发现进而揭示了同位素具有相同数目的质子和不同数目的中子，原子量是质子数和中子数之和。质子数目决定原子序数，也决定核外电子数，是决定元素化学性质的主要因素；中子数目不同，只影响原子量，不影响元素的化学性质。这就是同位素的实质。

氢在元素中占有特殊的位置，一般人认为氢原子核只由一个质子组成，然而氢的原子量也偏离了整数，阿斯顿用质谱仪所测得的值为 1.007 78。这里究竟存在什么问题呢？20 世纪 20 年代后期，通过分子光谱分析，发现了碳和氮的同位素:C-13、N-15。1929年化学家又从氧的光谱中发现了氧的同位素:O-17、O-18,它们在自然界存在的比例是$^{16}O:^{17}O:^{18}O=500:0.2:1$。由此人们猜测氢是否也存在原子量大约为2的同位素呢?

这一猜想引导美国化学家尤里(H. C. Urey,1893—1981,图3-32)去寻找氢的同位素。尤里具有卓越的数学和物理学知识基础,他设法使液态氢在低温下气化,使不能气化部分的重氢得以浓缩。井然有序的研究终于使他于1931年获得了重氢的样品,光谱分析证明了重氢的存在。进一步的研究使他认识到重氢的某些性质明显地不同于普通氢,他建议将重氢命名为氘,原子量为2。后来又发现原子量为3的氢同位素,并将其命名为氚。尤里因发现氢的同位素氘,并应用现代实验方法确定了氘的性质,对同位素化学、宇宙化学和地球化学都有重要贡献而荣获1934年诺贝尔化学奖。

图3-32　发现氢同位素的美国化学家尤里

1919年匈牙利化学家赫韦希(C. D. Hevesy,1885—1966,图3-33)在卢瑟福领导的曼彻斯特研究所工作时,就确定了一个选题:利用放射性元素和它的同位素之间的化学一致性,设计出一个精巧的方法,用放射性同位素作为示踪原子,运用灵敏的测定放射性的仪器来追踪其在化学过程中的踪迹,从而研究化学反应过程。经过坚持不懈的努力,他成功了。如果只用天然放射性元素作示踪原子,而只有重金属铅、钍、铋、铊才有天然放射性同位素,这种示踪方法的使用就受到很大的限制。到了20世纪30年代,当全部各系元素都能生产放射性元素时,这种情况大为改观,这时在全世界许多实验室中都开始用放射性示踪原子的方法来研究化学反应过程。赫韦希在发展和推广这一方法的过程中做了大量工作,特别是将此方法用于研究生物学过程的机理,使生理化学研究发生了一场革命;而将它用于有机化学研究,可以阐明反应过程,具有十分重要的意义。因此,赫韦希获得了1943年诺贝尔化学奖。

图3-33　发明放射性元素示踪法的匈牙利化学家赫韦希

在1939年,科学家发现,来自宇宙的宇宙射线在大约1万米或更高的大气层中产生中子,而中子与那里的氮核结合形成了原子量为14的碳,这种碳氧化成二氧化碳后扩散和分布于大气中。大气二氧化碳中^{14}C的比例是很小的,大约10^{12}个碳原子中,才有一个^{14}C。^{14}C是放射性同位素,衰变后转变为氮。但是^{14}C的衰变是个很慢的过程，半衰期为5 730±40 年。假设宇宙辐射在过去的几万年中是恒定不变的，则^{14}C的浓度就能维持一个较为稳定的状态。放射性和非放射性的二氧化碳溶于海水或湖水中，会被植物吸收而同化，再被吃植物的动物所摄取同化。因此，在活的生物体中，^{12}C、^{14}C的比值与空气中的比值可以认为是相同的。然而生物死后，与周围物质的交换便停止了，被固定在生物体大分子内的^{14}C以每隔 5 730 年减少原含量一半的速度逐渐递减下去。根据这一特性，只要测定标本含碳物质中^{14}C的衰变程度，就可以推算出其生存的年代。美国化学家利比(W. F. Libby，1908—1980，图 3-34)在卢瑟福用岩石中积累的放射性衰变产物来确定岩石年龄的建议启发下，终于寻找到上述被称为“^{14}C纪年测定法”的技术。1950 年利比用该技术测得的金字塔建造年代，竟奇迹般地和历史文献记载的年代相符。1951 年他又测定了1 000 个考古样品，同样获得成功。此后这一方法除了应用于考古文物的年代鉴定外，还应用于地质学、海洋学及地球物理学方面的时间测定。由于这一重要成就，利比荣获 1960 年诺贝尔化学奖。

图 3-34　创建^{14}C纪年测定法的美国化学家利比

上述 5 位化学家都因在同位素化学领域里的研究成果相继荣获诺贝尔化学奖，足以见证同位素化学在最初 50 年的光辉发展历程。

人造元素与核化学的发展

在进入 20 世纪 30 年代前，化学家已将元素周期表从 1 号元素氢到 92 号元素铀的空格填满了 88 个，只有原子序数为 43、61、85、87 的元素尚未找到。谁也没有料到，寻找这 4 种元素，科学家又花了整整 20 年。当时人们没有想到由于这 4 种元素是不稳定的，在地球上很难找到。除了 87 号元素外，其余 3 种元素都是在实验室中用人工方法制造出来并加以认证的。这也就是说周期表上的有些元素不是地球上天然存在的，而是科学家用核技术造出来的。

1919 年卢瑟福和他的助手应用苏格兰物理学家威尔逊(C. T. R. Wilson，1869－1959)于 1895 年发明的物理实验装置——威尔逊云室，拍摄到用镭发射的 α 粒子作“炮弹”轰击氮原子的径迹，证明氮原子核俘获一个 α 粒子后放出一个氢核，同时变成了另一种原子核(图 3-25)，其反应式为：$^{14}_{7}N+^{4}_{2}He \rightarrow ^{17}_{8}O+^{1}_{1}H$。这是人类历史上第一次实现元素的人工嬗变。此后，许多物理学家以 α 粒子作“炮弹”进行了更多的实验。

图 3-35　卢瑟福实现元素人工嬗变示意图

1934 年 1 月，约里奥-居里夫妇（F. J. Curie，1900—1958；I. J. Curie，1897—1956，图 3-36）用 α 粒子轰击铝得到了自然界不存在的放射性元素磷-30，半衰期约 8 分钟，其又可以衰变为稳定元素硅-30。他们用 α 粒子轰击硼和镁也分别得到放射性元素氮-13 和硅-27。他们还用 α 粒子轰击了氢、锂、铍、碳、氧、氮、氟、钠、硅、磷等，也观察到类似现象。这就是他们第一个合成人工放射性同位素的实验。这个实验再次表明了实现元素人工嬗变的可能和方法，从而开创了核化学的新领域。由于首创性地得到人工放射性元素和在发现中子过程中所做出的贡献，他们共享了 1935 年诺贝尔化学奖。

图 3-36　约里奥-居里夫妇

图 3-37　发现中子的查德威克

1930 年德国物理学家玻特（W. Bothe，1891—1957）等用放射性钋所放出的 α 粒子轰击轻金属铍，产生一种贯穿力很强，能量比入射的 α 粒子还要大的射线，玻特还以为这是 γ 射线。1932 年 1 月约里奥-居里夫妇用玻特发现的射线去轰击石蜡（含有很多氢原子），发现有质子被打出来，这是一个很惊人的现象。卢瑟福的学生查德威克（图 3-37）用钋加上铍作为辐射源重做约里奥-居里夫妇的实验，发现这种辐射是一种质量与质子相当的中性粒子流，从而明确地发现了中子。查德威克也因此项成果而获得了 1935 年诺贝尔物理学奖。

中子的发现为核科学开辟了一个新纪元，它不仅使人们对原子核的组成有了正确的认识，而且还为人工变革原子核提供了有效的手段。意大利物理学家费米（E. Fermi，1901—1954，图3-38）在获知人工合成放射性元素后，考虑到如果用中子代替 α 粒子，一定会出现更多的核反应，因为中子不带电荷，既不受核外电子的吸引，也不受核电荷的排斥，特别是对那些原子序数较大的核，α 粒子是难以接近的，中子却不一样。如果先让中子通过水和石蜡，以减缓中子的速度，就可能得到较理想的实验结果，这是因为慢中子更容易被原子核所吸收。

图 3-38　用慢中子实现核反应的费米

于是他计划按照原子序数的顺序对已知的 88 种元素逐一用中子进行轰击。从氢到氧一无所获，但是到了氟，果然得到了放射性同位素。如此继续下去，短短的几个月内，就制出了 37 种不同元素的放射性同位素。当用中子轰击 92 号元素铀时，得到了几种具有不同半衰期的放射性元素。因为当时的实验已证明，要把一个元素变为原子序数大 1 的元素，通过中子轰击是最容易达到的途径。例如，用中子轰击铝可以得到同位素铝-28，铝-28 不稳定会放出电子而变成硅-28。据此，费米认为新元素可能是 93 号元素。费米的态度是谨慎的，他申明这一推测还要做大量的实验来验证。不久，这一推测被否定了。德国物理学家哈恩（O. Hahn，1879—1968，图 3-39）和奥地利物理学家梅特涅（L. Meitner，1878—1954）重复了费米的实验后指出，铀原子吸收一个中子后发生了裂变，铀原子分裂成放射性元素钡、镧、铈等，钡、镧、铈的原子序数分别是 56、57、58，几乎是铀原子序数的一半。这就是说铀核发生了裂变，由此发现了核裂变现象。铀的裂变反应属于链式反应，即一个中子使铀原子核分裂，放出两个中子，两个中子又能产生两次裂变，这样持续下去，会在极短的时间内释放出惊人的能量。美国科学家就是依照这一原理，通过"曼哈顿计划"生产了原子弹（图 3-40），随后又建立了核反应堆和核电站。

图 3-39　确认铀裂变的哈恩

图 3-40　实施美国"曼哈顿计划"的负责人：奥本海默、费米、劳伦斯

43 号元素锝是 1937 年美籍意大利物理学家塞格雷(E. G. Segre，1905—1989)用中子和氘核轰击钼，在其放射性产物中找到的。1940 年塞格雷等人用 α 粒子轰击 83 号元素铋，获得了 85 号元素砹。87 号元素钫则是于 1939 年由法国化学家佩丽(M. C. Perey，1909—1975)在铀的衰变产物中找到的，由于这一元素的半衰期只有 22 分钟，所以在自然界中极难找到它。61 号元素钷则是在 1945 年从铀的裂变产物中分离出来的。

图 3-41　第一个发现超铀元素的麦克米伦

自从实现了人工放射性、人造元素及核反应后，科学家对元素衰变规律和核稳定性有了愈来愈多的了解，于是决定再去寻找超铀元素。1939 年，美国物理学家麦克米伦(E. M. M. Mcmillan，1907—1991，图 3-41)设计了一个很简单的实验来研究铀核的裂变反应。他在一叠卷烟纸上放了薄薄一层氧化铀，经过中子流照射后，裂变的碎片会由于能量不同而打进深度不同的卷烟纸上。他在对每一张纸上的放射性强度进行测量时发现，放氧化铀的第一张纸其放射性类型与其他纸不同。他立即想起了费米原先的想法：是否有些中子被铀吸收而没引起裂变呢？没有裂变则会生成新的重铀核，后者若能进一步发生 β 衰变，岂不就会生成 93 号元素？而该元素是不会飞离氧化铀的。进一步研究后，证明了他的判断是对的，93 号元素就是这样被制成了。它被命名为镎(Np)，^{239}Np 的半衰期是 2.2 天。

图 3-42　合成一系列超铀元素的西博格

镎的发现使科学家相信再造出另一个新的超铀元素是大有希望的。1940 年美国化学家西博格(G. T. Seaborg，1912—1999，图 3-42)和麦克米伦合作，用氘核轰击铀，产生了镎-238，再发生 β 衰变就生成了原子序数为 94 的元素，它被命名为钚(Pu)。钚-239 也是重要的核燃料，1945 年在日本长崎爆炸的原子弹就是一颗钚弹。在合成镎和钚后，西博格等人于 1944 年至 1961 年间又合成了 9 种超铀元素，它们是镅、锔、锫、锎、锿、镄、钔、锘、铹。由于在超铀元素研究方面的杰出成就，西博格和麦克米伦荣获了 1951 年诺贝尔化学奖。

通过大量的核反应实验，科学家进一步掌握了利用质子、氘核、氦核、碳核、氧核、氖核去轰击各种重原子的方法，从而制造出超铀元素的多种同位素。1969—1974 年间，利用较重的原子核如氧核去轰击适当的超铀元素的同位素，先后合成了原子序数为 104、105、106、107 的新元素。1984 年后又陆续通过重离子核反应合成了原子序数为108、109、110、111的元素。迄今为止已经合成了直到111号元素的共190多个超铀核素。由于合成的104—111号元素的量非常少，只能对第104和105号元素进行很简单的化学性质研究，其余的尚不能研究其化学性质。科学家还发现新元素的稳定性随着原子序数的增加而急剧下降。例如97号以前的超铀元素，其寿命最长的同位素的半衰期可达千年以上，而103号元素铹的寿命最长的同位素的半衰期仅有180秒。此后元素的半衰期愈来愈短，108—111号元素的半衰期都在几个微秒左右。尽管合成更多的超铀核素以及合成超重元素的工作在继续，但是合成原子序数更高的元素有没有可能？元素周期表是否到头了？解答这一谜题还需科学家们作出更多的努力。

三、量子化学和化学键理论

从经典的原子—分子论来看，化学变化的实质就是构成物质分子的原子进行重新组合，即原来的分子结构被破坏，形成新的分子。物质的物理和化学性质皆取决于构成它的分子的组成和结构。因此，研究分子的组成和结构对于认识物质的性质和掌握其制备是十分重要的。早期的化学研究曾将主要精力放在探讨分子的原子组成上，这种探讨只是在科学的原子—分子论确立后才取得较快的进展，其中对数量庞大的复杂的含碳有机物的认识的进展就很有代表性。

化学家对大量含碳有机物进行了研究，对它们的结构的解释从基团论发展到类型论，又提出了四价碳原子理论和碳原子自相成链的思想，直到苯分子环状结构的提出和有机立体化学的建立，这些都清楚地表明，可以依据分子的结构来了解该化合物的化学性质，反过来也可以由其化学性质和化学反应来推测它的分子结构。这样有机结构理论就把种类繁多的有机化合物纳入到一个统一的体系中，为有机分析和有机合成的发展开辟了道路。

化学键理论的由来

在探讨结构理论的过程中，有一个问题曾是化学家特别感兴趣的，然而这个问题在19世纪又是高深莫测的，这就是各种元素的原子是以什么力量和方式相结合而形成各种化合物分子的。这个问题实际上是结构理论中的核心问题。在19世纪中叶以前，化学家长期使用一个术语“化学亲和力”，这个术语虽然很形象，但是它并没有触及实质。1852年，英国化学家库帕（A. S. Couper，1831—1892）等提出了“价”的概念，指出元素在形成化合物时总是和一定数目的其他元素的原子相结合，这个一定数目就是原子价，它表示某种元素的原子在某种化合物中与其他元素原子相结合的能力。这就是当前化学教学中常提到的“某元素原子具有某一化合价”的由来。在表述上，用“－”表示一价，用“＝”表示二价，用“≡”表示三价。据此，乙烷、乙烯、乙炔分别可用 H_3C-CH_3、$H_2C=CH_2$、$HC\equiv CH$ 来表示，从而为有机化合物结构式的表达带来了很大方便。但这一概念当时还难以具体化。当时的价或键的概念，虽然较亲和力有了数量的观念而有所进步，但仍没有从机理上解决问题。这个问题直到20世纪，当复杂的原子结构被揭示后，才逐步有了清晰的认识。

为什么为数不多的元素却能组成数以千万计的化合物呢？这是因为原子之间可以相互作用而构成多种多样的分子。例如，两个氯原子可以构成氯分子；一个氯原子和一个氢原子可以构成氯化氢分子；氯原子和钠原子可以构成氯化钠分子。实验证明，上述氯分子、氯化氢分子、氯化钠分子中，原子之间的相互作用有显著不同，这是因为它们之间的结合方式、结合力不同而导致的。为了说明这种原子间的相互作用，化学家根据实验事实，依据原子结构理论，引入了化学键的概念。按照形成化学键时原子间结合方式的不同，化学键可分为离子键、共价键、金属键、配位键及氢键等类型。所谓研究分子结构，主要就是研究化学键和分子构型的问题。

化学键的电子理论

1916年，德国化学家柯塞尔从惰性元素的化学性质与原子结构的关系中得到启发，提出了离子键理论。他认为惰性元素的原子，除了氦只有1个电子层含有2个电子外，其他原子的最外层都含有8个电子，这种结构为稳定的结构。价键的形成是由原子的外围电子结构所决定的。当原子的外层电子不具有这种稳定的结构时，可以通过在化学反应中失去电子或夺得电子的方式使自己外层电子的排布达到稳定的结构。这样就形成了阴、阳离子，那个夺得电子的原子就成了阴离子，那个失去电子的原子就成了阳离子，阴、阳离子间由于存在库仑引力而相互吸引。随着阴、阳离子的相互接近，离子的核外电子间、核与核之间就会产生斥力，当吸引力与排斥力达到平衡时，体系的能量达到了最低值，体系最稳定，这时候阴、阳离子之间的距离将保持恒定，从而形成了相对稳定的化学键。这种靠阴、阳离子的静电作用形成的化学键叫作离子键，由离子键形成的化合物叫离子化合物，例如KCl、$CaCl_2$、CaO等。

柯塞尔的离子键理论，对主族元素来说比较切合实际。通常情况下，主族元素如碱金属、碱土金属等较活泼的金属与卤素、氧、硫等较活泼的非金属元素之间，都是以离子键的形式化合成离子化合物。元素在离子化合物中的化合价就是该元素的一个原子失去或获得电子的数目。失去电子带正电，表现为正价；得到电子带负电，表现为负价。离子半径的大小会直接影响离子键的强弱，因为离子键的强弱除了与离子电荷即价数高低有关外，也与阴、阳离子的半径之和即离子间的距离有关，这距离又称为离子键的键长。价数越高，键长越短，则离子键越强；反之，价数越低，键长越长，则离子键越弱。

离子键有一个特征，这就是它既没有方向性，又没有饱和性，这是因为离子的电荷分布可近似地看成球形对称分布，只要空间条件许可，每个离子都要尽可能地吸引周围带异种电荷的离子。正因为离子键没有方向性和饱和性，所以阴、阳离子在空间的结合大都以密堆积的方式交替作有规律的排列，形成离子晶体。又由于各种阴、阳离子的大小不同，其配位数就不一样，即阴离子（或阳离子）外面吸引的阳离子（或阴离子）的数目不同，由此而形成不同类型的离子晶体。图3-43分别是氯化铯、氯化钠的晶体结构图。

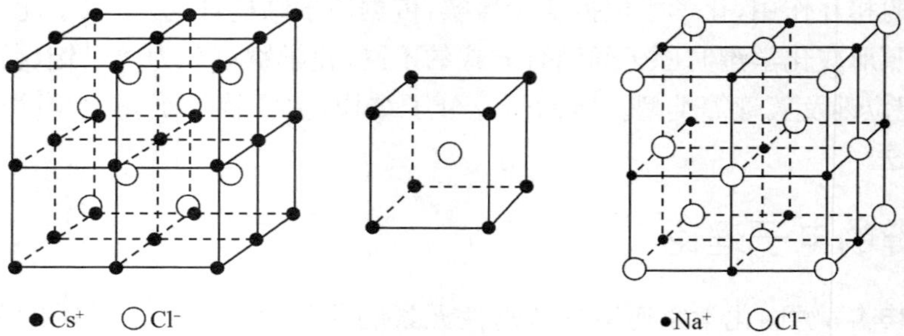

(a)CsCl晶体(晶格)　(b)CsCl晶体(晶胞)　(c)NaCl晶体

图 3-43　氯化铯、氯化钠的晶体结构图

在自然界中绝大多数的固体物质都是晶体。与非晶体比较，晶体具有以下几个特性：①晶体有各向异性，即晶体的物理性质在不同的方向上是不同的，例如石墨在不同方向上的导电率就不同。②晶体有固定的熔点。晶体加热到某一温度时开始熔化，在没有全部熔化之前，继续加热，温度却不再上升，所供之热量用来打开晶格。完全熔化后，温度才继续上升。熔化时的温度为晶体的熔点。③晶体有一定的几何外形。例如，食盐（氯化钠）晶体是立方体，水晶是六角柱体，方解石是菱面体等。在晶体中，占据在晶格结点上的质点是阴、阳离子，它们彼此以离子键相结合，每个阳（阴）离子都被几个阴（阳）离子所包围。因此，在这种晶体中不存在小分子，只能把整个晶体看成一个巨大的分子。由于离子间具有较强的静电引力，所以离子化合物的晶格一般比较大，从而使其具有较高的熔点和硬度，可以说这是离子化合物的第一个显著特征。离子化合物虽然比较硬，但又比较脆，这是因为晶体在受到冲击时，各层离子较易发生错位，从而大大地减弱了它们之间的引力。

离子化合物在水中溶解度的影响因素比较复杂，目前尚不能从理论上得到完满的解答。总的来说，大多数离子型化合物可溶于极性溶剂，难溶于非极性溶剂。这是离子化合物的第二个特征。离子化合物的第三个特征是不论在熔融状态还是水溶液中，它都是电的良导体；可是当它处于固体状态时，由于离子只能在晶格的结点上振动，故几乎不导电。

离子化合物一般都是电负性相差较大的两个元素的原子通过电子转移形成的。那么，同种元素之间或电负性相差较小的两个元素之间又是怎样结合的呢？柯塞尔的离子键理论显然无法解释。

也是在1916年，美国化学家路易斯（G. N. Lewis，1875—1946，图3-44）经过10年的探索提出了共价键理论。他认为，同种或不同种非金属元素原子之间可以通过共享一对或几对电子而各自达到稳定结构（八隅体状态）并形成分子。例如，当两个氯原子相遇时，各提供一个电子作为共用，从而使最外层电子层都具有8个电子而呈稳定状态。共用电子通过与原子核的引力将两个原子拉在一起形成分子。这种靠共用电子对形成的化学键，叫作共价键。

图3-44　美国化学家路易斯

柯塞尔的离子键理论和路易斯的共价键理论互为补充，使19世纪中叶开始的在化合物各原子之间划一短线表示两者的结合的做法有了实际的意义。由于这两种理论简明易懂，很快被接受。两种理论虽然各有侧重，但是有一共同之点，即它们都是用电子行为来解释物质的化学变化。

1919年，美国化学家朗缪尔（I. Langmuir，1881—1957，图3-45）发展了路易斯的理论。首先，他是利用玻尔的原子模型而不是J. J. 汤姆孙的原子模型来讨论电子的行为，比路易斯更明确地提出了电子对和共用电子对的概念；其次，“共价键”这个名词也是由朗缪尔总结出来的，并给出了具体的含义；朗缪尔还把路易斯的原子八隅体观点推广到分子中，这似乎有了分子轨道思想的雏形。他第一个提出了等电子原理，即认为具有相同数目的电子的分子或基团具有相似的结构。据此，他通过N_2结构的类比，解释了CO、CN^-的结构，这说明他将路易斯的共价键理论推广到了多核体系。朗缪尔发展路易斯理论的第二点是，用一种新的键型解释了含氧酸的离子结构。他认为在含氧酸的离子中，两个核共用的电子对并不是由每个核各提供一个电子配对而成，而是由其中一个核单方面提供一对电子而形式的，这就是后来所说的“给予键”或“配位键”。

图3-45　美国化学家朗缪尔

柯塞尔、路易斯和朗缪尔等人创立的化学键的电子理论在考虑到原子具有复杂结构的前提下，从物质运动的电子层次上解释了原子价的饱和性和化学键的概念，为经典结构理论增添了新的内容。它以离子键、共价键及配位键为基本键型，对无机化合物、有机化合物的化学结构给予了协调一致的说明，从而对化学认知的发展起了积极的促进作用。但是，还应看到他们所创立的化学键的电子理论，并不是基于物理学理论，而是基于对化学经验材料的归纳和思维的直觉，因而显得其物理学基础有点简陋。它对实验事实的解释也只是形式上的，其电子对的物理思想也不清楚。例如两个原子为什么能通过“共享”一对电子而牢固地结合在一起？共价键为什么具有方向性？共价键的本质是什么？这一系列问题它都难以回答。这一理论和量子力学出现前的其他理论一样，与其说是作了回答，不如说是提出了问题。

量子化的化学键理论

1924 年量子力学一问世，很快就引起了化学家的注意。1927 年，德国物理学家海特勒(W. Heitler，1904—1981)和伦敦(F. London，1900—1954)合作用量子力学的薛定谔方程来研究最简单的氢分子而取得了量子化学的第一批成果。他们对氢分子中两个氢原子之间的化学键做了近似的计算，同时还研究了两个氢原子相互接近的过程，发现当两个氢原子足够近时，如果两个电子自旋方向相反，就会形成两个原子所共有的电子云，而且当这一体系的能量小于两个氢原子的能量和时，两个氢原子就能结合成一个稳定的分子。共享电子对并不是静止于两个原子核之间，量子力学的计算结果表明，这一对电子在两核中间的几率比在别处大，从而形成了一个类似于“电子桥”的化学键，把两个氢原子核拉在一起，组成了稳定的氢分子。应用薛定谔方程计算得出的理论值与实验值很接近，说明该方法是正确的。海特勒和伦敦的工作是量子化学的发展起点，所以，人们把 1927 年定为量子化学诞生之年。

海特勒和伦敦的研究成果不仅建立了化学键的崭新概念，而且进一步推动了应用量子力学的原理来研究多原子分子的方法的建立。到了 20 世纪 30 年代初就已建立起两种化学键的理论：价键理论和分子轨道理论。

价键理论是由海特勒和伦敦处理氢分子的成果推广而得来的。价键理论认为，共价键由一对自旋方向相反的电子组成，并且电子对定域于化学键连接的两原子之间。正因为自旋方向相反，它们才能两两地结合成电子对，两个电子运动所在的原子轨道就会交盖重叠，从而形成价键。原子轨道重叠愈多，所形成的共价键愈稳定。一个电子与另一个电子配对后就不能再与第三个电子配对。这个理论基本上解决了某些基态分子成键的饱和性和方向性问题。例如，氢有一个未成对的电子，氯也有一个未成对的电子，它们就能配对成单键，键的形成在电子云密度最大的方向，所以具有一定的方向性。

图 3-46　美国化学家鲍林

1931 年，美国化学家鲍林（L. Pauling，1901—1994，图 3-46）和斯莱特（J. C. Slater，1900—1976）发展了价键理论，提出了原子轨道的杂化理论。例如碳原子的基组态中有两个未成对的电子，这会使人认为它可以生成有两个 C—H 键的 CH_2 分子，但是，事实上碳原子与氢原子生成稳定的甲烷 CH_4 分子，即碳原子表现为四价。这是由于碳原子的激发态参加了成键之故，即碳原子的一个 2s 电子被激发到了 2p 能级，得到包括四个单占据原子轨道的组态（$2s^1 2p^1 2p^1 2p^1$），由此可生成四个共价键。因为碳原子从基态激发到价组态所需的激发能小于生成一个 CH_4 分子所放出的能量，所以 CH_4 分子具有较高的稳定性。实验事实还表明 CH_4 中四个C—H键是完全等同的，每个 C—H 键都指向四面体的顶点方向。为了得到四面体指向的四个碳原子轨道，必须把 2s、$2p_x$、$2p_y$、$2p_z$ 轨道线性组合起来构成四个新的原子轨道，这些线性组合得到的新原子轨道称为杂化轨道，这就成功地解释了甲烷、乙烯、乙炔和其他许多分子的成键和几何构型的问题。

针对像臭氧、苯一类不可能用单一价键结构来满意说明其性质的分子，鲍林等人又提出了共振论。鲍林认为，如果分子的真实基态不能用合理结构中的任何一个来表示，却可以用这些结构的组合来描述，就说这个分子是共振于几个价键结构之间。例如，臭氧分子的结构可以表示为：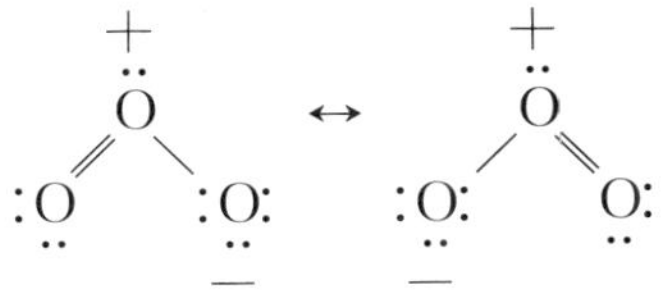。

用符号"↔"表示共振，这样用单键和双键相互交换的等效结构，就可以满意地解释臭氧分子中的 O—O 键都具有相同的键长这一实验事实。共振论作为一种假说，出现在从经典结构理论向现代结构理论的过渡时期，是一个合理的发展成果，具有一定的科学价值。

现代价键理论抓住了形成共价键的主要因素，强调了成键过程是分子中相邻两原子间未成对电子的相互配对，比较直观和具体；杂化轨道理论则在解释和预测分子空间构型方面取得了成功。但是，它们还是有局限性，过分强调了电子配对，例如无法解释 O_2 和 B_2 的顺磁性等问题。分子轨道理论则从另一方面补充、发展了共价键的理论。

分子轨道理论是由德国化学家洪特(F. Hund, 1896—1997)、美国理论化学家马利肯(R. S. Mulliken, 1896—1986,图 3-47)等人在 20 世纪 30 年代初提出来的。马利肯也与鲍林一样年轻时东渡欧洲,学习量子力学。当时世界上研究量子力学的“圣地”有三处:玻尔所在的哥本哈根、索末菲所在的慕尼黑和玻恩所在的哥廷根。马利肯在哥廷根大学的波恩研究组里学习和研究,他主要受到了玻恩的助手洪特的影响。洪特研究化学键的思想与鲍林不一样,他较为擅长分子光谱。洪特和马利肯从原子光谱和分子光谱的类比中获得启示,他们把组成分子的所有原子作为一个分子整体来考虑,认为分子中的电子也像原子中的电子一样,处于一系列不连续的运动状态。在分子中电子的空间运动状态叫作分子轨道,它不是集中在两个原子核之间,而是分布在整个分子内,也可以用波函数来描述。分子轨道与原子轨道的不同之处主要在于分子轨道是多中心(核)的,而原子轨道只有一个中心。据此,他们于 1930 年创立了分子轨道理论。分子轨道理论的要点是:①分子中每个电子的运动状态可用分子轨道波函数来描述。②分子轨道可近似地用能量相近的原子轨道组合得到。这些原子轨道通过线性组合构成分子轨道时,能量低于原子轨道的称为成键轨道,高于原子轨道的称为反键轨道。③分子中的电子根据泡利不相容原理、能量最低原理及洪特规则填充到各分子轨道中。所以,他们改变了过去认为化学键只是原子核两两之间关系的观念,而是认为电子也可以把三个或者三个以上的原子核束缚在一起。分子轨道理论不仅很自然地说明了 O_2、B_2 分子的顺磁性,克服了价键理论所遇到的困难,而且还说明了 N_2^+、O_2^+、NO、O_2 等含有单电子键或三电子键的原因。尽管在 20 世纪 30 年代,分子轨道理论因与化学家所熟悉的经典价键概念有明显差异而没有引起化学家们的关注,但是分子轨道理论相较于价键理论具有明显的优势,最终逐渐被认可。实际上它是一种量子力学中求解分子体系的薛定谔方程的方法。在分子轨道理论中,把所有的电子看作属于整个分子,它强调电子的共用和“离域”。虽然价键理论开创了量子力学理论在分子结构研究上的应用,但是洪特和马利肯的分子轨道理论在数学处理上更简单、统一。多数理论化学计算方案是在分子轨道理论的统一框架下进行的。因此从 20 世纪 50 年代起,分子轨道理论逐渐取代了价键理论的地位。

图 3-47　美国化学家马利肯

配位键、氢键、金属键

1927 年，英国化学家西奇威克(N. V. Siagwick，1873—1952)在讨论络合物的化学键时，提出了配位键的概念，成功地解释了络合物中心离子(或原子)与配位体结合力的本质。配位键实际上是一类特殊的共价键，它是由一个原子单独提供两个电子与另一个原子共用。例如氨分子是由一个氮原子与三个氢原子以共价键结合而成：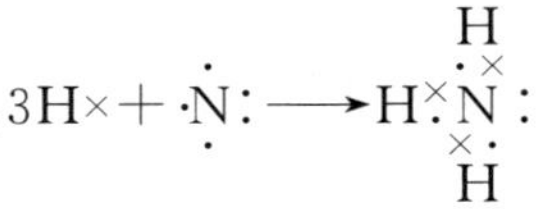，氮原子上还有一对未成键的电子对，当它遇到氢离子时，就形成配位键：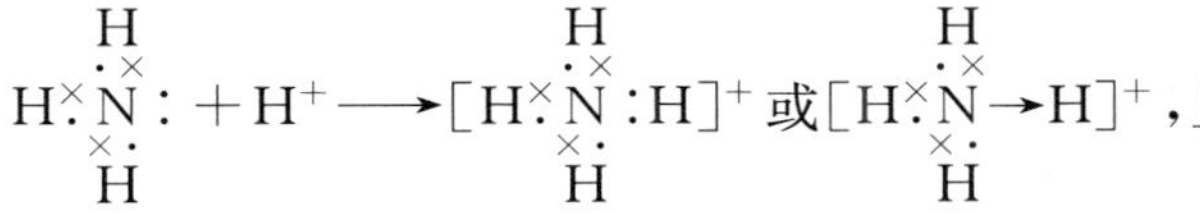，且 NH_4^+ 中四个键是等同的。

由孤对电子所形成的配位键，无论是中性分子还是离子中都可能存在，其配位数不仅与中心离子的电子层结构有关，而且为中心离子和配位体的空间大小所支配。只要电子接受体(无论其是分子、原子还是离子)有空轨道，电子给予体有孤对电子，两者就有可能形成配位键。例如一氧化碳(:C≡O:)、含氧酸(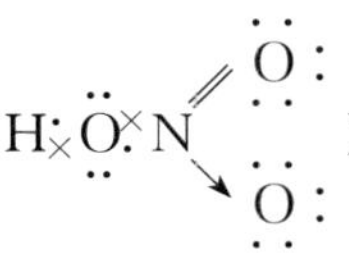)等均含有配位键。

一个与电负性高的原子 X 共价结合的氢原子(X—H)带有部分正电荷，所以能再与另一个电负性高的原子 Y 结合，形成一个聚集体 X—H…Y，这种化学结合作用叫作氢键。氢键是化学家在研究 KHF_2 的晶体结构时首先发现的，FHF^- 的存在表明存在以氢为中心的键合。后来通过对冰的晶体结构和液态水的异常性质的研究，也证实了氢键的存在。氢键不同于通常的化学键，它是一种分子间的作用力。以 HF 为例，氟的电负性很大，H—F 键是强极性共价键，氟原子强烈地吸引氢原子的电子云，使氢核几乎成为裸露的质子，它允许带部分负电荷的另一个氟原子充分接近它，并产生库仑引力，这就形成了氢键。X、Y 原子的电负性越大，半径越小，则形成的氢键越强，例如 F—H…F 就是最强的氢键。分子间的氢键可使很多分子结合起来，形成链状、环状、层状或立体的网络结构。氢键的键能比较小，但是氢键的形成对物质的性质却有显著的影响，例如使物质的沸点、熔点升高，溶质与溶剂之间形成氢键会使溶解度增大。由于氢键的形成决定了蛋白质分子的构象，所以氢键在生物体内起着重要作用。

金属具有金属光泽，且不透明、易导电、导热，有延展性，这些特性肯定也是由它们的内部结构所决定的。那么金属原子之间的结合力即金属键又有什么特点呢？从金属是电的良导体，就可以猜测出金属原子的外层价电子一般与原子核结合得比较松散，它们易脱离原子核的束缚而成为自由电子在整个金属晶体中自由运动，金属原子也因此易失去电子形成金属离子。整个金属晶体即由金属原子、金属离子和自由电子所组成，金属原子与金属离子则由于不断地交换电子而互相转变，自由电子则为金属原子和金属离子所共有。通过这种共有就把金属原子和金属离子黏合在一起，金属原子、金属离子犹如浸沉在电子的海洋中。这种由多个原子或离子共用自由电子所构成的键就是金属键。这种理论叫作改性共价键理论，应用这一理论就可以解释上述的金属特性。例如，金属中的自由电子可以吸收可见光，然后又把各种波长的光大部分发射出去，故大多数金属呈银白色。自由电子在外加电场影响下作定向流动形成电流，故金属具有导电性。当金属某部分受热而加强了原子或离子的振动时，可通过自由电子把热能传递到邻近的原子或离子，这就是金属的导热性。金属晶体在外力作用下，一层原子可在邻近一层原子上滑动而不破坏金属键，这就是它具有良好延展性的原因。

关于金属键的另一种理论叫能带理论，它是在分子轨道理论基础上发展起来的，它认为金属晶体的晶格里有比较高的配位数。金属晶格里原子很密集，它们的原子轨道能组成许多分子轨道，相邻的分子轨道之间的能量差很小，可近似地认为各个能级之间的能量基本上是连续的，形象地称之为能带，它属于整个晶体。填满电子的分子轨道叫满带，未填满电子的分子轨道叫导带，满带和导带之间的能量空隙叫禁带。能带理论同样能很好地说明金属所具有的特性。能带中的电子可吸引光能，并将吸收的能量发射出去，从而使金属具有光泽并成为辐射能良好的发射体。当向金属施加电场时，导带中的电子会在能带中沿着外加电场方向通过晶格运动，这就说明了金属的导电性。由于金属中的电子是离域的，当对晶体施加机械力时，一个地方的金属键被破坏了，在另一个地方又可生成新的金属键，因此金属具有延展性和可塑性。金属晶格是靠金属键结合的，金属的自由电子在整个晶体内运动，故金属键没有饱和性。金属原子可以在任意方向与尽可能多的邻近原子结合，故金属键没有方向性，且金属晶体内有较高的配位数，因此金属晶体一般都是以紧密堆积的排列方式构成的。

化学不再是纯实验科学了

分子轨道理论提出后，德国化学家休克尔(E. Huckel，1896—1980)曾提出一种简化的计算方法——休克尔规则，使分子轨道理论在研究 π 电子体系下推广，从而引起了化学家们对分子轨道理论的重视。到了20世纪50年代，分子轨道法已在有机合成与结构分析方面得到广泛应用，并在理论上取得重大突破。

1952—1954年间，日本化学家福井谦一(1918—1998，图3-48)等人在研究芳香烃的亲电取代和亲核取代反应中，提出了最高占据轨道和最低空轨道的概念，称这两种特殊的分子轨道为前线轨道，并提出了前线轨道理论。福井谦一等人认为，前线轨道可类比于原子中的价电子，从化学反应中价电子的作用可以联想到，分子中所有填有电子的分子轨道中，占据能量最高轨道上的电子最活泼，最易失去；所有空的分子轨道中，能量最低的空轨道最易接受电子，因此在反应中，这两种分子轨道处于反应的前沿，最容易与试剂发生作用，因而在反应中起主导作用。

图3-48 日本化学家福井谦一

前线轨道理论对于饱和化合物和不饱和化合物以及芳香族和脂肪族等各种化合物，对分子内和分子间的各种化学作用都有重要意义。它可解释大量的化学事实，例如化学反应的活性、简单分子的反应位置、分子的几何形状和稳定性、电子给予体和电子接受体的走位效应、环加成的反应活性、游离基的反应活性等。前线轨道理论逐渐成为研究分子动态化学反应的一个起点。

图3-49 美国化学家伍德沃德

图3-50 美国化学家霍夫曼

将分子轨道理论用于反应机理的研究中，继福井谦一之后取得重要成果的是美国化学家伍德沃德(R. B. Woodward，1917—1979，图3-49)和霍夫曼(R. Hoffmann，1937—，图3-50)，他们在1965年提出了分子轨道对称守恒原理。分子轨道对称守恒原理把化学反应过程视作分子轨道的改组过程，强调了分子轨道及其对称性质对于反应进行难易程度的决定作用。这个原理不但解释了在它提出之前的有关经验规律，而且预言和解释了其后的许多化学反应。它不但对于有机合成和有机反应的研究具有指导意义，而且也能用于研究许多无机反应及过渡金属络合物催化的反应。目前分子轨道对称守恒原理已成为考察化学反应机理的主要理论方法之一。

提出分子轨道对称守恒原理的伍德沃德是当时最著名的有机化学家，被誉为现代有机合成之父。他从20世纪30年代起，就把理论研究与实验技术相结合，利用紫外和红外吸收光谱来研究有机化合物的分子结构，并以此为指导先后合成了一系列的天然有机化合物。例如1944年合成了结构很复杂的奎宁碱，1954年合成了番木鳖碱，1956年合成了利血平，1962年合成了叶绿素。除此之外，他还合成了多达20余种的植物碱和胆固醇。他的这些合成大多是在完成物质结构分析后，在很短的时间内快速完成的。他的研究方法明显不同于过去单纯依靠经验和筛选的传统方法，而是既注重资料收集与整理，又善于对这些经验进行理论的概括和提高。为此他在大量的有机合成实验中，主动地与年轻的量子化学家霍夫曼合作探讨有机合成的反应机理。他们从研究共轭多烯的电环化和环加成反应开始，终于提出了协同反应的立体化学规则。他们用前线轨道的观点来讨论这一规则，认识到各种原子在反应中总是倾向于保持其轨道对称性不变。这一概念不仅解释和预言了一系列有机反应的难易程度，还帮助人们了解到反应物的立体结构。特别是伍德沃德在合成维生素 B_{12} 的实践中，观察到大量的分子轨道对称守恒和产物构型的实例。B_{12} 的分子结构极其复杂，有9个不对称的碳原子和512个可能的立体异构体，他就是依靠上述原理的指导，搞清了每一步反应的机理，使每一次合成都指向预定的结构方向，终于完成了 B_{12} 的全合成。

分子轨道对称守恒原理的提出，标志着量子化学已经由对静态分子进行研究转变为对动态分子进行研究；也标志着有机合成由过去主要依靠经验来合成，转变为以结构理论和反应机理为指导来合成。这一理论的提出可以说是认识化学反应过程的道路上的一个重要里程碑。伍德沃德因在有机合成领域所取得的突出成绩荣获了1965年诺贝尔化学奖，福井谦一和霍夫曼因在量子化学方面的杰出贡献共享了1981年诺贝尔化学奖。

1927年，化学家开始用量子力学来研究化学结构的深层次奥秘，帮助人们逐渐认识了化学键的本质。事实上，在这一认识过程中他曾困难重重。正如量子力学的奠基人之一狄拉克在1929年所说："大部分物理学和全部化学的基本规律现在已完全知道了，困难只是在于应用这些规律所得到的方程太复杂，无法求解。"狄拉克的看法是很客观的，又是具有远见卓识的。例如，1953年理论化学家舒尔(H. Schull)等人用手摇计算机，摇了两年才完成氮分子的哈特里－福克等级的全部计算。这除了因为计算机技术落后外，还由于当时的量子力学是波函数形式的理论，计算起来不仅复杂，而且计算量也很大。以计算一个分子的基态性质为例：首先要将薛定谔方程加以某些理论处理，化成可以进行具体运算的哈特里－福克－罗特汉方程；然后从这个方程出发，先算出分子中每个电子的状态，即分子轨道，再算出整个分子的波函数，即分子状态；最后才能求出分子的能量、偶极矩、电荷分布等性质。计算中最费时的是电子相互作用的库仑作用矩阵元和交换作用矩阵元，这类涉及两个电子的二重积分的数量正比于体系中电子总数的 4 次方。计算一个 100 个电子的小分子，竟需要计算 1 亿个双电子积分。

在这种计算难度面前，许多化学家都怯阵了，但也有一批化学家不畏艰难，进行了艰苦卓绝的研究，终于取得了突破性的进展。1998 年诺贝尔化学奖得主，美国的科恩(W. Kohn，1923—，图 3-51)和英国的波普尔(J. A. Pople，1925—2004，图3-52)，就是他们中的代表。

图 3-51　美国化学家科恩

科恩和他的助手们发展了电子密度泛函理论。这是一种量子力学的新形式，它是用电子密度而不是波函数建成的严格的量子理论构架。影响物质分子化学行为的，归根结底是它的电子的运动、交换及与原子核之间的相互作用。从这一点出发，只要计算出电子密度，而不必细究每个电子的行为，就可以计算出一个分子的电子结构。电子密度泛函理论就是根据这一点，不仅给分子性质的计算开辟了新途径，还导致化学基本概念的重要变革，使其物理意义更直观。

图 3-52　英国化学家波普尔

波普尔的贡献在于他发展了量子化学的计算方法。面对令人头痛的量子化学理论计算，以波普尔为代表的一批理论化学家，充分利用了计算技术的迅速发展，从 20 世纪 60 年代起，建立了一系列的半经验的量子化学计算方案。特别是波普尔采用高斯函数突破了用哈特里一福克一罗特汉方程进行计算的关键障碍，开发了最著名的量子化学计算软件包，后来又不断发展出新的版本。从 1992 年起该软件包又吸收了密度泛函理论，从而实现了分子轨道理论的计算。

科恩、波普尔等人的研究成果经过 30 年科学实践的检验，被认为是现代化学学科最重要的成果之一。它表明量子化学已经发展成为广大化学家常用的工具，将化学引入了一个新时代，在这个新时代里，实验和理论能够相辅相成地帮助化学家探讨分子体系的性质，化学不再是纯实验科学了。

四、晶体和分子结构的研究

在19世纪以前，人们对于晶体只有关于晶体外形的一些肤浅的认识。直到19世纪末，科学家才初步建立了关于晶体内部几何结构的一般规律的学说——几何晶体学，但是在当时它仍不过是一种未经实验证实的假说。真正揭开晶体内部结构的奥秘是从德国物理学家劳厄(M. Laue，1879—1960)开始的。他于1912年发现了晶体对X射线能产生衍射现象，从而开了人们将X射线用于晶体结构的测试分析的先河，建立了X射线晶体学，在化学中发展起研究晶体结构与其化学组成及性质间相互关系的新领域——晶体化学。此后的80年，晶体化学在结构化学、合成化学以及量子化学、材料科学、计算机技术的密切配合和相互促进下，获得了迅速的发展，不仅澄清了单质和化合物的若干结构问题，而且对制备具有指定性能的晶体物质例如半导体材料等，发挥了巨大的作用。

晶体规律性的早期认识

人们在探索晶体外形的规律性与其内部结构的关系时，经历了一个由表及里，由现象到本质，由宏观到微观的认识过程。

人们很早就注意到了晶莹、美丽和具有规则外形的晶体，并在长期观察和使用的过程中逐渐积累了关于晶体外形的资料。1669年地质学家通过对石英晶体的研究，发现了晶面夹角守恒定律。1809年法国科学家武拉斯顿设计出反射测角仪，推动了晶体夹角数据的测定工作，为识别和鉴定矿物提供了可靠的数据。在大量晶面夹角的数据测定中，1809年，德国学者魏斯(C. S. Weiss，1780—1856)剖析了晶体外形的对称性，总结出晶体对称规律。1869年，俄国科学家伽多林(A. V. Gadolin，1828－1892)用严密的数学方法推导出晶体外形的32种对称类型，从而完成了晶体宏观对称性的总结工作。其后，人们又根据晶体的特征对称元素将晶体划分为三个晶族和七个晶系。

随着对晶体外形规律性及对称性的认识深化，人们联想到晶体内部是否也存在某些规律呢？1784年法国地质学家阿羽依(R. J. Hauy，1743—1822)在研究方解石时发现，各种外形的方解石都可以劈成相同的菱面体，并且不管劈成如何小都是这样。在此基础上，他设想，晶体是由一些具有多面体形状的分子平行地、无间隙地堆积而成的。据此，他发现了晶体的有理指数定理。他关于晶体内部的设想对于后来晶体结构的空间点阵理论的建立具有重要的启发作用。1842 年，德国科学家弗兰根海姆（M. L. Frankenheim，1801—1869）提出了晶体结构的空间理论，并推出了 15 种可能的空间点阵形式。1848 年法国物理学家布拉维（A. Bravaim，1811—1863）提出了空间格子理论，并论证了弗兰根海姆所列的 15 种空间点阵形式中有两种实质上是相同的。1890 年，俄国化学家费多罗夫（E. S. Fedorov，1853－1919）推导出空间群的总数有 230 个，代表着晶体可能具有的微观对称类型。德国化学家熊夫利斯（A. M. Schonflies，1853—1928）于 1891 年，英国化学家巴罗（W. Barlow，1848—1934）于 1894 年，也各自独立地推出晶体结构的 230 个空间群。至此经典的晶体学建立起来了。

X 射线晶体学的建立

晶体果真有点阵结构吗？当时谁也无法用实验加以证实。这个问题的解决有赖于新的实验技术的出现。1895 年，X 射线的发现在科学界引起了轰动。当时没有一个科学家预见到，X 射线与晶体学有什么联系，更没有想到这其中酝酿着一个新的重大突破。

图 3-53　德国化学家劳厄

图 3-54　美国化学家德拜

在探讨 X 射线究竟是电磁波还是粒子流的讨论中，德国物理学家索末菲指出：如果 X 射线真是一种电磁波的话，它的波长应在 0.1 纳米左右。当时在索末菲指导下工作的有一批思想敏锐、勇于探索的青年学者，例如讲师劳厄（图 3-53）、助教德拜（P. J. W. Debye，1884—1966，图 3-54）、博士研究生厄瓦尔（P. P. Ewald）、弗里德里希（W. Friedrich）、克尼平（P. Knipping）等。1911 年劳厄正在研究光波通过光栅的衍射理论，厄瓦尔则以可见光通过晶体的行为作为他的博士论文选题。一天，厄瓦尔把论文草稿拿去向劳厄请教，犹如一束火花伸向导火索，劳厄突然想到，波长在 0.1 纳米左右的 X 射线通过晶体时将会产生怎样的效应呢？进一步思考，他又发现 X 射线的波长和晶体中原子的间距同属一个数量级，假若 X 射线是电磁波，晶体又确实具有空间的点阵结构的话，那么将 X 射线通过晶体应该会发生衍射现象，晶体可以作为 X 射线的天然的立体衍射光栅。于是，在劳厄的建议下，弗里德里希和克尼平就在 1912

年4月21日以硫酸铜晶体为光栅进行了衍射实验。经过几次失败的摸索后,终于得到了第1张X射线衍射图,初步证实了劳厄的预见。接着劳厄等人又以硫化锌、铜、氯化钠(图3-55)、黄铁矿(FeS)、萤石(CaF_2)、氧化亚铜等立方晶体进行实验,都得到了衍射图。他们终于发现了晶体X射线衍射效应。

晶体X射线衍射效应的发现一举解决了三大问题。第一,它证实了X射线是一种波长很短的电磁波,可以利用晶体来研究X射线的性质,从而建立了X射线光谱学,并对原子结构理论和光的二重性学说的建立起了促进作用。第二,它证实了经典几何晶体学提出的空间点阵假说,晶体内部的原子、离子、分子确实作规则的周期性排列,使这一假说发展为科学的理论。第三,它使人们可以利用X射线晶体衍射效应来研究晶体的结构。根据衍射方向可确定晶胞的大小和形式,根据衍射强度可确定晶胞的内容,即原子、分子的分布位置,这就导致了一种在原子—分子水平上研究化学物质结构的重要实验方法——X射线结构分析的诞生。劳厄的这一发现被爱因斯坦称为物理学上的最佳发现,劳厄也因此项成就荣获了1914年诺贝尔物理学奖。后来,因为在X射线光谱学和X射线晶体学两个领域做出卓越贡献而获得诺贝尔物理学、化学、医学生理学奖的高达10人次以上,可见劳厄的发现对物理学、化学、材料科学、生物化学等许多学科的发展的深远影响。

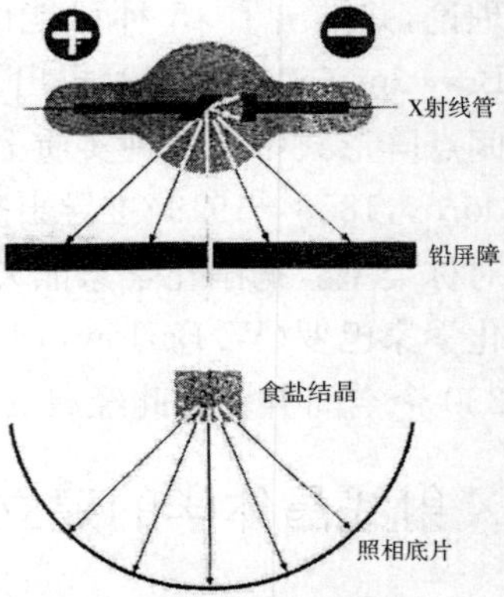

图3-55 X射线对食盐照射的衍射实验

1912年劳厄为了解释所得到的硫化锌等晶体的衍射图,推导出了确定晶体衍射方向的劳厄方程。同年,英国物理学家W.L.布拉格(W. L. Bragg,1890—1971,图3-56)感到劳厄的分析法过于复杂,根据空间点阵可以看作互为平行而且间距相等的一组平面点阵的设想,推出了确定晶体衍射方向的另一方程:$2d\sin\theta=n\lambda$。式中,$n=1,2,3,\cdots$;θ为X射线的入射角;d是相邻平面间的间距;λ为波长。这就是X射线晶体学的基本方程。运用这个方程,通过获得的X射线的衍射束来测定d值有两种方法:一种是固定入射角,变动波长,劳厄采用的是这种方法;另一种是固定波长,改变晶体的取向,后来得到推广的粉末法和回转法就属于这种方法。

图3-56 英国化学家W.L.布拉格

1913年布拉格和他的父亲W. H. 布拉格(W. H. Bragg,1862—1942,图3-57)利用X射线衍射法测定了NaCl和KCl的晶体结构,验证了NaCl晶体结构属于圆球紧密堆积的假设。原先许多化学家认为NaCl晶体中有NaCl双原子分子存在,测定的结果却表明,这类化合物是正负离子在空间周期排列的无限结构,每个钠离子周围有六个氯离子,每个氯离子周围又有六个钠离子,并无分立的NaCl分子存在。这一结果使以往的分子概念得到发展。通过X射线衍射分析,布拉格父子还测出了NaCl晶体中Na^+和Cl^-两个中心间的距离为0.281 7纳米。接着他们又测定了金刚石和石墨的结构。分析结果表明,金刚石中每个碳原子处于正四面体的中心,周围四个项点上各有一个碳原子,因此整个晶体为笼状结构,相邻碳原子中心间的距离都是0.154纳米;而石墨中,在同一平面上的碳原子与三个碳原子相连接,中心距离为0.142纳米,整个平面是一系列连续的正六边形,但相邻两平行平面间的距离为0.340纳米。这就解释了金刚石的高硬度和石墨的柔软性、润滑性。

图3-57 英国物理学家W. H. 布拉格

1914年英国科学家C. G. 达尔文(C. G. Darwin,1887—1962)深入地研究了X射线衍射理论,提出了晶体的衍射强度公式。W. H. 布拉格制定了衍射强度的定义和测量方法,他和莫斯莱都发现使用特征的X射线来研究晶体结构效果更佳。布拉格父子还根据相关数据,结合晶体的密度,比较精确地计算出阿伏加德罗常数。总之,在劳厄发现的基础上,经过布拉格父子以及C. G. 达尔文、莫斯莱等人的努力,X射线晶体结构分析建立起来了,它的建立使经典的晶体学开始迈向现代的结构晶体学。

X射线晶体学的发展和成就

科学家弄清了氯化钠、金刚石、石墨等较简单的无机化合物的晶体结构后,认识到采用X射线衍射法来探索物质的晶体、分子结构大有前途,于是这一领域吸引了许多物理学家和化学家。功夫不负有心人,在不长的时间里,人们不仅测定出硫化锌、黄铁矿、萤石、方解石等一大批物质的晶体结构,还对晶体内部的原子排列方式、离子团结构、原子的大小、原子间的距离等有了更多的了解。同时,科学家又先后创立了X射线的粉末法、回转晶体法及魏森堡法,这些方法的建立促进了X射线结构分析的大发展。1921年,化学家用粉末法分析了钢铁的结构。到了20世纪30年代初,通过对数以百计的无机盐、金属络合物和硅酸盐的结构测定，科学家手中已积累了有关晶体结构的丰富资料，从而认识到金属结构中圆球密堆积的机理和金属原子间作用力的特征。对离子化合物的结构测定也帮助化学家了解到离子键的特征，有力地配合了化学键本质的研究。与此同时，在X射线结构分析所得的晶体结构数据的基础上，化学家逐渐得到一批批离子半径的数值，总结出结晶化学定律及离子化合物形成的规则。从已掌握的单晶、多晶化合物的衍射数据来看，至1982年总数已超过4万种。

从1923年起，某些有机化合物的晶体结构也成为化学家应用X射线衍射法研究的对象，他们先后测定了尿素、正链烷烃、六甲基四胺、若干简单的聚苯环、一些甾族化合物等有机物的晶体结构。这些工作与金刚石、石墨结构的研究资料一起，不仅印证了有机物的经典结构理论，还归纳得出了一批键长、键角的数据，总结出了一些对分子立体结构研究有一定指导意义的结构原理，使有机结构理论得到迅速发展。

图 3-58　英国化学家霍奇金

随着晶体结构理论的发展和结构分析方法的逐渐完善，从20世纪50年代起，人们已经能够研究和测定复杂的天然有机物、蛋白质、核酸等晶态生物大分子，并取得了众多成果。例如，1945年完成了胆甾碘的晶体结构全分析的工作，1951年测定了右旋酒石酸钠铷的晶体结构，同年还成功地对番木鳖碱这样较复杂的植物碱的晶体结构进行了测定，等等。许多结构分析都是在对物质的化学结构一无所知的情况下进行的。最突出的例子是1949年英国女化学家霍奇金(D. M. C. Hodgkin，1910—1994，图3-58)在人们尚未了解青霉素(盘尼西林)的化学式之前，在化学方法的配合下，应用X射线结构分析法成功地完成了晶状青霉素的晶体结构测定。1948年她曾得到晶体维生素B_{12}的第一张X射线衍射图。维生素B_{12}是最复杂的非蛋白质化合物之一，完全判明其晶体结构中的原子排布决非易事。为此她花费了10年时间潜心研究B_{12}的晶体结构，终于阐明了这个复杂有机分子的结构，为人工合成B_{12}奠定了基础。她也因此荣获了1964年诺贝尔化学奖。

图 3-59　英国生物化学家肯德鲁

1945—1957年，英国生物化学家肯德鲁(J. C. Kendrew，1917—1997，图3-59)测定了鲸肌红蛋白的晶体结构，开辟了人们认识蛋白质分子中包括肽键与螺旋体折叠方式的三级结构的正确途径。1959年奥地利化学家佩鲁茨(M.

F. Perutz，1914—2002，图 3-60）利用 X 射线衍射在英国完成了分辨率为 5.5 纳米的马的血红蛋白晶体的结构测定工作。血红蛋白是血液中氧的携带者和储存者，它通过分子中的铁可将氧从肺部送到肌肉，移交给肌红蛋白，又可通过分子中的氨基基团与溶于血中的二氧化碳结合，带回肺部。肌红蛋白是肌肉中氧的携带者和储存者，它能可逆地与氧结合。他们的研究成果使人们能在蛋白质的立体结构基础上了解其生物功能，在分子生物学上具有重大意义，为此他们共享了 1962 年诺贝尔化学奖。

图 3-60　奥地利化学家佩鲁茨

霍奇金从 20 世纪 60 年代起，对胰岛素的晶体结构进行了深入研究，在 1969 年首先取得了 0.28 纳米分辨率的晶体结构分析成果。中国化学家也在 1971 年和 1972 年先后完成了分辨率为 0.25 纳米和 0.18 纳米的牛胰岛素的晶体结构测定工作。这些成果为揭示胰岛素的分子结构和生理功能创造了条件。

除了晶体结构，X 射线衍射分析法也成为科学家研究蛋白质、核酸等这些生物大分子立体结构的最直接、最有效的方法。到 20 世纪 50 年代初，已经测定了 20 多种主要的氨基酸和近 10 种简单肽的结构。对化学键理论和晶体结构分析颇有建树的美国化学家鲍林，通过对氨基酸和多肽的研究，提出多肽链的缠绕是由于蛋白质分子中存在着氢键，在肽链分子内部可能形成两种螺旋体，其中 α 螺旋体是多肽链折叠的最重要方式。不久，α 螺旋体便在一系列 α 型纤维蛋白、合成多肽和球蛋白体的衍射图上得到证实。1953 年美国生物学家沃森（J. D. Watson，1928—，图 3-61 左）和英国生物学家克里克（F. H. C. Crick，1916—2004，图 3-61 右）发现了遗传物质——脱氧核糖核酸（DNA）的双螺旋结构（图 3-62），再次印证了鲍林的预见。DNA 分子的结构的确是由两条多核苷酸链围绕着同一轴，盘旋成一个双螺旋体。嘌呤碱和嘧啶碱在螺旋体的内侧，糖和磷酸基在外侧，两条链依靠嘌呤碱和嘧啶碱之间的氢键连在一起，从而维持了双螺旋的空间结构。这一模型对人们认识 DNA、基因、染色体的结构以及它们如何复制有重要启示。沃森、克

图 3-61　发现 DNA 双螺旋模型的沃森和克里克

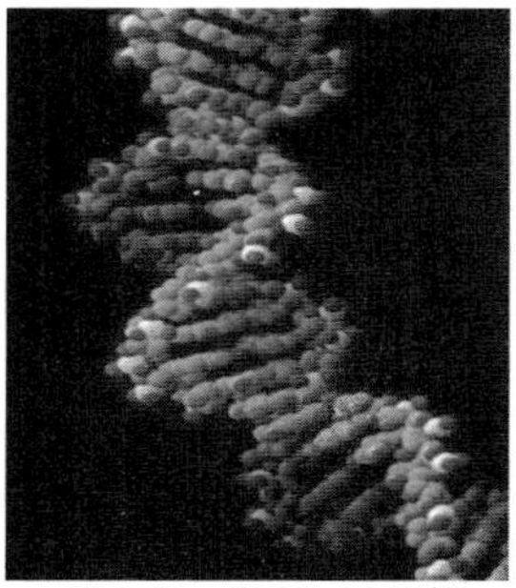
图 3-62　DNA 双螺旋结构图

里克也因此荣获1962年诺贝尔生理学及医学奖。

结构测试和分析方法的发展

到了20世纪70年代，化学家已经测定的蛋白质晶体结构约有40种，这对阐明生物大分子的结构与功能的关系作用极大。与此同时，X射线衍射结构分析法也在不断地得到改进和发展。美国数学家豪普特曼(H. A. Hauptman，1917—2011，图3-63)和美国化学家卡尔勒(J. Karle，1918—2013，图3-64)从20世纪50年代起开始研究晶体结构测定中的相角问题。他们运用广博的数学知识，用统计数学的方法研究了晶体的X射线衍射数据，发现其中含有相角的信息，并推算出相关的关系式，可直接从衍射强度的统计中得到各种衍射相角的信息，这就是所谓的晶体结构分析中的直接法。这种方法特别适合于小晶体的直接测定。从1972年起，上述直接法得到迅速普及，过去需要几个月甚至一到两年才能完成的工作，只需几日就能完成。豪普特曼和卡尔勒建立的X射线结构分析的直接法的纯数学理论，在晶体研究中具有划时代的意义，特别是对研究大分子生物物质，如各种激素、抗生素、蛋白质及新型药物等，起到了重要的促进作用，他们也因此共享了1985年诺贝尔化学奖。

图3-63　美国数学家豪普特曼

图3-64　美国化学家卡尔勒

在X射线衍射结构分析的实验手段和理论方法逐步发展完善的同时，1927年美国物理学家戴维森(C. J. Davisson，1881—1958)和革末(L. H. Germer，1896—1971)成功地进行了晶体的电子衍射实验。1936年奥地利化学家哈本(H. Halban，1877—1947)和普莱斯维克(P. Preiswerk，1907—1972)运用中子射线进行衍射实验也获得成功。这不仅证实电子、中子也具有波动性，也为研究晶体结构增添了两种新手段。由于原子对电子束的散射是由带正电荷的核电势和核外电子的负电位联合形成的原子静电位所引起的，因此其散射能力不同于对X射线。电子衍射法较适用于研究气体分子的结构以及薄膜和固体的表面结构。中子衍射中，由于中子束没有特征谱线，原子对中子的散射主要依靠原子核，故与X射线衍射也不尽相同。中子衍射较适用于测定晶体结构中的氢原子位置和辨认原子序数相近的原子。由此可见，电子衍射法和中子衍射法都不如X射线衍射法的应用范围广，但能在某些领域的结构分析中发挥自己的特长。

随着同位素研究的深入，质谱仪有了改进和发展。在 1940 年以前，质谱仪只用于气体分析和测定化学元素的稳定同位素。后来人们发现质谱仪可以用来对石油馏分中的复杂烃类混合物进行分析，并在证实了复杂分子能产生确定的并能重复的质谱之后，逐渐将质谱仪用于测定有机化合物的结构，开拓了有机质谱的新领域。随后化学家采用扫描质谱仪来判定复杂有机分子的分子量和碎片质量，由此可推知该有机物所含的基团种类。若将质谱仪与气相色谱仪及电子计算器联用，则能发挥更好的功能。目前此法已发展成为测定复杂分子结构的重要手段之一。

1956 年化学家又发现了 X 射线光电子能谱，可用于研究某些分子的电子结构以及高分子结构、链结构的分析。X 射线光电子能谱是以 X 射线为激发光源的光电子能谱，通过光电子能谱对化学位移进行考察，就可以分析分子的电子结构。1958 年德国物理学家穆斯堡尔（R. L. Mossbauer，1929—1976，图 3-65）发现 γ 射线的无反冲共振吸收可以用于固体微观结构的研究，这种谱学技术与其他电磁波谱相比，具有灵敏度高、分辨率强、对核具有选择性、设备简单等优点，因而在许多结构研究领域中得到应用。

图 3-65　德国物理学家穆斯堡尔

与光电子能谱、穆斯堡尔谱相继出现的还有低能电子衍射和其他电子能谱，它们的发展为分子结构的研究，特别是直接研究表面相中的结构问题开辟了有效的途径。其中特别值得提到的是 20 世纪 50 年代发展起来的各种磁共振的方法，它们使结构化学大为增色。

核磁共振技术的创立和发展

图 3-66　德国物理学家斯特恩

在 20 世纪 20 年代，物理学家已从光谱的超精细结构中预见到原子核具有自旋角动量和磁矩，并在研究原子核的性质时证实了原子磁矩的存在。1919 年德国物理学家斯特恩（O. Stern，1888—1969，图 3-66）开始运用分子束流的方法来测量原子磁矩。1927 年，原先学化学的美国物理学家拉比（I. I. Rabi，1898—1988，图 3-67）到欧洲游学，曾在汉堡大学

图 3-67　美国物理学家拉比

给斯特恩当助手，一年的合作使他受益匪浅。当他回到美国哥伦比亚大学后，就将全部精力投入到磁学、分子束流及量子力学的研究。几年的努力使他发现原子磁矩、核自旋动量矩同轨道电子的动量矩一样，在恒定的外磁场中能采取各种量子化的方位。在一定条件下，当从垂直于磁场方向加入交变磁场时，就能改变磁矩的方位，使磁矩体系有选择地吸收特定频率的交变磁场的能量，从而产生共振吸收谱，这就使核自旋和核磁矩的测定成为可能。通俗一点讲，就是由于原子核具有磁性，放在强磁场里的分子能吸收某个频率的无线电波，这种吸收可以称为"核磁共振"，根据吸收的情况就能得出有关原子的信息。

斯特恩由于对发展分子束方法所做的贡献和证实了原子磁矩的存在，荣获了1943年诺贝尔物理学奖。拉比也由于把共振法用于测定原子核的磁性而获得1944年诺贝尔物理学奖。他们的工作实际上为核磁共振法的出现做了理论和技术上的准备。

图 3-68　美国物理学家布洛赫

第二次世界大战期间，美国物理学家布洛赫（F. Bloch，1905—1983，图 3-68）、珀塞尔（E. M. Purcell，1912—1997，图 3-69）和拉比等科学家集合在美国麻省理工学院的战时辐射实验室共同研究雷达。当斯特恩、拉比荣获诺贝尔奖时，利用分子束测量分子磁矩的方法和利用共振法测量核自旋和核磁矩的方法自然地成为这一科学家群体的热门话题，实验室无形之中也成为这几项实验技术的讨论班。

图 3-69　美国物理学家珀塞尔

战后，布洛赫回到了斯坦福大学，珀塞尔回到了哈佛大学，两人在各自岗位上继续对核磁共振的实验技术进行研究。在不到一年的时间里，由于在研究雷达技术时对短波对原子的磁行为的影响有所认识，他们各自独立地发展出一种新的实验方法——布洛赫的"核感应法"和珀塞尔的"核磁共振的精密测量法"，它们都能够以很高的精确度测量原子核的磁性。新方法的优点在于对固体、液体和气体原子都可进行观测，同时对极小量的物质也能应用。例如，可用于研究同位素的磁性，而同位素的相对含量往往很少，用其他方法是很难测量的。这种新方法的精确度几乎超过了当时物理学中所有的其他测量方法。布洛赫和珀塞尔因此项成就而共享 1952 年诺贝尔物理学奖。

布洛赫和珀塞尔的工作不仅开辟了一个崭新的物理学领域——核磁共振能

谱学，同时，这项技术的推广应用对于物质结构的测定，特别是结构化学的发展起了重要的作用。自1951年以后的10年中，连续波核磁共振波谱获得了极大的发展，同时，这一方法的功能和价值也为更多化学家所认识，他们先后应用这一技术解决了物质结构分析中的一些难题。1965年前后，现代脉冲技术在核磁共振中的应用导致了许多新的测定技术以惊人速度不断地得到开发，它大大提高了核磁共振方法的灵敏度和分辨率，实现了天然丰度极为稀少的^{13}C核的常规测定。

早期的核磁共振波谱仪是灵敏度较低的连续波核磁共振波谱仪。到了20世纪60年代后期，在瑞士化学家恩斯特（R. R. Ernst，1933—，图3-70）等人的努力下，发展起傅里叶变换方式，从根本上提高了核磁共振波谱仪的灵敏度。在新的谱仪中，施加的电磁波是脉冲式。由于脉冲电磁波中包含有很宽范围的频率，因此被观测的所有核瞬间被同时激发。这一技术引入后，核磁共振领域中逐渐发展出各种各样的测谱技术，二维和多维的共振技术就是其中的主要代表。通过对二维核磁理论和技术的研究，恩斯特等人在1975年实现了二维核磁共振，它在20世纪80年代即发展成为核磁共振中最活跃的领域之一，它所提供的丰富多彩的高效快速分析方法极大地拓宽了核磁共振的应用范围。

图3-70　瑞士化学家恩斯特

当二维核磁共振波谱技术遇到谱峰重叠的问题时，三维和更多维谱技术应运而生。但是三维谱技术要求采样计算机有很大容量，并且一张谱的测谱时间往往是以星期为单位，因此大范围的推广存在一定困难。核磁共振领域中最引人注目的进展是核磁共振的成像技术，这一技术已迅速发展成为一个非常大的分支，并在临床医学中得到重要的应用。

恩斯特由于在发展高分辨率核磁共振波谱学方面的杰出贡献，荣获了1991年诺贝尔化学奖。总之，随着核磁共振波谱仪的不断改进，灵敏度在不断提高，应用范围也在迅速扩展。目前核磁共振已发展成为测定有机化合物结构的有力工具，核磁共振技术与其他仪器配合联用已鉴定了十几万种化合物，成为物理学、化学、生物学、地质学、医学研究中必不可少的实验手段。

五、化学反应理论的研究

到 19 世纪末，化学家已在热化学、气体动力学、化学热力学、化学反应动力学、溶液化学及反应机理等研究领域取得了不少成果，建立了初步的理论体系。进入 20 世纪后，在对原子、分子的结构有了更深刻认识的前提下，利用许多新方法和实验技术，化学家对化学反应过程进行了更深入的研究，例如对反应速率、活化能的定量描述，对单分子反应、双分子反应、链反应、溶液反应、催化过程、电极反应、光化学反应的深入探讨，先后提出了化学反应动力学的碰撞理论、过渡态理论、活化络合物理论及电子转移理论，表明对化学反应过程及其实质有了更深刻的认识。

化学平衡的热力学基础

范霍夫、吉布斯等在化学热力学的早期研究中，已给出了反应热效应、温度与平衡常数之间的关系，初步奠定了化学热力学的基础。哈伯在合成氨的生产实践中进一步阐述了气体反应中的热力学原理。他们的成功激起了化学家对热力学研究的关注。

化学热力学理论的推广曾有效地指导生产，但是这一理论大部分情况下只能用于处理理想的体系，对多数实际体系的处理仍有一定的偏差。美国化学家路易斯曾在 1901—1907 年发表文章，建议用“逸度”和“活度”两个概念代替理想气体中的“压力”和“浓度”，以此修正实际体系与理想体系的偏差，扩大了化学热力学理论在实际体系中的应用。

图 3-71　美国化学家吉奥克

19 世纪下半叶建立的热力学第一、第二定律都反映了化学反应体系中的一般规律。第一定律强调的是能量守恒，第二定律表述的是“体系的熵趋于最大”。1906 年德国化学家能斯特提出了热力学第三定律：如果在绝对零度时纯粹晶体之间出现化学变化，那么熵的变化等于零，即变化后物质的熵等于变化前物质的熵。为了检验第三定律的正确性，能斯特收集了许多实验数据。特别是美国化学家吉奥克（W. F. Giauque，1895—1982，图 3-71）做了一系列精确度很高的晶体超低温实验，除了取得了某些分子结构的数据，他还通过热化学方法和分子光谱测定取得了熵值，进行对比，并用统计热力学和量子力学的方法对这些实验结果进行理论分析，为第三定律提供了大量令人信服的证据。1912 年能斯特又推导出热力学第三定律的另一种表述：通过任何有限的操作都不可能达到绝对零度。至此，化学反应的平衡常数可以利用不多的量热数据直接计算出来。

能斯特的工作为热力学在化学上的应用扫清了障碍，促使人们去全面地测定比热容、转变点和平衡常数，使这一理论在生产实践中得到广泛应用，有效地指导了生产和解决了许多疑难问题，例如石墨如何转变为金刚石，炼铁中如何充分利用一氧化碳等。被誉为“制造极冷反应的发明家”的吉奥克在论证第三定律的同时，在探索超低温状态下的化学过程的研究中也取得了突出成就，帮助人们认识到物质在超低温状态下的性质和反应，为此他获得了 1949 年诺贝尔化学奖。

热力学的三个定律在化学上只适用于处于平衡状态的体系，其基本前提是可逆和平衡，然而自然界中存在的化学、物理变化往往表现为不可逆，平衡是相对的，不平衡才是绝对的。因为平衡是一种暂时的、理想的状态，所以研究物质体系的状态若能从非平衡态出发，就能更接近于实际，最普通的非平衡态的例子就是生命体的生长和延续。出生于挪威的美国化学家昂萨格(L. Onsager，1903—1976，图 3-72)自从 1928 年来到美国后，在原先研究电解理论的基础上，开始转入不可逆过程热力学的系统研究。经过一番努力，他发现了一些新规律和特点，并提出了自己的见解。例如，他修正了“德拜—休克尔公式”，并提出了适用于 Z 价的二元电解质溶液的当量电导公式，即昂萨格倒易关系式。用这一关系式可以处理当一个体系中有两个不可逆过程同时发生时，温度梯度、能量梯度以及由此引起的能量流、质量流四者之间的复杂关系，从而建立了一个适用于任何复杂体系的理论方程。

图 3-72　美国化学家昂萨格

昂萨格的工作实际上奠定了不可逆过程热力学的理论基础，可惜这一重要突破被搁置了近 20 年。在第二次世界大战期间，昂萨格应用这一理论来研究从铀-238 分离出铀-235 的气相扩散法的原理，并获得成功。后来他的理论在各种热电现象、热扩散现象、等温扩散现象及电池电动势等实验中得到验证，这时人们才认识到昂萨格理论的重要性。科学界称赞他的工作是对热力学的新贡献，推崇他为不可逆过程热力学的奠基人，他也因此获得了 1968 年诺贝尔化学奖。

在 20 世纪 50 年代，化学家在实验室中发现了一系列惊人的化学现象，这些现象表明某些化学体系能自发地形成各种时空有序的状态，而且这些现象广泛地存在于物理学、生物学等许多领域，包括生命体系和非生命体系。这一类化学现象即化学振荡现象。其实早在1873年，法国化学家李普曼(G. Lippmann，1845—1921)在进行滴汞电极特性的研究时，曾把一滴汞放在烧杯的中央，将硫酸和重铬酸钾的混合液小心地注入杯中，再把一根很小的铁钉放入溶液中，并使铁钉的一端靠在汞珠上，这时，汞珠就像心脏一样跳动起来，一会儿收缩，一会儿膨胀，体积周期性地时大时小地变化。这就是李普曼用化学方法制得的“汞心脏”，它实际上就是非均相的化学振荡。以后，人们又发现过氧化氢与水银反应时也会产生振荡现象。进一步研究才认识到在固态物质与液态物质的两相反应中，普遍存在振荡现象。在20世纪50年代以前，人们曾认为化学振荡现象只有非均相体系才会出现。

1959年化学家又发现了均相体系的化学振荡现象。例如，丙二酸在催化剂铈(硫酸盐的形式)作用下，被溴酸氧化，在外加物的一定范围内，会出现浓度随时间周期改变的化学振荡，体系的颜色一会儿变红，一会儿变蓝，周期为30秒，可持续50分钟之久。此后，又有10多个宏观有序的振荡现象的例子被陆续发现。

图3-73 比利时化学家普利戈金

对于这类振荡现象，经典的热力学理论无法给予满意的解释。起初人们用表面化学的机理来解释非均相的化学振荡现象，认为是由于在反应界面上有氧化膜的周期性生成与瓦解造成的，但不久就证明，这种解释是粗浅的。许多化学家努力从不同角度去探讨发生这种振荡现象的机理，其中以比利时化学家普利戈金(I. Prigogine，1917—2003，图3-73)为首的布鲁塞尔学派的工作最为卓著，他们提出了著名的“耗散结构理论”。这个理论把经典热力学中处理的理想的孤立体系放到了外部环境中，在体系与环境的相互联系中考察每一个物质体系。耗散结构理论认为，在一个物质体系处于远离平衡态的情况下，无序的结构不一定是稳定的。在特定的条件下，它会产生某种有序的状态，但这种状态必须由外界不断提供能量才能维持下去。对这个体系来说，它从无序变成有序是熵在减少，但这种熵的减少是以外界环境的熵的增加为代价的。因此，生命体都是不断从外界摄取能量的高级的耗散结构，人也是一样。人从婴儿发育成长的过程，就是不断从外界摄取物质和能量的过程。

耗散结构理论的提出是非平衡态热力学领域的重大突破，它对物理学、化学、生物学中复杂现象的认识都有十分积极的影响，有人甚至还用耗散结构理论来解释社会中的无序和有序问题。这一理论是对热力学第二定律的重大发展，把它从平衡态推广到非平衡态，这对于研究现实中实际上都处于非平衡状态的物质体系是非常有积极意义的。因此，普利戈金荣获了1977年诺贝尔化学奖。

化学动力学的发展

化学反应平衡与反应速率是两个不同的概念，前者属于化学热力学，后者属于化学动力学。化学热力学是从宏观上研究化学过程的起始态和终止态，而不研究反应的过程，也不考虑时间因素，只解决过程能否发生、发生的方向及最大限度。化学动力学则是研究化学反应的速率以及温度、浓度、压强、催化剂、光照、添加剂等对反应速率的影响，为此，各类化学反应的机理即反应的具体过程和途径是必须研究的。由于都是探讨化学反应的本质，化学热力学和化学动力学之间又有密切的联系，它们是相伴地共同发展的。然而在实际生产中，人们似乎更关心反应的速率以及影响它的相关因素。

范霍夫、阿伦尼乌斯在19世纪末和20世纪初所进行的反应速率与反应物浓度及反应体系温度关系的深入研究，为化学反应速率的研究奠定了现代基础。质量作用定律和阿伦尼乌斯公式已成为化学动力学的最基本定量关系。阿伦尼乌斯虽然提出了活化分子和活化能的概念，但是这两个概念的物理意义仍较模糊。19世纪末，德国化学家戈德施密特(H. Goldchmidt，1861—1923)第一个给活化分子以明确的定义，他认为双分子气体反应中的活化分子是气体中那些运动速度比分子平均运动速度大得多的分子，活化能来源于较平均动能高的那部分能量。1909年，德国化学家特劳兹(M. Trautz，1880－1960)进一步指出，反应物分子必须处于活化状态才能发生反应，他从麦克斯韦—玻尔兹曼分布定律得出了活化分子的分数，从而使活化分子有了明确定义，后来他又导出了速率常数 K 的表示式。直到1918年，才由英国化学家麦克路易斯(W. C. McLewis)总括地阐明了双分子反应的碰撞理论。该理论认为，只有分子发生碰撞才可能发生化学反应，然而不是所有的碰撞都能发生反应，碰撞必须足够猛烈，因此只有活化分子的碰撞才是有效的。升高温度则能提高许多分子的运动速度，显著地增加活化分子的浓度。他还从理论上推导出反应速率的指数定律。戈德施密特、特劳兹和麦克路易斯的贡献表明，化学反应动力学理论已从19世纪的宏观观念向微观分析方向发展和深化，为20世纪30年代的过渡态理论和此后的化学反应动态学提供了基础理论的雏形。

到了20世纪30年代，美国化学家艾林(H. Eyring，1901—1981)和英国化学家波拉尼(M. Polanyi，1891—1976)根据量子力学和统计力学的原理，通过对分子碰撞瞬时过程的细致描绘，提出了有关双分子反应的过渡态理论。该理论认为，反应发生的前提是双分子的有效碰撞，即活化分子的碰撞，有效碰撞决定了反应速率。然而两个分子发生反应碰撞时，必须获得一个临界构型——过渡态，一旦获得此构型，反应即发生。过渡态具有比反应物分子和产物分子都要高的势能，或者说反应有一势能垒，互撞的反应物必须具有较高的能量足以克服反应势能垒，才能达到过渡态的构型，否则分子的碰撞对反应无效，反应不能发生（图 3-74）。过渡态中原子间的相互作用能，决定了反应势能垒的高度。势能垒的存在就是活化能的本质。艾林等人并据此做了 $H+H_2$ 反应体系的位能图。

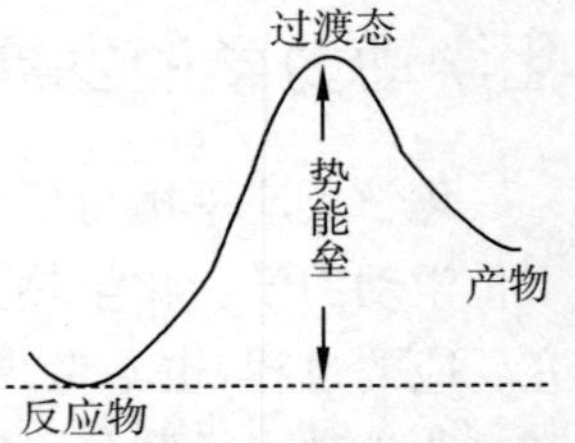

图 3-74　过渡态和势能垒

由上述可见，过渡态理论通过过渡态的概念进一步阐明了活化能的实质。由此人们可以在原则上计算活化能的值，使化学动力学的研究提高到了一个新的水平。1935 年艾林改进了他所创立的反应速率的计算方法，从而得到一个关于过渡态的理论公式。直至今日，过渡态理论仍是化学动力学研究的重要指导理论，且随着统计力学和量子力学的发展而臻于完善。

链式反应的发现标志着 20 世纪化学动力学发展进入新领域。1913 年德国化学家伯登斯坦（M. Bodenstein，1871—1942）在研究光照下卤素与氢气的反应时，发现并提出了链式反应的概念。他认为，光照时氯分子由于吸收光子而活化，生成一个活性中间体，这一中间体能与氢分子反应，生成氯化氢和另一个活性中间体，后一个活性中间体又和氢分子发生反应，又生成氯化氢和一个活性中间体，反应如此重复下去，好像一个链条。1916 年能斯特指出，在生成氯化氢的光化学反应中，第一个活性中间体是吸引了光量子而活化了的氯，第二个活性中间体是活化了的氢。后来的研究者用实验证实了能斯特的解释，还将这种链式反应推广到了非光化学反应。

在 1927 年以前，链式反应的研究成果还不具有普遍的意义，而在 1927—1928 年间，链式反应的研究取得了重大进展。其中苏联的谢苗诺夫（N. Semionov，1896—1986，图 3-75）学派和英国的欣谢尔伍德（C. N. Hinshelwood，1897—1967，图 3-76）学派的工作起了重要的作用。谢苗诺夫是认识到链式反应在化学动力学中具有普遍意义的第一位学者，他观察到链式反应中的活性中间体大多都是价键不饱和的原子或原子团，链式反应都是反应活性很强的原子或自由基与分子之间的反应。自由基（活化分子）不仅可由光的激发而产生，也可因热的激发而产生。1926 年他首先用磷蒸气的氧化反应证实了热化学反应也可以是链式反应，从而将链式反应的研究范围扩展到更广泛的热化学反应领域。他发现大多数有机化合物的热分解都是链式反应，高分子的直链和支链聚合以及共聚反应都是典型的链式反应。他还发现了支链反应。在有些链式反应中，一个自由基传递物可生成两个以上的新自由基，而每一新生成的自由基又能按各自的传递链，将原先单一的传递链扩展成同时进行的多个支链，并随着后续反应的不断进行而生出更多的反应链。在支链反应的过程中，自由基的数量通常按照指数规律(几何级数)迅速增加，使链式反应的反应速率在瞬间达到极大，直至达到爆炸的程度。许多燃烧反应都是支链反应。例如，氢气、一氧化碳等物质的燃烧反应就与氢和氯生成氯化氢的直链反应不同，前者由于存在支链反应，反应速度会按时间的指数函数迅速增加。如果断链反应速度小于支链反应速度，就会发生爆炸；若控制好条件，使断链反应速度赶上支链反应速度，那么，反应将变得缓慢。由此可认为，燃烧是缓慢的爆炸，爆炸是剧烈的燃烧。欣谢尔伍德从 20 世纪 20 年代中期起研究氢气和磷化氢在氧气中的燃烧，得出了与谢苗诺夫相同的结论。他于 1930 年研究了碘蒸气使丙醛热解的过程，发现气体分子的运动速率与温度、压力、催化剂有一定关系，并认为内能的存在是分子被激活的重要原因。接着又对烃、醚、酮等化合物的热解作用进行了系统研究，发现这类反应过程中，若加入一氧化氮和丙烯就会产生一种抑制效应，导致热解速度减缓。温度、压力的改变也会产生这种抑制效应。由此为后来探讨各种不同反应体系的临界爆炸范围铺平了道路。

图 3-75　苏联化学家谢苗诺夫

图 3-76　英国化学家欣谢尔伍德

谢苗诺夫和欣谢尔伍德由于在链式反应研究方面的贡献而分享了 1956 年诺贝尔化学奖。后来化学家的研究证明内燃机中的燃爆反应也是链式反应，煤油灯中的燃烧反应也是链式反应，众多的热化学反应都是链式反应，致使链式反应成为化学动力学研究中最活跃的领域。

上述链式反应的理论都涉及到反应过程中的自由基。自由基又称为游离基，是一类具有不成对电子的化学物质，它可以是原子、分子或基团。有机物的自由基一般是作为活性中间体而短暂存在，可通过加热或光照，使分子中共价键的一对电子发生均裂反应而产生。化学家们在实验中发现，自由基在化学反应中出现是很普遍的。简单的有机自由基，例如甲基自由基、乙基自由基的存在在 20 世纪 20 年代通过气相反应就已被证实了。后来通过量子力学的计算，说明了这些自由基是稳定的，只是活化能低，因此具有高度的活性。到了 20 世纪 30 年代，许多化学家都指出，有机高分子的聚合反应是链式反应。1953 年美国化学家弗洛里(P. J. Flory，1910－1985)曾全面地剖析了烯烃加成聚合反应的链式机理和反应动力学。以上的理论研究，实际上奠定了高分子合成的自由基聚合反应的动力学和反应机理研究的基础，为高分子工业迅速崛起创造了条件。

在第二次世界大战期间，由于战争的需求，爆炸物和火箭发射剂的化学动力学很自然地成为众多科学家的重点课题。他们在燃料、燃烧和爆炸及火焰的理论方面都有重要的建树，这些成果对战后火箭、导弹的发展起了重要作用。

20 世纪 50 年代以后，有关化学反应动力学的各种理论探讨的深入，特别是自由基—链式反应动力学研究的普遍展开，使化学反应动力学的发展面临两个主要课题：一是对元反应动力学的广泛研究，二是迫切要求建立检测活性中间物的方法。尽管用过渡态理论可以解释某些元化学反应的过程，但是，即使到了 60 年代，对化学反应进行分子水平的实验研究还难以做到，因为采用经典的动力学实验方法不能制备单一量子态的反应物。分子束，特别是交叉分子束方法的应用，使化学家在实验上研究单次反应碰撞成为可能。应用分子束方法获得了许多经典化学动力学无法取得的关于化学元反应的微观信息，于是分子反应动力学成为现代化学动力学的一个前沿阵地。在这个阵地上取得突出成绩的是美国化学家赫希巴赫(D. R. Herschbach，1932—，图 3-77)和他的学生，美籍华裔化学家李远哲(1936—，图 3-78)。

图 3-77　美国化学家赫希巴赫

图 3-78　美籍华裔化学家李远哲

在美国哈佛大学任教的赫希巴赫主要从事微观反应动力学，尤其是分子碰撞动力学的研究。1962 年他带着李远哲研究和发展了交叉分子束的方法。他们在高真空的条件下，使两束不同分子束以不同的角度相互作用，以研究分子反应的机理，使这种方法进一步发展成为普遍而广泛的化学研究手段。他们用这种新手段研究了一系列卤化物反应，指出大多数反应表现为短寿命的直接反应，从而开创了从动力学角度探讨化学反应的新途径，最终为了解化合物相互反应的机理做出了重要贡献。李远哲在掌握了利用交叉分子束的方法来研究化学反应的元过程后，论证了线性和非线性过渡态的存在。1968 年他又建成了通用型的交叉分子束装置，使原来只能应用于碱金属元素反应的交叉分子束技术可用于对一般化学反应的研究，还可以对光化学行为和分子间的能量传递作用进行深入研究。他应用这套装置测量的结果和所得的信息及对反应过程细节的描绘，远远地走在反应轨道理论的计算值的前面。赫希巴赫和李远哲的研究使化学家通过控制和检测分子在反应前后的振动、转动、取向和速度，非常精细地研究了化学反应的历程，从而有可能在分子水平上研究化学反应的各种动态，开创了化学动力学研究的新阶段，他们也因此分享了 1986 年诺贝尔化学奖。

在 20 世纪最后 20 年里，诺贝尔化学奖有三届都授予了与电子转移有关的研究成果，可见这个领域对于化学反应动力学也是很重要的。电子从一个原子(或离子)转给另一个原子(或离子)的反应称为电子转移反应。它主要发生在溶液或胶体中的有机化合物、金属与液体的界面，半导体与液体的界面，液体与液体的界面。电子转移反应是一种常见的化学现象，对于生物体的光合作用和蛋白质的氧化反应尤为重要。

出生在加拿大的美国化学家陶布(H. Taube，1915—2005，图 3-79)长期从事无机化学的研究。20 世纪 50 年代，他对金属配位化合物电子转移反应机理进行了实验研究，提出了关于氧化还原反应的电子转移反应机理。他认为在氧化还原反应中，两种化合物的离子先形成一个短暂的过渡状态，过渡态中两个离子间会形成一个“桥”，便于电子在两个金属原子之间转移。进一步的大量实验，又找到一系列的成“桥”的基团，充实了这一理论的依据。由于陶布提出了电子转移反应的成桥机理，揭示了无机化学反应的本质，促进了无机化学的发展，而荣获了 1983 年诺贝尔化学奖。

图 3-79　美国化学家陶布

图 3-80　美国化学家马库斯

美国化学家马库斯(R. Marcus,1923—,图 3-80)对电子转移反应的研究几乎是与陶布同步的,不同的是,陶布侧重于对内界反应机理的阐述,而马库斯主要是对外界反应机理的探讨。1956 年,马库斯应用介质连续统一体理论首先计算了溶剂分子在内配层外部的重新取向作用,并认为反应物在外界反应过程中经历了活性中间态,它是反应物分子间的电子"轨函的微弱重叠"的结果。1957 年,他从非平衡态电性极化作用出发,推导出活性中间态的活化自由能的计算公式。1960—1963 年,他根据统计力学和势能表面理论提出了电子转移均相反应速率常数的定量计算公式。1965 年他又将均相电子转移反应和电化学电子转移反应统一起来,形成了完整的电子转移反应理论。对马库斯的上述理论,化学家的验证过程并非一帆风顺。在理论发表后的 20 年里,化学家在电子转移方面进行了大量实验,都没有观察到马库斯所提出的自由能变化过程中的反转区的存在;直到 1984 年化学家才在实验中证实了电子转移反转区的存在,人们才对马库斯的理论取得了共识。据此,马库斯获得了 1992 年诺贝尔化学奖。

德国化学家戴森霍弗(J. Deisenhofer,1943—,图 3-81 左)、胡贝尔(R. Huber,1937—,图 3-81 中)、米歇尔(H. Michel,1948—,图 3-81 右)因为阐明了细菌光合作用反应的详细机理而分享了 1988 年诺贝尔化学奖。细菌光合作用的机理显然与光诱导的电子转移过程有直接的联系,所以也可以说这项成果是电子转移理论的一个案例。

图 3-81　揭示光合作用机理的三位德国化学家:戴森霍弗、胡贝尔、米歇尔

此外,强电解质的离子互吸理论、酸碱理论的新诠释以及胶体化学、表面化学和电化学的新发展都使人们对化学反应过程的机理有了更多的认识,而催化作用及其机理研究可能是人们最感兴趣的一个领域。

催化作用及其理论的发展

催化作用是自然界中广泛存在的一种自然现象。例如，人体内就存在多种多样的催化剂，每时每刻都进行着复杂而奇妙的催化反应，正是依靠这些催化反应的不断进行，人们的生命才得以延续下去。被称为“酶”的一类蛋白质，就是包括人体在内的生物体内的催化剂。生物体内各种复杂的化学变化能在温和条件下迅速进行，全凭生物体内存在各种形式的酶在发挥作用。酶具有惊人的高催化效率，酶促反应的速度比非催化反应一般高 108～1 020 倍。此外，酶的作用具有高度的专一性，一种酶只作用于某一类或某一种特定的化学反应。随着分析技术的发展，人们逐渐认识到许多酶促反应需要有某种金属离子的参与。在众多酶中，大约有 1/3 的酶在它们的精细结构中要么含有金属离子，要么必须有金属离子存在，酶才有活力。前者称为金属酶，后者称为金属激活酶。人体中一些有代表性的金属酶及其功能见表 3-3 。

表 3-3　人体中一些有代表性的金属酶及其功能

金属	酶	生物功能	金属	酶	生物功能
铁	铁氧还蛋白	光合作用	锰	精氨酸酶	脲的形成
铜	琥珀酸脱氢酶	糖类需氧氧化	钴	丙酮酸羧化酶	丙酮酸代谢
	细胞色素氧化酶	电子传递		核苷酸还原酶	DNA 生物合成
锌	酪氨酸酶	皮肤色素淀积	钼	谷氨酸变位酶	氨基酸代谢
	碳酸酐酶	CO_2 的水合作用		黄嘌呤氧化酶	嘌呤代谢
	羧肽酶	蛋白质消化		硝酸盐还原酶	硝酸盐利用
	碱性磷酸酯酶	磷酸酯水解			

在表中所列金属酶中，对锌酶的研究已取得了较多的成果，认识到锌酶涉及生命过程的各个方面。例如，人体中重要代谢物的合成与降解都需要锌酶的参与，又如锌酶可以控制生物遗传物质的复制、转录与翻译。目前已分离出来的锌酶已超过 200 种。随着生物化学技术和微量分析技术的发展，对于金属酶必定会有更多的认识。

人类对上述“酶”的科学认识仅有 100 多年的时间，但不自觉地应用催化作用于生产那就有几千年的历史了。人们利用曲蘖发酵酿酒制醋就是大家都熟知的事例。无论是用麦芽酿制啤酒，还是用酒曲酿酒，其中都利用了酶的催化作用，将谷物中的淀粉分解为单糖，再由酵母菌发酵成酒。人类在炼金术时代已掌握了用硝石为催化剂生产硫酸的方法。虽然人类利用催化剂很早，但是研究和认识它却很晚。直到19世纪30年代，瑞典化学家贝采里乌斯才提出了“催化”和“催化剂”的名词以描述某些化学现象。后来，著名的化学家奥斯特瓦尔德通过对酸碱催化反应的研究，明确了“催化作用”和“催化剂”的定义。1895年，他指出：“催化现象的本质在于某些物质具有特别强烈地加速那些没有它们参与时进行得很慢的反应过程的性能。”“任何物质只要它不参加到化学反应的最终产物中去，而只是改变该反应的速度，那么它就是所谓的催化剂。”奥斯特瓦尔德因对催化作用的开创性研究和在化学平衡等物理化学方面的众多贡献，获得了1909年诺贝尔化学奖。

在争辩酿酒发酵过程是生物过程还是化学过程的论战中，1897年德国化学家布希纳（E. Buchner，1860—1917，图3-82）完成了精心设计的、堪称判定性的科学实验，实验证明存在着无细胞的生醇发酵，并称这一活泼的发酵制剂为“酿酶”。“酿酶”的发现，揭示了发酵本质上是一种“酶”促的化学反应过程。酿酶的实质是一种蛋白质类的催化剂。动物的唾液、胃液、胰液、胆液等都含有多种酶：水解淀粉的淀粉酶、水解蛋白质的蛋白酶、水解脂肪的脂肪酶……它们帮助完成食物的消化和新陈代谢等。这些酶统称为细胞外酶，它们的发现不仅翻开了生物新陈代谢研究的新篇章，而且还把酵母细胞的活力与酶的化学作用联系起来，推动了微生物学、生物化学、发酵生理学和酶化学的发展。对乳糖酸、醋酸、柠檬酸、油脂等的发酵研究进一步证实，发酵是一系列酶催化的反应过程。酶化学的应用就形成了生物技术上的“酶工程”，酶工程的研究对于酿酒、制醋、做酱、制糖及整个食品工业的发展都有着重要意义，对于医学、卫生学、生物学中某些问题的解决也有特殊的贡献。因此，布希纳荣获了1907年的诺贝尔化学奖。

图3-82　发现“酶”的德国化学家布希纳

在20世纪，催化作为一项重要的科学技术而倍受重视，最成功的典型就是催化作用在合成氨工业生产中的应用。实际上许多化工生产都离不开催化作用和催化剂。硝酸、硫酸等基础化工材料的生产，石油炼制、裂解、合成等都广泛地使用催化技术。例如，德国化学家齐格勒（K. Ziegler，1898—1973）和意大利化学家纳塔（G. Natta，1903—1979）研制出“三乙基铝—四氯化钛”络合催化体系，实现了低碳烯烃在常温低压下的定向聚合。

在研究、使用及开发催化剂的同时，化学家对催化机理进行了探讨。最早被提出的理论是中间化合物理论。人们以硫酸生产中，一氧化氮对二氧化硫氧化的催化作用为例，推测一氧化氮先与空气中的氧作用生成活泼的中间化合物，然后中间化合物再使二氧化硫氧化，它本身又复原为一氧化氮。当时，贝采里乌斯就持这个观点。后来的一些化学家，特别是英国的欣谢尔伍德，以碘蒸气为催化剂，进行乙醛蒸气的加热分解实验，发现均相催化的反应速率与催化剂的浓度成正比，而催化剂的浓度反应前后保持不变，因而证明了中间化合物理论是正确的。

第二种催化理论叫作多位催化理论。因为更多的催化反应是在多相中进行，而且在多相催化过程中，可以发现界面上的反应物浓度比体相中的浓度明显要高，这就促使化学家对表面化学和表面吸附现象进行研究。人们认识到催化作用与化学吸附有联系，化学吸附在很大程度上又与催化剂的表面状态有关。一般情况下，固体催化剂的表面是不均匀的，位于催化剂表面微晶的棱和顶角处的原子因为具有不饱和键而形成了活性中心。在催化过程中，只在活性中心处才有催化反应发生。催化剂制备工艺和毒物对催化活性的影响都表明这个理论是成立的。这一理论在 20 世纪 30 年代得到补充和发展，化学家进一步认识到，如果催化剂表面活性中心的空间结构与反应分子将发生变化的那部分结构呈几何对应关系，则被吸附的分子容易变形活化，即旧键较易松弛，新键较易形成。这叫作几何对应原理，它和能量对应原理一道丰富了多位催化理论。

在讨论多位催化理论的同时，1932 年美国化学家维格纳(E. Wigner，1902—1995)提出了催化活化过渡态理论，该理论又经研究分子碰撞理论的艾林和波拉尼的补充而得到完善。该理论认为反应分子经碰撞后接触到催化剂就成为一个活化过渡态，再转变为产物。由于催化剂表面活性中心的影响，被吸附的分子会变形而与催化剂形成活泼的吸附活化络合物，降低了反应活化能，促进了反应的进行。这一理论得到许多化学家的认可。

此外还有活性基团催化理论和半导体催化电子理论，它们也能解释某些催化过程。但总的来说，上述催化理论仍未能从根本上解决催化剂的选择问题，因此到了 20 世纪 60 年代后期，化学家在现代化学键理论和活性中心电子结构理论的基础上，通过两条途径来研究实用的催化剂及其机理。一是从模型催化剂出发，采用掺杂以及创造台阶表面或缺陷表面等方法改变催化剂的催化特性，并以实际结果对实用催化剂进行模拟；另一途径是从实用催化剂出发，对其表面特征和催化性质进行测定，为改进、制造新催化剂提供依据。

在催化理论和实践经验的引导下，分子筛催化剂得到迅速的发展和广泛应用，目前人工合成的分子筛的品种已超过 180 种。由于它们的晶体结构具有相当高的耐热、耐水稳定性，加上分子筛只允许比它孔径小的分子进出，因而具有特别的择形催化作用，使它在石油炼制、石油化工、环境保护等领域中有广泛的应用前景。总之,现代化工的巨大成就与催化剂的开发是分不开的,约有80%以上的化工产品都是借助于催化过程来生产的,可以说,没有催化剂就没有现代的化学工业。

催化反应除上述的均相催化和多相催化外,科学家最关注的是生物催化,上面讲的酶催化就是其主要内容。生物催化要求的反应条件温和,不像工业催化剂那样要求较高的温度、压力,通常是在常温低压下进行。由于生物催化具有优异的性能,所以成为最吸引人的研究对象。例如,自然界中存在固氮酶(豆科作物的根瘤中就有固氮酶),它能将大气中的氮转化为氨以供植物对氮肥之需。属于化学仿生学的模拟自然界中生物的固氮过程,意味着开发一个人为的化学过程来实现常温常压条件下的合成氨。这个模拟首先必须对天然的固氮酶结构,特别是活性中心有充分的了解,仅就这点而言就非易事,目前的研究尚处于初始阶段。生物催化方面的研究,对于了解生物体新陈代谢中酶和辅酶的作用、光合作用的机理,以及生命起源的探讨都是大有益处的,这一研究领域今后必将会大放异彩。

六、焕然一新的分析化学

分析化学可以形象地说是化学家手中的放大镜、显微镜，帮助认识物质由哪些元素或基团组成，再认识每种成分的数量或物质的纯度，最后还要了解物质中的原子彼此间是如何联结成分子或基团以及它们在空间又是如何排列的。分析化学又是化学学科走向社会、联系社会、服务社会的主要桥梁。从化学研究到工业生产，许多部门都倚重分析化学，因为人们利用资源、使用材料、组织生产都必须对其中的物质有所认识，即在科学研究、工业生产的诸多领域，对各种物质的了解必须有分析化学的帮助。

分析化学的新面貌

20 世纪以来，分析化学的蓬勃发展表现为三次巨大的变革。第一次是世纪之初的 30 年，物理化学的发展，特别是一些新的观念、新的理论及新的物理实验技术的出现，为分析化学提供了理论基础，分析化学不再是一门单纯的技术而逐步变成一门科学。第二次是第二次世界大战后的 30 年，由于物理学和电子学的迅速发展，一批建立在物理学最新成就和新的物理实验技术基础上的仪器分析方法开始在物质分析方面大显身手。第三次是从 70 年代末才开始的，由于电子计算机的发展和应用以及生命科学的发展，分析化学向着信息时代迈进。分析化学不再是只测定是什么和有多少，而是要提供更全面、更准确的结构和成分表征信息。从常量到微量及微粒分析，从组成到形态分析，从总体到微区分析，从破坏试样到无损分析，从离线到在线分析，等等，分析化学吸收了当代科学技术的最新成果，利用物质一切可以利用的性质，建立表征测量的新技术，不断开拓新领域，充分发挥它的潜在功能。这就是目前的分析化学。

在 20 世纪，尽管仪器分析法在一些领域内的应用显示出明显的优越性，但是对于含量较高组分的测定，经典的化学分析法往往较仪器分析有较高的准确度，更何况一些仪器分析的机理还必须遵从化学分析的原则。同时化学本身的发展，特别是理论的提高也为传统的化学分析技术的改进提供了理论的指导，因此传统的化学分析不仅没有因仪器分析的崛起而被淘汰，反而因不断改进而得到发展。

下面就以传统化学分析的主干——重量分析和容量分析为例作一说明。

在 20 世纪初期，由于结晶化学和胶体化学的发展，以及放射性同位素在化学反应机理研究中的应用，使重量分析法有了新的气象。首先是人们对沉淀形成的机理，沉淀条件对沉淀性质和纯度的影响，以及杂质混入的原因等，有了更深入的研究和了解。沉淀的性质和纯度对于重量分析法的准确度是至关重要的。30 年代，化学家们深入地考察了共沉淀现象，提出并掌握了获得质密、纯净、易于过滤的沉积的技术。这一技术明显地提高了重量分析法的水准，操作也更趋于科学，加上一些性能良好的有机沉淀剂的开发应用，改善并丰富了沉淀分离的手段。这些新型沉淀剂选择性高，生成的沉淀组成固定，烘干后可直接作为称重形式，简化了分析操作步骤，提高了分析速度。到了 20 世纪中叶，重量分析法以其新的水平，基本上满足了当时生产和科研的需要。

容量分析法的关键在于指示反应终点的指示剂的选择。20 世纪合成染料的迅速发展为其提供了大量性质优异的可供挑选的指示剂，从而使其应用范围得到拓展，同时其分析速度、精确度逐渐超过了重量分析法，成为化学定量分析的主要手段。其中 20 世纪 40 年代中期建立的应用氨羧络合剂特别是 EDTA 络合剂的络合滴定法，使容量分析法更上一层楼。到了 60 年代，近 50 种元素都已能用 EDTA 直接滴定，其他还有 16 种元素能间接滴定。这种方法能直接测定碱土金属、铝及稀土元素，弥补了容量分析的一个很大缺陷。因此，利用氨羧络合剂的络合滴定法受到普遍的重视，很快在黑色金属、有色金属、硬质合金、耐火材料、硅酸盐、矿石、冶金炉渣、化工材料、水质及环保等领域得到推广应用。

光学分析法的新进展

沿着光谱分析法的技术路线发展起来的光学分析法，主要是利用待测组分所显示出的吸收光谱或发射光谱来完成物质成分的检测（图 3-83），大致上可分为原子光谱法和分子光谱法两大类。原子光谱法是利用被测定组分的原子吸收或发射光谱的分析方法，它目前包括原子发射光谱法、原子吸收光谱法、原子荧光法、X 射线原子荧光法、质子荧光法等。分子光谱法是利用被测定组分形成的分子所产生的吸收光谱或发射光谱的分析方法，它目前包括可见—紫外分光光度法、红外光谱法、荧光分析、磷光分析、化学发光分析、拉曼光谱等。

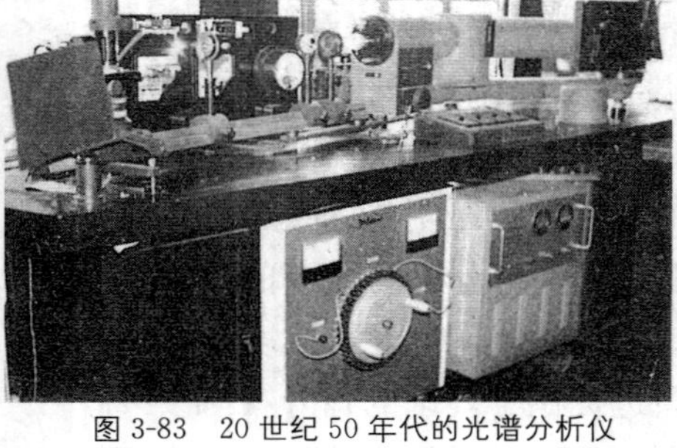

图 3-83　20 世纪 50 年代的光谱分析仪

在光学分析法中，光源对发射光谱分析的准确度和灵敏度起关键作用，因此科学家一直在寻找最理想的光源。在19世纪末，发射光谱分析普遍采用直、交流电弧和高、低压火花激发光源，其缺点是重现性较差。直到1965年，众多光谱学家才发现采用电感耦合等离子体作光源比较理想，所谓电感耦合等离子体即是利用气体放电产生的带电粒子（电子、离子）和中性粒子（原子、分子）的混合物，因其正、负电荷数相等，故称其为等离子体。这种技术得到的光谱实际上是等离子光谱。这种分析法的优点是光源稳定、重现性好，克服了长期以来对固体标样的依赖，激发温度高，基体效应小，检出限低，可达10^{-9}级；工作曲线的线性范围广，可达5—6个数量级；测定精度高，应用范围广，几乎可以分析周期表中所有的元素。在20世纪60年代末，化学家又把激光应用于发射光谱分析，实现了微区光谱分析。这是一种高灵敏度、高选择性、微量原子和分子的检测方法。80年代以来，已用这种方法对40多种原子和部分分子进行了测量。与电感耦合等离子光谱法相比，它不需要高纯氩气，样品不需经化学处理，而且分析速度快，可分析元素多，成本低。

原子吸收光谱分析法是建立在分散成蒸气状态的基态原子具有吸收同种原子辐射的特征光的性质基础上的定量分析方法。对于大多数元素来说，要使它们转变为气态原子蒸气还是相当困难的，因此这种分析方法起初只能用于天体物理学领域中研究太阳和星球周围的气体组成。直到1953年，英国物理学家沃尔什（A. Walsh，1916—1998）利用原子吸收光谱建立了新的吸收光度法。他使用自行设计的一台简单的原子吸收分光光度计，对多种痕量金属元素的分析获得了成功，从此这种分析方法开始有了实际应用。这种分析仪器一般由光源、原子化系统、分光系统及检测系统四个部分组成，其中关键的是原子化系统和光源。原子化系统的作用是使待测物质充分原子化，并形成稳定的原子蒸气。原子化的装置采用火焰原子化方式。在1956年，经过实验，选择了用乙炔——一氧化二氮火焰，它的燃烧温度高达3 000 ℃。将试样溶液随载气喷入高温火焰中燃烧，火焰的高温促使试样原子化。火焰原子化具有操作简单、迅速、适用范围广等优点，但也存在试样被载气、燃气所稀释而影响效率的问题。到了60年代，科学家又将火焰原子化方式改进为电热原子化装置，即将石墨炉蒸发法的原理用于原子吸收光谱法：将试样放在密闭的石墨管中（两端装石英窗），充以惰性气体，用交流电加热产生原子蒸气。这样既可达到较高温度，又可使吸收层中没有氧，还可使试样中的待测元素都进入吸收光路中，因此提高了分析的绝对灵敏度。随后的10年，多种类型的电热原子化装置相继出现。光源的作用是辐射待测元素的特征光谱，以供吸收测定之用。它既需要有高稳定性和强辐射能力，又要能发出强烈的待测元素的共振线辐射，而且没有自吸收和连续背景。目前常用的光源有空心阴极灯、蒸气放电灯、高频无极放电灯、可调激光器等。原子吸收光谱法由于具有灵敏、快速、简便、准确、经济等优点，所以发展很快，在冶金、化工、地球化学、农业、生化、制药等领域中得到广泛应用。

质谱分析和放射化学分析法

1910 年，时任英国剑桥大学三一学院卡文迪许实验室主任的 J. J. 汤姆孙急需聘任一位擅长制作仪器，并有一定实验技巧的助手。经推荐，阿斯顿来到了汤姆孙的身边。汤姆孙交给助手的首要任务是改进曾使他测得电子荷质比的气体放电实验装置，以提高其测试的精度。很快，阿斯顿不仅改进了装置，还重新设计了实验方法。他通过实验证明氖气存在着两种同位素，支持了索迪提出的同位素假说。第一次世界大战结束后，阿斯顿立即回到了卡文迪许实验室，对原先使用的装置进行改造，发明了质谱仪。有了这台新仪器，他可以精确地测定各种同位素的质量和丰度。短短几年间，阿斯顿用质谱仪研究了 30 多种元素，证明它们都是两种以上同位素的混合体。就这样，老师汤姆孙揭开了研究原子复杂结构的序幕，开辟了 20 世纪科学革命的先河；学生阿斯顿研制了质谱仪，丰富和发展了元素的概念及元素学说。这些突出的成就当然会使人们对质谱分析刮目相看。质谱仪的质量也随之得到不断的改进而日益完善。其测量的精确度，1919 年为 1/1 000，1925 年上升至 1/10 000，1937 年又提高了 10 倍，到 1940 年达到了 1/1 000 000。

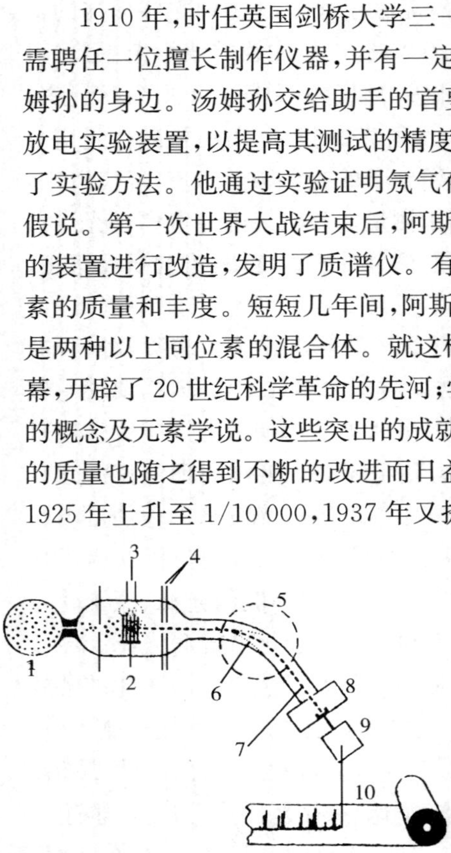

1.样品室 2.离子源 3.灯丝 4.加速场
5.磁场 6.未聚焦的离子束 7.已聚焦的离子束
8.检测器 9.放大器 10.记录器

图 3-84　简单的质谱仪示意图

质谱分析法的基本原理是使试样中各种组分在离子源中发生电离，生成不同荷质比的带电离子，经加速电场的作用，形成离子束，再进入质量分析器，利用电场和磁场的作用，使其发生相反的速度色散，最后将它们分别聚焦而得到质谱图，由质谱图就可以确定其质量。它既可以测定同位素的质量，又可以进行例行的元素分析。一个简单的质谱仪如图 3-84 所示。

随着离子光学理论的发展，通过对离子运动规律的理论研究，发现适当的电场和磁场的组合具有速度聚焦的特性。1934 年科学家阐述了双聚理论，次年便依据这一理论改造了质谱仪，制成了双聚焦质谱仪。新型质谱仪的分辨率显著提高，为精确测定核素质量和固体分析创造了更好的条件。20世纪40年代,又试用火花离子源于质谱分析获得成功,这不仅提高了仪器的灵敏度,还使质谱仪可以用来对金属和非金属进行例行的元素分析。50年代,质谱仪进一步扩大了使用范围,它可以测定在一定热稳定性范围内的可挥发性的物质,以及对非挥发性的固体样品及有机物分子进行鉴别。当然质谱分析法最常用的领域仍是元素原子量的测定。

1950年,美国化学家尼尔(A. O. Nier,1911—1994)首创采用高富集同位素标定质谱仪,并以^{12}C为标准使用质谱法来测定各种核素的原子量。以$[^{12}C]=12$为原子量的标准的建议在1960年被国际纯粹与应用化学协会所接受,现行的元素原子量就是以$[^{12}C]=12$为基准的,由此可见质谱法在原子量测定中的重要作用。在用质谱法测定原子量时,必须同时测定元素同位素的丰度,因为元素的不同来源,其同位素的丰度会有差别,就会造成测得的某些元素的原子量并非固定不变,这就是为什么至今每两年还要对原子量表进行修正。仅从1962年到1969年,就修正了16种元素原子量的精确数值。

质谱法应用于有机物分子的鉴别,主要是对石油馏分中复杂烃类混合物进行分析。此外,质谱法还用于测定有机物的结构,开拓了有机质谱的新领域。质谱分析技术的纵横发展,产生了许多分支。例如,20世纪60年代出现了二次离子质谱仪,它是利用一次离子作为探针轰击分析试样的表面,产生样品原子或分子的二次离子,然后利用质量分析系统对二次离子进行质谱分析,这样可以获得样品表面上同位素的分布图。又如70年代末80年代初发展起来的串联质谱及软电离技术,使质谱应用扩大到生物大分子,成为这方面研究的前沿。串联质谱采用大气压电离源,测量范围扩大到分子量为10万的生物大分子,灵敏度达到10^{-12}—10^{-15},应用于生物医学、药物、生物工程领域。

1911年,出生于匈牙利的化学家赫维西(G. C. Heves,1885—1966)来到英国曼彻斯特大学卢瑟福实验室,卢瑟福建议他进行镭D(即^{210}Pb)的研究。他试图分离铅和镭D,但几经失败。后来,他反过来利用同位素之间难以分开的特点,在1923年创立了放射性元素示踪方法。他利用^{210}Pb作示踪物,测定铬酸铅的溶解度获得成功,表明这一方法具有现实的应用前景。许多化学家投入研究,使这种方法很快成为分析化学的一个方法。应用放射性同位素于分析化学,大致上可以分为两大类:一类是利用放射性同位素研究分析化学的理论问题,例如共沉淀吸附、萃取、色层分离、溶解度等研究;第二类是利用放射性同位素进行定量分析。

应用放射性同位素进行定量分析的第一种方法——放射性沉淀法于1925年创立。其基本原理和方法是将分析试样经过适当的化学沉淀处理后加入放射性指示剂(标记沉淀物),或同时加入放射性指示剂和沉淀剂使所测定的组分沉淀,将沉淀和溶液分离后，通过测定沉淀或溶液的放射性可计算出待测组分的含量。与经典重量分析法相比，该方法可利用沉淀反应测定少量甚至微量的组分，而且沉淀无需烘干或灼烧，只要求沉淀在一定条件下组成不变而无需知道它的确切组成。另外，沉淀混有少量杂质也无需洗涤除去。

1933 年赫维西又提出了同位素稀释法，用镭 D 作指示剂测定花岗岩中的微量铅。1939 年同位素稀释法得到发展，推出了计算公式，阐明了方法原理，并用于测定氨基酸。这一成功引起了广泛关注，使该法在生物化学领域得到推广。这一方法的最大优点是不必定量地分离出待测元素或化合物。1941 年，美籍捷克化学家兰格（A. Langer，1909—?）发明了放射性滴定法，这是一种以放射性核素为指示剂的容量分析法。在放射化学定量分析法中，后来发展最快、应用最广、最具特色的是活化分析法。活化分析的基本方式是将试样和标准样在同样条件下用中子或带电粒子照射，使待测元素转变为某种放射性同位素，然后在同样条件下测量试样和标准样的放射性，比较两者的强度就可计算出待测元素的含量。20 世纪 50 年代，由于核反应堆和闪烁探测器的出现，扫除了活化分析的一些障碍，使该法有了新的提高。活化分析在 50 年代后能得到迅速发展，还由于科学技术对超纯物质的要求日益苛刻，而活化分析顺应了这一要求，对解决反应堆材料、半导体材料、矿石、陨石、医药及生物试样中超微量元素的测定问题发挥了重要作用。70 年代以来，由于辐射设备和各种探测技术不断改善，促使活化分析在材料科学、海洋学、环境科学、生物学、医学、地球化学、宇宙化学、考古学等众多领域得到应用和发展。

色谱分析法的崛起

色谱法又叫色层法、层析法。起初，它是作为一种分离手段而被应用。它的主要原理是，混合物中的不同组分通过相对运动的流动相和固定相时，因它们具有不同的分配系数而被分离。分离后的各组分可以进行定性、定量测定。严格来说，色谱法发展成一种常用的分析方法是在 20 世纪 50 年代以后，化学家将其发展和推广，成为分析化学中最富于活力的一个领域，当今在有机化学、生物化学及制备化学研究中几乎是不可或缺的，特别在复杂的有机物的分析中充分展示了其优势。在化学家的共同努力下，它已发展出气相色谱法、液相色谱法、凝胶色谱法、离子色谱法、电泳、薄层层析等多项分析技术，成为应用最广的分析技术。

在俄国植物学家茨维特（图 3-85）创立层析分析法 25 年后的 1931 年，德国化学家库恩（R. Kuhn，1900—1967，图 3-86）利用色层法在纤维状氧化铝和碳酸钙构成的吸附柱上，将结晶状胡萝卜素分离成 α 和 β 两种同分异构体，并确定了它们的分子式。同年他又用此法确定了维生素 A 的结构。1933 年他又从脱脂牛奶中分离出 1 克核黄素(维生素 B_2),并制成结晶后测定了它的结构。此外,他还从蛋黄中分离出叶黄素。库恩因在维生素和胡萝卜素的分离和结构分析方面的研究成果荣获了 1938 年诺贝尔化学奖。这次授奖的一个间接意义就是宣传和推广了色谱法,因为库恩的实验采用的是当时并不被看好的色谱法。

图 3-85　创立色谱法的俄国植物学家茨维特

图 3-86　奥地利化学家库恩

库恩根据自己的实践,特意指出应用色谱法时应特别注意吸附剂的选择,从而促使化学家们加强了对吸附剂的研究,并陆续开发出许多具有高度活性和选择性的吸附剂,还认识到吸附剂的质量不仅与其化学组成相关,而且也与其制备过程及预处理有关。经过 10 多年的研究和筛选,逐渐被看好的无机吸附剂有氧化镁、碳酸钙、硅酸镁、硅胶等。在 20 世纪 40 年代,化学家应用色谱法成功地分离了甾醇、甙类、酯类、胡萝卜素类、硝基苯类、叶绿素、萘醌、脂肪酸、氨基酸等有机物。此外,化学家还利用活性炭作吸附剂分离过糖类、氨基酸及脂肪酸等。在库恩之后,有 20 多个诺贝尔科学奖(主要是化学奖和生理学及医学奖)得主在自己的研究领域中取得重大突破都是得益于色谱法的帮助。

1935 年,由于人工合成的离子交换树脂的发明,使色谱法在无机化学和分析化学中的应用发展到新阶段。这种分离技术实用、简便。例如,在 40 年代,人们发现采用多种离子交换树脂搭配就可以将海水中大部分盐类除掉而制成淡水,这种装置曾是海上救生艇的重要附件。人们还可以应用离子交换树脂从人造丝工厂废水中回收铜,从照相废水中回收银,从贫铀矿中提取铀,以及用于超铀元素和稀土元素的分离,在地球上极难找到的 61 号元素钷就是用离子交换色谱法从裂变产物中发现的。

由于离子交换树脂表现出卓越的分离效能,促使化学家对离子交换机制和其交换平衡理论展开研究，并取得了进展。1950 年研制成离子交换膜，并很快成功地应用于电渗析脱盐的工艺中。60 年代，为适应尖端技术的发展，又研制出耐压、耐磨、高交换速度、能交换或吸附高分子化合物的大孔离子交换树脂，在选择性地分离稀有金属、贵金属以及环保、医药、仿生高分子等方面都有广泛应用。

图 3-87　英国化学家马丁和辛格

一种蛋白质中有多少种氨基酸，是个常题，又是个难题，因为有些氨基酸在化学性质上彼此相近，用一般化学方法几乎不可能将它们完全分开，化学家只好求助于离子色谱法。1941 年英国化学家马丁(A. J. P. Martin，1910—2002，图 3-87 左)和辛格(R. L. M. Synge，1914—1994，图 3-87 右)进行了尝试，他们把各种氨基酸的混合液倒入以淀粉为填料的色谱柱中，使所有的氨基酸都附着在淀粉颗粒上，再把它们慢慢地从柱上淋洗下来，每一种氨基酸都以它特定的速度在柱中下移，从而在柱下能将各种氨基酸分别收集起来，再用化学药品进行处理，使氨基酸变成有色液体，通过分光光度计测量颜色深浅即可知道氨基酸的数量。后来他们发现用滤纸代替淀粉色谱柱更为简便，从而发明了分配色谱法，用这种新技术能准确估计出各种蛋白质的氨基酸含量，例如测出一种被称为“血清白蛋白”的蛋白质分子总共由 18 种 526 个氨基酸构成，分子量约为 69 000。这种方法不仅可用于分离、测量各种氨基酸构成的混合液的组分，还可以用于分离类胡萝卜素等许多生物分子，它已成为生物化学、分子生物学研究的基本方法。马丁、辛格也因此贡献而获得了 1952 年诺贝尔化学奖。

1952 年，马丁等利用层析法来分离气体时，又发明了气相色谱分析法。1956 年化学家又发明了高效玻璃毛细管色谱柱，以它替代填充式的玻璃色谱柱，又一次提升了色谱法的水平。总之从 60 年代起，色谱法与其他技术的联用，已成为分离鉴定复杂挥发性有机物的最有效手段。70 年代，色谱法发展的重要成果是高效液相色谱的崛起，其与经典的液相色谱相比具有效率高、速度快、灵敏度高等优点，它更适用于分离测定高沸点、热稳定性差、分子量较大和具有生理活性的物质，因而广泛地用于核酸、肽类、内酯、高聚物、药物、人体代谢产物、表面活性剂、杀虫剂等的检测。可以预见，各种新型的色谱法将在科研、生产、生活中发挥更重要的作用。

电化学分析法的演进

电化学分析法是建立在溶液电化学性质上的化学分析方法。它大致上分为三类：一是既不涉及双电层，又不涉及电极反应的方法，主要有电导分析法、高频电导滴定等；二是涉及双电层，但不涉及电极反应的方法，例如通过测定表面张力或非法拉第阻抗而测定浓度的分析方法；三是涉及电极反应的方法，包括电位分析法、电解分析法、库仑分析法、极谱法和伏安法等。

根据法拉第电解定律建立起来的电重量分析法在19世纪下半叶曾风靡一时，但由于它耗时长，难精确，在20世纪初即被淘汰，现在只用于教学。此后发展起来的电容量分析法，则由于本身存在难以克服的缺陷，在使用上受到一定限制。针对电化学分析方法发展中的经验和问题，特别是通过对双电层理论和毛细管现象的研究，捷克化学家海洛夫斯基(J. Heyrovsky，1890—1967，图3-88)基于极汞电极的实验，于1922年提出了极谱分析法。该法是通过测定电解过程中的电流—电位(或电位—时间)变化曲线来确定溶液中被测成分的浓度，它与其他电化学分析法的区别在于电解池中使用一个极化电极和一个去极化电极。起初，这一方法并不被化学家所认同，直到1925年海洛夫斯基和日本化学家志方益三合作设计了第一台极谱仪(图3-89)。该仪器虽然比较简单，但其测试灵敏度已接近10^{-5}。从30年代起，海洛夫斯基继续积极研究和阐明极谱仪的机理。1936年捷克化学家伊尔科维奇(D. Ilkovich，1907－1980)提出了扩散电流理论，导出了扩散电流与其浓度之间的关系式，奠定了经典极谱分析的理论基础。在此基础上，海洛夫斯基应用扩散电流理论和能斯特方程式导出了极谱波方程，建立了极谱定性分析的理论依据，就这样他逐渐创立并发展了极谱学。同时，他为极谱法的推广、应用及宣传做了大量工作，终于让化学界认识了这一新的电化学分析技术。由于有更多的化学家投入极谱学和极谱分析技术的研究，使极谱分析不仅从理论到应用都得到了发展和完善，而且还派生出许多新方法和新技术。到了

图3-88 捷克化学家海洛夫斯基

图3-89 海洛夫斯基和志方益三设计的第一台极谱仪

20世纪60年代，由于使用了"溶出伏安法"和"催化示波极谱法"，极谱分析的灵敏度继续得到提高。经长期不断改进的极谱分析，至今已成为电分析化学中最重要、最成功的一种方法。

通过上述简单的历史回顾，可以清楚地看到，20世纪的物理学、化学、电子学、数学、生物技术以及多种新技术的成就，使物质分析的手段日新月异。分析化学的发展，使其经典的定义、原理、方法以及技术和装备，都发生了根本变化。与经典分析化学密切相关的主要是定性的分析系统、重量法、容量法、溶液反应、四大平衡，其基本原理是化学热力学、化学动力学；而与现代分析化学密切相关的却是化学计量学、过程控制、传感器、自动化分析、界面、胶束介质、生物技术和生物过程，还有微型化带来的微电子学、微光学、微工程学等。由此可见，现代分析化学已经远远地突破了化学的概念，超出了化学的领域，将化学与数学、物理学、生物学、计算机科学紧密地结合起来，发展成一门综合性学科。

七、碳氢一族面面观

建立了经典的有机结构理论以后，从19世纪末开始，化学家对有机物的研究对象逐渐从简单的酒石酸、柠檬酸、尿素之类扩展到较为复杂的多糖类(淀粉)、维生素、胡萝卜素，乃至蛋白质、核酸、胰岛素等生物大分子，从性质、组成到结构逐步深入地认识它们。化学家不仅能分离、分析并测定它们的组成和结构，剖析它们的官能团的功能和作用机理，还能反过来，由最简单的小分子逐步合成它们，特别是那些生命活动必需的胰岛素、蛋白质、核酸等。随着研究的深入，有机化学的内容不仅包括了天然有机物的研究，更受关注的是与生命活动有关的生物化学研究，使生物化学发展进入分子生物学的新阶段。目前分子生物学已成为21世纪的前沿科学。

天然产物有机化学

在种类繁多的动、植物体内，存在着各种天然有机化合物，例如生物碱、蛋白质、核酸、甾族化合物、萜类化合物、叶绿素、维生素、激素、抗菌素、毒素及糖类化合物等。对这些化合物进行提取、分离，测定其化学性质和药理功能，确定性质与结构的关系，乃至对它们进行生物合成或人工全合成的研究很自然地成为20世纪化学家们的奋斗目标。下面以碳水化合物、生物碱、蛋白质、核酸、维生素为例介绍化学家研究这些具有生理活性的化合物所取得的丰硕成果。

图3-90　德国化学家费歇尔

到1894年，德国化学家费歇尔(E. Fischer，1852—1919，图3-90)已弄清了20多种糖的结构式，在己醛糖的16个旋光异构体中，有12个是他鉴定出来的。费歇尔成功地解决了长期困扰化学家的糖的结构问题，加上他对嘌呤类物质的出色研究，荣获了1902年诺贝尔化学奖。到19世纪末，大部分单糖的结构已能确定，但是对由单糖构成的低聚糖和多聚糖的结构仍然一无所知。以英国霍沃思(W. N. Haworth,1883—1950,图 3-91)为代表的一批化学家致力于糖的结构研究。通过大量实验,明确了葡萄糖、甘露糖等单糖具有环状结构;根据低聚糖可以水解为单糖,进而确定了蔗糖、麦芽糖、乳糖等的结构,它们都是以氧桥连接起来的双糖。他们进一步测定了淀粉、纤维素的化学结构,特别是应用 X 射线衍射技术和电子显微镜,将这些多聚糖的结构也弄清楚了。1933 年霍沃思研究确定了维生素 C 是己糖的衍生物,并合成了它,这是人工合成维生素的首个案例。霍沃思也因揭示了单糖的环状结构和合成维生素 C 而获得了 1937 年诺贝尔化学奖。费歇尔和霍沃思等人的工作奠定了碳水化合物研究的基础。从 20 世纪 40 年代起,碳水化合物的研究向多方向拓宽,例如氨基糖、脱羟糖、支链糖的研究、淀粉和纤维素资源的广泛研究、大分子聚糖类化学的建立以及聚糖蛋白、聚糖脂类化学的开拓,都已取得丰硕的成果。

图 3-91 合成维生素 C 的英国化学家霍沃思

在自然界中有一类呈碱性的含氮有机化合物,其中不少都具有显著的生理效能,被称为生物碱。生物碱中的氮原子很多是以杂环形式存在的,如吡啶、喹啉、异喹啉、吲哚等,它们和柠檬酸、苹果酸、草酸、酒石酸等有机酸结合成盐存在于植物体内。例如,从槟榔种子中提取的槟榔碱有驱虫作用,特别对绦虫、蛔虫、姜片虫较为有效;吐根树的根中所含的吐根碱是抗阿米巴病的特效药;存在于黄连及其他小檗属植物中的黄连素是一种广谱的抗菌药。吗啡能安神,喹啉能治疟疾,许多中草药之所以能用来治病,就是因为其中含有某种生物碱。但由于生物碱具有复杂的结构,在 20 世纪以前,化学家虽然知道它们,但是对它们的研究却举步维艰。例如吗啡碱,化学家在 1806 年就从鸦片中分离出它,但是直到 1925 年才搞清它的结构,1952 年才完成它的全合成,花费了一百多年。

20 世纪在生物碱研究领域取得突出成绩的,主要有三个代表人物。第一个是德国化学家威尔施泰特(R. M. Willstatter,1872—1942,图 3-92),他是拜尔的学生,一直对合成药物感兴趣,1894 年就以研究古柯碱的结构作为博士论文的题目,但直到 1923 年他才完成古柯碱的合成。他从 1898 年开始研究了多种生物碱,提出了它们都含有氮,结构复杂,且有显著的生理作用,从而给生物碱以科学的定义。他研究了颠茄碱的结构,并以 18 步的合

图 3-92 德国化学家威尔施泰特

成证明了他提出的结构式是正确的。1905年他转向研究叶绿素等植物色素的化学结构，并阐明了血红素的结构特征。他在莨菪碱、蛋白酶、糖酶、脂肪酶等生物分子研究中也有建树，因此获得了1915年诺贝尔化学奖。第二个是英国化学家罗宾逊(R. Robinson，1886—1975，图3-93)。他一生除了从事教学外，主要从事生物碱和色素的研究。他于1917年合成了颠茄酮，为大规模地生产这种重要药物开辟了道路。1924年首次测定了罂粟碱和尼古丁(又称烟碱)的化学成分和结构。1925年测出了吗啡的分子结构式。1945年确定了盘尼西林的分子结构。1946年和美国的伍德沃德一起确定了马钱子碱(又称番木鳖碱)的复杂结构。他还用电子理论描述了有机化合物的结构，同时他所提出的分析原理为人们对生物碱的研究(制取、提纯、结构测定及合成)提供了帮助。植物色素分三大类：叶绿素、类胡萝卜素、花色素。罗宾逊对花色素进行了研究，指出它是以与葡萄糖缩合成糖甙的形式而存在，若将花色素糖甙用稀酸水解，则得到的葡萄糖和花色素都具有一定的生理效能。由于他在天然有机物方面，特别是生物碱和花色素研究中的开创性工作，被授予了1947年诺贝尔化学奖。第三位则是美国著名化学家伍德沃德，他在天然有机物全合成方面做出的贡献是无与伦比的。他的合成生涯是从1944年合成奎宁开始的，表3-4、表3-5列出了他的部分成果。

图3-93　英国化学家罗宾逊

表3-4　伍德沃德完成的天然产品合成

编号	年份	天然产物	编号	年份	天然产物
1	1944	奎宁	9	1956	利血平
2	1949	常绿钩吻素	10	1959	玫瑰树碱
3	1950	棒曲霉素	11	1960	叶绿素
4	1951	胆固醇	12	1962	四环素
5	1951	可的松	13	1963	秋水仙碱
6	1954	马钱子碱	14	1965	头孢霉素C
7	1954	麦角酸	15	1973	维生素B_{12}
8	1954	羊毛甾醇	16	1981	红霉素

表 3-5 伍德沃德完成的化学结构测定

编号	年份	天然产物	编号	年份	天然产物
1	1945	青霉素	7	1956	碳霉素
2	1948	马钱子碱	8	1958	胶霉素
3	1949	棒曲霉素	9	1960	竹桃霉素
4	1952	土霉素	10	1963	链黑菌素
5	1952	金霉素	11	1964	河豚毒素
6	1954	藜芦素			

伍德沃德的成功，除了天赋外，还在于他善于学习，注重创新。他每做一项实验研究前，对相关课题的前人工作资料，特别是论文中的实验细节，都要认真阅读，仔细推敲，以便更好地吸取别人的经验，丰富自己的知识。在合成方法上，他很注意革新，在构建实验步骤即合成路线上勇于探索，这样，他在合成技巧上就逐渐超越了他的老师和同行。在他一生的合成生涯中，难度最高、规模最大、影响最为深远的要数维生素 B_{12} 和红霉素的全合成了。维生素 B_{12} 是人们迄今发现的最复杂的天然有机物之一，它对人体维持正常生长和满足营养需求，对上皮组织细胞的正常新生以及神经系统髓磷脂和红细胞的产生都有极其重要的作用。自英国化学家霍奇金在 1964 年完成维生素 B_{12} 的结构测定后，近百名训练有素的化学家在伍德沃德的组织和指导下，于 1973 年完成了其全合成。红霉素也是在伍德沃德的周密计划和创新理论指导下，集中了几十名造诣很深的研究人员，历时 20 多年才完成其全合成，这个创新理论就是伍德沃德和他的学生霍夫曼提出的“分子轨道对称守恒原理”。

从 19 世纪到 1952 年化学家只发现了 900 多种生物碱，而在 1953—1962 年的 10 年间又发现了 1 100 多种生物碱，1963—1973 年间发现的生物碱增加到 3 443 种以上。可以说，对生物碱的研究，体现了整个现代有机化学的发展水平。

蛋白质是一类由多种氨基酸结合而成的有机高分子化合物，分子量为 6 000～1 000 000，有的甚至更大。蛋白质是主要的生命基础物质之一，具有催化作用的各种酶和调节生理机能的某些激素都是蛋白质。没有蛋白质的作用，脱氧核糖核酸和核糖核酸的复制，信息的转录，遗传密码的翻译，高级动物的自身免疫，氧气的传递都是无法进行的。化学家关于蛋白质的研究可以说基本上是从两个认识角度展开的，一个是把蛋白质当作生命体的一种含氮组分的单一整体来看待，另一个是把蛋白质作为各种氨基酸的复合产物来研究。到 19 世纪末，化学家已发现了 12 种氨基酸，但是关于蛋白质是什么，仍是一个谜。

1902年,费歇尔提出了蛋白质结构的多肽理论,认为蛋白质是由许多氨基酸以肽键形式连接成的多肽的长链高分子化合物,这一理论由于20世纪初兴起的胶体化学的影响而被动摇,许多化学家都相信蛋白质是一种胶体。1922—1925年,德国化学家施陶丁格(H. Staudinger,1881—1965)在研究天然橡胶的分子结构时,提出了"大分子"的概念,并证明橡胶大分子是由简单的单体以正常的化学键相连而成的线性长链聚合物,这才逐步改变了化学家对蛋白质结构的误解。1925年,瑞典化学家斯维德贝里发明了超速离心机,用来测定蛋白质的分子量。1926年美国化学家萨姆纳(J. B. Sumner,1887—1955,图3-94)首先得到结晶的蛋白质——脲酶,并证明它是球蛋白,表明蛋白质不是一般意义上的胶体,从此蛋白质是由多种氨基酸连接成的大分子的观念才确立起来。1937年瑞典化学家蒂塞利乌斯(A. W. K. Tiselius,1902—1971,图3-95)发明了电泳法。1941年英国的马丁和辛格建立了色层析法和纸层析法,使蛋白质和氨基酸的分离、提纯及鉴定越来越精确。应用X射线衍射法分析生物大分子的技术也得到不断改进,使得蛋白质的晶体结构分析的速度加快,分辨率也越来越高。这些分析技术的发展提高了化学家对蛋白质、氨基酸等生命物质的研究能力。1945年以后,蛋白质的研究已进展到对多肽链中氨基酸的排列顺序进行测定。1945年,英国化学家桑格(F. Sanger,1918—2013,图3-96)所领导的蛋白质研究组开始研究胰岛素的结构,对于这个结构较简单的蛋白质,他们经过10年的努力,才完成了它所含的51个氨基酸的序列分析,准确地了解了其结构与功能之间的关系,为蛋白质的人工合成或生物合成提供了必要基础。此后,许多国家的化学家试图人工合成胰岛素。中国化学家钮经义(1920—1995)、邢其毅(1911—2002)、汪猷(1910—1997)领导的研究组于1965年首次完成了人工牛胰岛素的合成。肯德鲁和佩鲁茨的研究团队经过10年的努力,在1957年运用蛋白质分子空间结构X射线衍射分析方法,得到了球蛋白分子的精确的三维空间结构的清晰图像,随后又测出了马血红蛋白分子和鲸肌红蛋白的三维空间结构,得到了科学界的高度评价。这些成果的取得表明有更多的蛋白质分子将被人们

图3-94　美国化学家萨姆纳

图3-95　瑞典化学家蒂塞利乌斯

图3-96　英国化学家桑格

认知。

核酸是一种具有储存、复制生物体遗传信息和控制蛋白质合成功能的生物高分子，是重要的生命基础物质之一。它常与蛋白质形成复合物——核蛋白体，并以这种复合物来协调生命活动。核酸分为核糖核酸 RNA 和脱氧核糖核酸 DNA 两大类，前者分子量为 10^4—10^6，后者为 10^6—10^9。核酸存在于动、植物及微生物的细胞中，是细胞核的主要成分。人们对它的认识因为隔着细胞膜，不像蛋白质那样可以直接获得，所以它的发现比蛋白质约晚了 30 年。1869 年瑞士生理学家米舍尔（J. F. Miescher，1844—1895）用胃蛋白酶水解化脓细胞，分离出一种不同于蛋白质的含磷物质，他称之为“核质”，后来判明它实际上就是核蛋白体，这一般被认为是关于核酸的最早发现。不久，发现该“核质”呈酸性，故名核酸。自此以后，科学家在各种动、植物组织内都找到了核蛋白体，并将其中的蛋白质分开而得到了核酸。

图 3-97　德国生理化学家柯塞尔

1885—1901 年间，德国生理化学家柯塞尔（K. M. A. Kossel，1853—1927，图 3-97）研究证明，核酸普遍存在于细胞中，在不同的细胞中，核酸含量不同。他还从核酸的水解产物中发现了腺嘌呤、胸腺嘧啶、野靛碱、尿嘧啶四种有机碱，指出核酸主要由上述四种不同碱基以及磷酸和糖组成。由于这项研究成果，柯塞尔获得了 1910 年诺贝尔生理及医学奖。与此同时，德国化学家费歇尔和他的同事研究了嘌呤类化合物，合成了 150 多种嘌呤衍生物，并将它们作为一个整体加以考虑和阐述，这些工作无疑为核酸的深入研究创造了条件。在 20 世纪核酸研究的众多成果中，英国化学家沃森和克里克发现 DNA 的双螺旋结构具有划时代的意义，这个结构模型揭示了基因自我复制的分子基础，标志着分子生物学的诞生，使人们可以在分子水平上研究生物现象，因此它被誉为 20 世纪生物学领域最伟大的发现。

图 3-98　德国化学家瓦拉赫

萜类化合物是指通式为$(C_5H_8)_n$的链状或环状烃及其含氧化合物。它们大多数存在于植物的精油和树脂中，例如柠檬油中的柠檬烯，松节油中的 α 和 β 蒎烯，香樟中的樟脑等。通俗地说，萜类化合物是芳草油的主要成分之一。首先对这类化合物进行系统研究的是包括霍夫曼在内的一批德国化学家，成绩最显赫的是瓦拉赫（O. Wallach，1847—1931，图 3-98）。他关于萜类化合物的研究，与开创糖类化学研究新纪元的费歇尔很相似，具有开拓性质。他和他的助手测定了一系列萜烯化合物的结构式，并研究了其结构与性质的关系。他们的研究工作推动了整个脂环类化合物的研究，并进一步推动了甾族化合物和类胡萝卜素的研究。由于对萜类化学的巨大贡献，瓦拉赫获得了 1910 年诺贝尔化学奖。

图 3-99　瑞士化学家卡勒

进入 20 世纪以后，随着结构测定技术的进步，化学家发现了更多新型的、结构复杂的萜类化合物。萜类合成化学也有较大的进展，一方面表现在成本较低的合成方法上，使包括香料在内的萜类化合物生产得到发展；另一方面表现为能陆续合成许多以前难以合成的化合物，特别是某些有价值的药用萜类化合物。最重要的例子就是瑞士化学家卡勒（P. Karrer，1889—1971，图 3-99）阐明了类胡萝卜素、维生素 A、维生素 B_2 的结构，并证明核黄素是维生素 B_2 的重要组成部分；德国化学家库恩发现并提纯了 6 种类胡萝卜素，还测定了它们的结构，提纯了核黄素并阐明了其结构。他们两人皆因在萜类化学方面的贡献，分获 1937 年和 1938 年诺贝尔化学奖。

甾族化合物又称类固醇，是一类环戊烷多氢菲类化合物的总称，它们广泛存在于自然界中。很多甾族化合物具有特殊的生理功能，例如激素、维生素等都是重要的生物调节剂，在生命活动中起着十分重要的作用。相比生物碱和萜类化合物，人们对甾族化合物的研究起步较晚。德国化学家温道斯（A. O. R. Windaus，1876—1959）于 1901 年开始研究胆甾醇（又称胆固醇），不仅完成了胆甾醇的结构测定，还阐明了胆甾醇的组成与维生素的关系，成绩卓著，实际上是甾族化学的创始人，他也因此荣获了 1928 年诺贝尔化学奖。德国化学家威兰德（H. O. Wieland，1877—1957）早年致力于有机含氮化合物研究，1912 年开始研究胆汁酸，弄清了胆酸、胆汁酸与胆甾醇的关系，还探索了胆甾醇分子中某个特定部分的氧化作用。因为他的研究不仅是甾族化学的开创性成果，同时对生理学、生物化学都具有重要意义，因而被授予了 1927 年诺贝尔化学奖。作为温道斯的学生，德国化学家布特南特（A. F. J. Butenandt，1903—1995）从 1929 年开始研究从孕妇尿液中分离出来的雌酮，迈出了研究性激素的关键一步。随后他又研究了雄甾酮和睾丸甾酮，不仅测定了这些激素的化学结构，还阐明了它们在结构上的密切联系。由于他在这一领域的开创性研究成果而获得了 1939 年诺贝尔化学奖。与布特南特分享 1939 年诺贝尔化学奖的还有瑞士化学家卢齐卡（L. Ruzicka，1887—1976），他也从事性激素的研究，在 30 年代，他先后确定了睾丸激素中几种雄性激素的分子结构，并将它们合成出来。此后，化学家从人尿和其他动物尿液中分离出多种性激素，测定了它们的结构，并完成了合成。图 3-100 是上述对甾族化学做出杰出贡献的四位化学家。

图 1-100　对甾族化学做出杰出贡献的四位化学家：温道斯、威兰德、布特南特、卢齐卡

元素有机化学

元素有机化合物是指除氢、氧、氮、硫和卤素之外的元素与碳直接结合成键的有机化合物，它包括金属有机化合物、有机磷化合物、有机氯化合物及硼、硅、砷与碳成键的化合物。许多元素有机化合物在科学实验和工农业生产上有着重要意义。例如，格利雅试剂是常见的有机试剂，三甲基硼是高能燃料，三乙基铝是烯烃低压聚合催化剂的组分，四乙基铅是内燃机使用的抗震剂，氯化乙基汞和乙酸苯汞是种子的杀菌剂，敌百虫是农业上的杀虫剂，硼氢化试剂、维蒂希试剂、锆氧化试剂、锡氧化试剂、有机铜试剂等都是有机合成中非常重要的试剂。

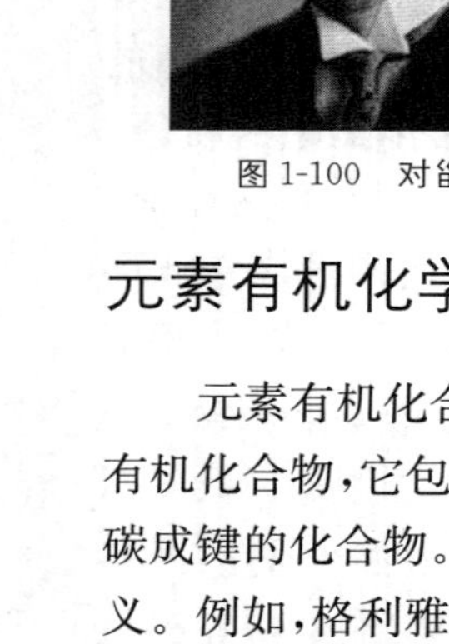

图 3-101　法国化学家萨巴蒂埃

1897 年法国化学家萨巴蒂埃（P. Sabatier，1854—1941，图 3-101）在实验中发现某些金属氧化物或从盐中制备出来的金属（铁、镍、钯、铜等）粉末，可以促进不饱和有机化合物与氢气的反应，形成相应的饱和有机物。在这一化学上称为催化加氢的过程中，金属实际上是起着桥梁和催化剂的作用。根据这一发现，萨巴蒂埃在 1899 年用金属镍为催化剂将乙炔氢化成乙烯，1900 年将苯和镍在 180℃下进行加氢反应生成环己烷。此后他还成功地将液态不饱和油脂氢化成固态饱和结构的油脂，生产出人造奶油。萨巴蒂埃的工作可视为金属有机化学的开端。法国化学家格利雅（V. Grignard，1871—1935，图 3-102）在 1901 年将金属镁引入有机物，制得了烷基卤代镁，这就是现在化

图 3-102　法国化学家格利雅

学家常用的格利雅试剂。它不仅可以帮助生产出自然界没有的、具有各种性能和结构的醇、醛、酮、酸等有机物,而且产率还很高。格利雅试剂开创了金属有机物广泛应用于有机合成的新时代。萨巴蒂埃和格利雅因在金属有机化学领域的开创性研究成果而分享了1912年诺贝尔化学奖。

继萨巴蒂埃和格利雅之后,许多化学家在元素有机化学领域做出了突出的贡献。其中德国化学家齐格勒、意大利化学家纳塔、德国化学家费歇尔(E. O. Fischer,1918—2007,图3-103)、英国化学家威尔金森(G. Wilkinson,1921—1996,图3-104)、美国化学家利普斯科姆(W. N. Lipscomb,1919—2011,图3-105)、美国化学家布朗(H. C. Brown,1912—2004,图3-106)、德国化学家维蒂希(G. Wittig,1897—1987,图3-107)、美国化学家陶布都因在这一领域的杰出贡献而获得了诺贝尔化学奖,由此可见元素有机化学在20世纪的发展,表明这一领域是大有作为的。

图3-103　德国化学家费歇尔

图3-104　英国化学家威尔金森

图3-105　美国化学家利普斯科姆

图3-106　美国化学家布朗

图3-107　德国化学家维蒂希

齐格勒和纳塔发明和制造了"齐格勒—纳塔"络合催化剂,实现了常温常压下烯烃的定向聚合,这种催化剂即是"三乙基铝—四氯化钛"。费歇尔制备和测定了一些金属有机物,例如二茂铁和二苯铬等,这些金属有机物为汽油、柴油防爆剂以及火箭助燃剂和抗辐射剂等的合成奠定了基础。威尔金森提出了二茂铁类化合物的夹心结构理论,为金属有机化学和络合物化学的发展起了重要推动作用。利普斯科姆发明了冷气吹入法,成功地测定了硼烷、碳硼烷分子的三维空间结构,揭示了这些金属有机物的化学键的本性,推动了元素有机化学和分子结构理论的发展。布朗主要研究了硼、硫化合物和它们化学反应的多重性,并利用这种性能开发出有机硼烷等重要试剂,在有机合成反应中发挥了独特的作用。维蒂希发现了重排反应并进一步研究了硼化物,使之成为有机合成的重要试剂;他还研制成功新的合成法,使脱氢四甲磷和酮类、醛类反应生成烯类,发现有机磷化合物能和羰基化合物发生反应生成烯,这一反应被广泛应用于药物和有机物的合成。陶布在研究金属配位化合物的电子转移反应机理中取得了出色的成果。

生命科学中的化学研究

生物化学是以研究生命的物质基础和阐明生命过程中的化学变化规律为主要内容的学科。实际上它属于生物学与化学相交叉的领域。从历史上来看,生物化学是随着有机化学的成熟和发展而逐步建立起来的。前面讲到的在有机化学的发展中,对糖类化合物的系统研究,对发酵现象本质的揭示,对蛋白质包括胰岛素等生命物质的化学本质的探讨,对核酸、萜类化合物及甾族化合物的研究都属于生物化学研究。生物化学当今依然是最活跃、最有前途、最富潜力的化学领域之一,内容很多,在此只讲其中的两点作为举例:一是新陈代谢途径和对酶及辅酶的研究,二是光合作用的研究。

生物体内物质的新陈代谢是维持生命的重要保证。由于受到酶体系所引起的化学反应本身的反馈调节,神经及各种激素的调节,以及基因的控制,整个生物体的新陈代谢才能有条不紊地进行。究竟这个代谢过程在细胞内进行的细节是怎样的?化学家从20世纪初开始研究,直到50年代才有了一些初步的认识。继布希纳发现"酶"后,1906年英国化学家哈登(A. Harden,1865—1940)在酵母提取液中发现了"辅酶"。瑞典化学家欧勒-切尔平(H. Euler-Chelpin,1873—1964)在延续哈登的研究时进一步发现,一些酶类只有在辅酶存在的条件下才有活性。酶和辅酶都是生命过程中不可缺少的物质。哈登和欧勒-切尔平因此分享了1929年诺贝尔化学奖。酶和辅酶在生物体内存量很少,又极其敏感而易变性,研究者很难取得纯粹形式的酶,故不能精确分析它。它究竟是什么?科学家仍存在争议。美国化学家萨姆纳在1926年曾制得酶的结晶，表明它是蛋白质，但是未被认可。1930年另一位美国学者诺思罗普（J. H. Northrop，1891—1987）也制得了酶的晶体，并以令人信服的实验证明了它确是一种蛋白质，从而揭示了酶的本质。这两位科学家分享了1946年诺贝尔化学奖。

德国化学家克雷布斯（H. A. Krebs，1900—1981）在1937年提出了"三羧基酸循环"来解释糖、脂肪、蛋白质在生物体内的主要氧化途径：糖酵解作用的中间产物是丙酮酸，它经过氧化并脱去羧基后生成乙酰辅酶A，乙酰辅酶A与草酰乙酸缩合生成柠檬酸；柠檬酸再经过一系列的氧化和脱羧作用，重新产生草酰乙酸，这样就形成一个循环，每循环一次，一分子的丙酮酸完全氧化为二氧化碳和水，同时释放出大量的热能。由于含有三个羧基的酸（柠檬酸）在这个循环中占据重要地位，故称其为三羧基酸循环，也叫柠檬酸循环。许多科学家通过实验证明了这一循环确实是细胞内代谢的中心环节，克雷布斯因此获得了1953年诺贝尔生理学及医学奖。与克雷布斯同时获奖的还有美国化学家李普曼（F. A. Lipmann，1899—1986），他在研究三羧基酸循环时发现，丙酮酸的氧化作用取决于无机磷酸根的存在。进一步研究又发现，在其中起作用的是有机化合物三磷酸腺苷（缩写为ATP），它是生物体内能量利用和储备的中心物质。ATP与二磷酸腺苷（缩写为ADP）和一磷酸腺苷（缩写为AMP）在酶的催化下可以相互转换。李普曼还发现了生物器官中乙酰化作用所必不可少的辅酶A。

ATP移去离腺苷最远的磷酸基，则产生ADP，同时释放大量能量，该能量则可帮助其他化学反应进行；另一方面，无机磷与ADP结合生成ATP，可将细胞内营养物质氧化所释放的能量，以化学能的形式储存在ATP的高能磷酸键中。这样通过ATP的生成和分解，细胞内的化学能就可驱动各种生命活动，因此ATP被称为生命中的能量通货。20世纪50年代，化学家证实，在细胞内线粒体的呼吸和植物叶绿体的光合作用都会生成大量的ATP。1961年英国化学家米切尔（P. D. Mitchell，1920—1992）指出，细胞呼吸导致线粒体膜内外两侧氢离子的浓度形成梯度，氢离子流会驱动ATP的形成。米切尔因提出这一化学渗透理论而获得了1978年诺贝尔化学奖。后来，美国化学家博耶（P. D. Boyer，1918—）和英国化学家沃克（J. E. Walker，1941—）相继阐明了构成ATP合成基础的酶的运转机理，丹麦化学家斯科（J. C. Skou，1918—）则发现了一种离子转移酶，他们因在与代谢相关的酶学研究中做出了突出贡献而分享了1997年诺贝尔化学奖。图3-108是上述在研究新陈代谢过程及相关酶学机理上做出突出贡献的十位科学家。

英国化学家哈登

瑞典化学家欧勒-切尔平

美国化学家萨姆纳

美国化学家诺思罗普

德国化学家克雷布斯

美国化学家李普曼

英国化学家米切尔

美国化学家博耶

英国化学家沃克

丹麦化学家斯科

图 3-108　在研究新陈代谢过程及相关酶学机理上做出突出贡献的十位科学家

生物吸收阳光，把光能转化为化学能，将二氧化碳和水合成碳水化合物的反应称为光合作用。绿色植物和光合微生物通过光合作用而生存，动物和人类又通过摄入碳水化合物而生存。因此，光合作用是地球上一切生命存活的前提，是地球上最重要、最普遍的化学反应。1905 年，英国植物学家布莱克曼（F. F. Blackman，1866—1947）通过实验，提出光合作用是由光反应（光所引起的化学反应）和暗反应（由若干酶所催化的化学反应）组成的。到了 30 年代，科学家已初步认识到光合作用每释放一个氧分子，需要至少 8—12 个光量子的光能，而参加反应的约有 2 500 个叶绿素分子。植物的光合作用是在叶绿体中进行的，叶绿素则是叶绿体进行光合作用的主要物质。1913 年，德国化学家威尔施泰特等阐明了叶绿素的基本结构。20 年代末德国化学家费歇尔（H. Fischer，1881—1945）确定了叶绿素的分子结构。1960 年伍德沃德人工合成了叶绿素。1958 年美国化学家阿诺（D. I. Arnon，1910—1994）用电子显微镜观察了叶绿体，发现光反应是在叶绿体的囊状体片层中进行的，它包括一个原初反应和电子传递及光合磷酸化的复杂过程；暗反应则是在基质中进行的，它主要可归结为碳循环。

图 3-109　美国化学家开尔文

从 1945 年起，美国化学家开尔文（M. Calvin，1911—1997，图 3-109）经过 10 年努力，应用放射性同位素示踪法和纸层析技术研究了光合作用的碳循环。他发现，二氧化碳进入叶绿体后，先与五碳化合物（二磷酸核酮糖）加成形成六碳化合物，后者很快分裂成两个三碳化合物，再通过一系列转酮、转醛、磷酸化的酶促反应，固定下一个碳，重新产生一个五碳化合物，再去结合二氧化碳。循环六次可以固定六个碳，即可构成一个磷酸葡萄糖分子。这一循环描述了把二氧化碳变成碳水化合物的过程，恰好与三羧基酸循环相反。开尔文由于阐明了光合作用所涉及的化学反应，荣获了 1961 年诺贝尔化学奖。光合磷酸化是光合作用中产生 ATP 的主要过程，1957 年科学家发现还存在非常复杂的、非循环的光合磷酸化过程，并提出在生物细胞内存在两个光反应系统。1979 年德国化学家米歇尔和胡贝尔、戴森霍弗合作，成功地解析了细菌光合作用反应中心的立体结构，阐明了其光合作用的机制，把人们对光合作用的认识提高到一个新水平。

八、高分子化学和高分子合成工业

有机高分子合成材料有今天这样的辉煌成就，仅仅是近几十年内发展起来的，这主要应归功于高分子科学特别是高分子化学的建立和发展。食物中的淀粉、蛋白质、纤维素，衣料中的毛皮、丝棉、麻纱，住宅中的竹木、油漆以及纸张等都属于天然高分子材料。从某种意义上说，人体本身也是一个复杂的高分子体系。人们虽然天天与这些物质打交道，但对它们的化学本质，在 19 世纪以前，却是所知甚少。随着科学技术的发展，到了 19 世纪，才对淀粉、纤维素、橡胶之类的有机物有了一点模糊的了解。直到 20 世纪 30 年代，经过一场激烈的学术争论，建立了高分子化学，这一领域的研究才蓬勃地开展起来，高分子合成工业建立之后获得迅猛的发展。

天然高分子材料的化学改性

高分子合成材料的研究是从天然高分子材料的化学改性开始的。19 世纪中叶，科学家在试验中发现，在采自拉丁美洲的天然橡胶中加入一点硫黄和铅粉共煮，可以得到弹性较好的，不再是遇热发黏、遇冷变脆的坚韧的橡胶制品。这种加工过程，在化学上称作天然橡胶的化学改性，在工艺上叫橡胶的硫化处理。天然橡胶硫化工艺的推广促使橡胶工业有了长足的发展，部分满足了当时军事工业和民用企业对轮胎等橡胶制品的迫切需求。出于对蚕虫吐丝奥秘的探索，科学家在 19 世纪下半叶，试用桑树枝为原料，制成纤维素的硝酸酯，再将它溶于乙醚—乙醇混合液，得到的黏液再通过毛细针管挤到空气中，当其溶剂蒸发后，就可以得到光亮、柔软的丝，这就是世界上第一根人造丝。这种丝经过脱硝处理后就很像蚕丝，在 1889 年的巴黎博览会上引起了轰动，一些国家据此开始建立生产人造丝的工厂。另外，19 世纪中叶，科学家还曾利用硝酸—硫酸混合液来加工棉花一类的纤维素，得到可用作无烟炸药的火药棉——三硝基纤维素。在火药棉的乙醚—乙醇溶液中加入樟脑，待溶剂蒸发后，便可得到柔韧、便于加工成型的赛璐珞，它就是最早使用的塑料制品。依照相同的思路，人们用木材生产了黏胶人造丝，用短棉绒生产了铜氨人造丝。在 20 世纪 50 年代，黏胶纤维的世界产量曾超过天然羊毛的产量。在赛璐珞之后，人们用醋酸纤维素生产了性能优于赛璐珞的赛立特，它可以制备照相底片和电影胶片。由于仍然是以天然纤维素为原料，故上述的人造丝和塑料都属于天然高分子材料的化学改性产品。

合成高分子化学的建立

随着对天然高分子材料的化学改性研究的深入，化学家一方面急切地要了解高分子的本性，另一方面试图用化学的方法直接合成高分子。这项研究很快以合成橡胶为目标而展开。在 19 世纪，化学家通过将天然橡胶干馏的研究，才知道构成它的基体是异戊二烯。异戊二烯在其他地方很难寻找到，化学家们只好试着对异戊二烯的同系物二甲基丁二烯和丁二烯进行聚合实验。终于发现，它们也能聚合成类似橡胶一样的物质，只是性能差很多。对于急需橡胶这类战略物资的德国，差点总比没有强，于是其率先采用乙炔路线，由丙酮合成二甲基丁二烯，再聚合合成甲基橡胶，实现了合成橡胶的工业生产。在 1916—1918 年间，德国用这种方法合成了 2 350 吨甲基橡胶。后因产品质量较差，生产效率低，成本高，大战一结束，就停止了生产，取而代之的是质量稍好一点的丁钠橡胶。合成橡胶的一个焦点是如何获得廉价易得的单体原料。在 1913 年前后，经研究可用于合成橡胶的单体有 20 多种，其中以丁二烯较为经济。当时能将丁二烯合成为橡胶的方法有多种，其中以金属钠为催化剂合成的丁钠橡胶较为优越，故丁钠橡胶的生产获得了较快的发展。在研究合成橡胶的同时，人们发现，在加热、加压的条件下，用苯酚和甲醛可以合成酚醛树脂，这是最早的合成塑料。它固定成型后具有类似于金属管材般的坚硬，又是电的绝缘体，是制造电器零件的好材料，故俗称其为"电木"。

上述合成橡胶和合成塑料的早期研究和生产，不仅开创了化工生产的新部门，同时也为高分子科学的建立提供了研究的资料和丰富的经验。在当时，从高分子材料的研究过程中可以明显地看出存在理论滞后于实践的问题，这使得人们在探索中走了许多弯路。这种状况的出现与高分子本身的复杂特性也有直接关系。高分子的分子量从几千到几十万甚至几百万，所含的原子数一般也在几万以上，而且这些原子是通过共价键连接起来的；由于分子量很大，分子间作用力的情况与小分子间的作用力大不相同，从而具有特有的高强度、高韧性、高弹性等特点。此外，它的溶液黏性大，难于通过半透膜，具有胶体性质；它没有固定的溶点和沸点，不易形成结晶。这些特性在当时化学家眼里实在难以理解，当化学家在实验室中得到这些高分子聚合物时，大都当作无用的废渣而抛弃掉，很少有人对它做进一步的研究。正因为缺乏深入的研究，一些化学家仅从高分子溶液具有胶体性质着眼，用胶体化学的理论来解释高分子物质，认为纤维素是葡萄糖的缔合体，所谓的缔合体即是小分子的物理集合。也有人因为当时无法测出高分子的末端基团，所以认为它可能是环状化合物，许多化学家都赞同这一看法。在当时只有德国化学家斯陶丁格（图 3-110）等少数几个人不同意上述看法，他们提出高分子化合物是高分子量的长链大分子，这一观点相对于当时流行的小分子化学显然是件新鲜事。在1925 年一次化学学术会议上，有人就劝告斯陶丁格说："亲爱的朋友，离开高分子这个概念吧！根本不可能有高分子那样的东西。"然而，越来越多的实验事实表明，高分子的概念是站得住脚的。化学家利用超离心机终于测出了蛋白质、胰岛素等化合物的分子量，它们的分子量都在几万到几百万，从而有力地支持了大分子的理论。斯陶丁格经过努力也发现了通过高分子的稀溶液的黏度来测定高分子化合物分子量的方法，解决了难题，从而使高分子的概念和理论得到了化学界的承认。1932 年斯陶丁格出版了第一部高分子化学的专著，标志着高分子化学的建立。从此，高分子化学和高分子合成工业开始了蓬勃的发展。斯陶丁格也因这一贡献荣获了 1953 年诺贝尔化学奖。

图 3-110　德国化学家斯陶丁格

高分子科学体系的形成和发展

高分子化学的建立，使化学家们可以用崭新的目光重新审视高分子化合物及过去从化学改性到人工合成所走过的历程和获得的经验。化学家们通过许多新的测试技术和分析手段，例如超离心机、渗透压法、光散射法等，来研究高分子化合物的结构和本性，了解它们的化合反应及合成规律，逐步建立了高分子化学的理论体系。通过研究，人们认识到高分子的确与通常的分子不一样，是由许多结构相同的单体聚合而成的，分子量很大，形状也很特别。如果说普通分子像个小球，那么高分子就像由一串小球连接起来的绳索，而且长短不一的线束之间又有短键相接而呈网状。这样形状的大分子之间由于有引力而会变得各自卷曲，而且相互缠绕，形成了既有一定强度，又有不同程度弹性的固体。由于分子大而长，一头受热，另一头却不热，故没有固定的熔点和沸点；在熔化前有个软化过程，从而使它具有良好的可塑性。

运用测定分子和晶体结构的 X 射线衍射法，人们认识到，天然的高分子聚合物分成两大类：晶形聚合物和无定形聚合物。天然纤维素、淀粉等属于晶形聚合物，淀粉的结晶状况不如纤维素好，故缺乏纤维素所具有的强度。天然橡胶等属于无定形聚合物。假若把构成天然橡胶的单体异戊二烯用 u 来表示，那么在橡胶中，单体 u 就以图式…uuuuuu…连成卷曲的长链。东南亚一种树木分泌的液汁"古塔波胶"，也是由单体异戊二烯构成的，其以图式…uuuuuu…连成直的长链。橡胶的长链在受拉时会伸长，故富于弹性；古塔波胶的长链原本就比较直，因此弹性就小些。橡胶的长链彼此间并不是平行排列，因而没有交联现象存在。如果受热，各个长链既能独立振动，又能在其他长链之间自由滑动，因此随着温度增高，橡胶会变得又软又黏，以至最后熔化。当温度低于黏流温度时，橡胶往往是柔软、富于弹性的；当温度更低时，它又会变得很硬，甚至像玻璃那样脆。可见天然橡胶仅在相当狭窄的温度范围内，才是干燥而有弹性的。所谓的橡胶硫化处理，即在生橡胶中加入 5%—8%的硫黄，共煮搅拌至硫分子均匀地分布到橡胶的长链大分子之间（图 3-111）。这些硫分子会在长链之间形成柔顺的硫键，这些硫键的存在降低了各长链的独立性，从而使长链之间在中等温度下难以自由滑动，橡胶就不再变黏了。也由于在不太低的温度下，硫键保持了长链之间的自由活动，因此橡胶也不会变硬。当然，添加硫黄是有一定限度的，倘若加进的硫黄达到 30%—50%，就会使橡胶中的长链大分子彼此紧紧地键合在一起，橡胶就变硬了。

图 3-111　在这台机器里，既使橡胶硫化，又使轮胎成型

高分子化学的理论使高分子物质的本性从组成到结构都得以阐明，加上当时链式反应理论、有机自由基化学都取得较大进展，三者的结合为高分子科学的发展奠定了基础。从 20 世纪 30 年代起，德、英、美等国纷纷建立了合成高分子材料的专门研究机构，以几天就合成一个新的高分子的惊人速度探索了大量合成高分子，并从中筛选了一批具有工业价值的优良品种投入生产。通过研究认识到，合成高分子大体上可分为两类：缩合高分子，加成高分子。前者是通过单体缩合反应而制备，例如以己二胺和己二酸为单体聚合成耐伦-66（即尼龙-66）纤维，其反应时还会生成小分子水；后者是通过单体的加成反应而制得，例如聚乙烯塑料。两类合成的机理是不一样的，前者是由于单体官能团间的相互作用，通常只需要加热就能启动聚合反应，缩聚的方法有熔融缩聚、溶剂缩聚、界面缩聚、固相缩聚

等；后者是自由基引发单体的加成和相互连接而形成的聚合，占全部塑料80%的乙烯类塑料就是这样聚合的，聚合的方法有本体聚合、溶剂聚合、悬浮聚合及乳液聚合。正是通过对合成高分子反应机理的研究，逐步形成了包括高分子化学、高分子物理、高分子工艺在内的高分子科学体系。

在发展高分子科学过程中，继斯陶丁格之后有两位化学家的贡献较为突出。一位是比斯陶丁格晚9年步入高分子领域的美国化学家卡罗瑟斯（W. H. Carothers，1896—1937），另一位是1934年加入卡罗瑟斯领导的杜邦公司实验室的弗洛里（P. J. Flory，1910—1985，图3-112）。前者在研究二元醇与二元酸的聚合反应的过程中，于1935年试制尼龙-66成功，并于1939年实现了工业化生产。他之所以能合成分子量高达20 000左右的尼龙-66，主要是因为他的做法远远超过了有机合成的一般规程。例如他进行缩聚反应时，反应物配比要求很严格，相差不得超过1%，反应程度又必须超过99.5%。由于他突破了有机合成的常规，所以才有可能发现缩聚的规律。弗洛里在卡罗瑟斯领导下开始研究聚合物的高分子化学，1935年推导出描述聚合物分子量分布的几何级数；1936年阐述了尼龙缩聚反应的统计学结果和几率理论；1938年提出了网状高分子凝胶化条件和临界反应程度的概念，系统地发展了多官能团单体缩合反应的“凝胶化理论”，等等。总之，他在研究中阐明了与高分子相关的化学动力学、热力学及统计力学方面的基本原理，成为高分子科学理论的开拓者和奠基人之一，他也因此荣获了1974年诺贝尔化学奖。

图3-112　美国化学家弗洛里

高分子化学工业的蓬勃发展

20世30年代至60年代是高分子科学全面奠基的时期，与此同时，也是合成高分子材料工业生产迅猛发展的阶段。有了明确的科学概念和理论的指导，技术和工艺的进步很自然地大步向前。下面就以合成橡胶和塑料为例作一个简介。当认识到天然橡胶与硫化橡胶、合成橡胶在结构上的差别以及由此引起的性质差异后，科学家知道合成天然橡胶的关键不仅在于寻找单体异戊二烯，还要掌握合成的技巧。在实验中看到，一般情况下，单体异戊二烯的聚合，得到的聚合物的性质完全不像天然橡胶，这是因为在聚合物中，单体的排列是极不规则的，即不是有序排列的。这一难题的解决经过了两位科学家的不懈努力。长期从事金属有机

图 3-113　德国化学家齐格勒

物基础研究的德国化学家齐格勒(图3-113)在 1950 年就发现将烷基锂用作催化剂能使乙烯起加成作用。进一步的研究又发现这种加成反应不限于乙烯,也适用于其他α-烯烃;能起催化作用的也不限于有机锂和其他碱金属有机物,第三主族的一些元素所构成的金属有机物也有类似功能。通过试验,齐格勒选择了三烷基铝。乙烯在烷基铝的作用下能变成分子链是线型的低聚物,但由于有金属镍的存在,这一反应进行到二聚物即停止。为此齐格勒又去寻找能抑制这种阻聚作用而有利于键链继续增长的物质,最终,他找到了具有这种功能的四氯化钛。在反应中,四氯化钛与烷基铝作用,被还原成三氯化钛,然后被烷基化而得到氯化烷基钛,烯烃的络合就在钛原子的空轨道上进行,并逐步被聚合成长链大分子。1953 年齐格勒发明了四氯化钛—三乙基铝组成的催化体系,在这种催化体系内,乙烯在常温常压下可聚合成高分子量的线型聚合物。这种聚合物较之 1938 年获得专利的高压聚乙烯不仅在硬度、强度、抗环境应变能力等性能上具有明显的优势,而且由于其聚合反应属配位聚合,也比高压法的自由基聚合产率高、效益好。

丙烯也属烯烃,与乙烯一样也能聚合。但是丙烯的结构与乙烯不一样,聚合起来有三种立体结构:等规聚合结构,间规聚合结构,无规聚合结构。只有第一种结构才能形成结晶的高分子。与齐格勒合作的意大利化学家纳塔(图 3-114)在 1954 年成功合成了结晶性的聚丙烯,还阐明了烯烃等规聚合物、间规聚合物等的成型机理。他发明了控制立体定向的聚合方法,并由异戊二烯来制备合成橡胶。齐格勒发现的四氯化钛—三乙基铝催化体系和纳塔实现的定向聚合,不仅使高分子合成的研究、高分子合成材料的生产上了一个新台阶,而且也为配位催化作用开辟了广阔的研究领域,他们也因此分享了 1963 年诺贝尔化学奖。

图 3-114　意大利化学家纳塔

人们可以用异戊二烯单体合成与天然橡胶结构一样的异戊二烯橡胶,但是异戊二烯单体却不多,合成也不易。人们继合成丁钠橡胶后,又陆续合成了丁苯橡胶、氯丁橡胶、丁腈橡胶等,这些合成橡胶的新品种在质量上比天然橡胶毫不逊色。例如氯丁橡胶还具有天然橡胶所没有的耐腐蚀、耐老化、不易燃、不溶于汽油等有机溶剂的一系列优点,在军用上很有价值。此外,在 20 世纪 60 年代后,一些新型的合成橡胶，如顺丁橡胶、乙丙橡胶相继研制出来，并投入工业生产。在60年代初期，世界上合成橡胶的总产量已超过天然橡胶。表3-6的数据，足以说明合成橡胶的发展态势。在80年代，在合成橡胶中，产量最大的是丁苯橡胶，其次是顺丁橡胶；此外，耐老化的乙丙橡胶、耐油的丁腈橡胶、耐燃的氯丁橡胶、气密性好的丁基橡胶都得到相应的发展。

表3-6 橡胶的世界产量

单位（万吨） 年份	天然橡胶	合成橡胶
1935	99.5	
1950	189.0	64.0
1960	202.0	244.0
1965	234.0	310.0
1970	292.8	486.8
1976	347.9	795.0

注：天然橡胶资料来自联合国粮农组织《生产年鉴》(不包括中国)，合成橡胶资料摘自联合国《统计年鉴》。

20世纪30年代前，人工合成的商品塑料主要是酚醛树脂。从30年代起，合成塑料工艺以烯烃聚合的热塑性塑料工艺为主，塑料品种则像雨后春笋般被开发出来，产量迅速增加，成为三大合成材料中产量最大、品种最多、用途最广的合成材料。表3-7反映了其发展的轮廓。1935年以后聚氯乙烯产量居前，1965年后聚乙烯产量超过聚氯乙烯而成为产量最大的塑料品种，接着聚丙烯超过聚苯乙烯跃居第三位。以上四种热塑性塑料的产量占据塑料总产量的70%左右。酚醛、环氧、不饱和聚酯等热固性树脂虽然增长速度缓慢，但因其耐热性好、电性能和机械性能优异，仍有一定的应用市场，产量占塑料总产量的15%左右。

20世纪初化学纤维的主要品种是黏胶纤维，它以木浆、棉绒为原料经化学改性而制得，耐用、廉价。在商品市场第一个占据地位的合成纤维品种是尼龙-66(聚酰胺纤维之一)。1940年投放市场的第一款产品是尼龙丝袜，因其弹性好，又耐磨，而深受欢迎，震动了纺织品市场。第二次世界大战中，用尼龙制成的降落伞受到了好评，战后，尼龙的生产得到快速发展。然而这个产品来之不易，是美国杜邦公司耗资近2 000万美元，历时十年，于1935年研制成功的。过去认为丝是蛋白质，合成它似乎应从聚合氨基酸或其他类似物开始，但是，合成尼龙的原料却是煤、水和空气，因此合成尼龙开辟了合成纤维的新道路。

表 3-7　塑料的发展历程

工业生产时间(年)	聚合物名称	工业生产时间(年)	聚合物名称
1868	硝酸纤维素	1947	环氧树脂
1909	酚醛塑料	1948	聚丙烯腈、ABS 树脂
1919	酪素塑料	1953	聚对苯二甲酸乙二醇酯
1926	苯胺甲醛树脂	1954	高密度聚乙烯
1927	乙酸纤维素、醇酸树脂	1957	聚丙烯
1931	聚丙烯酸甲酯	1958	聚环氧乙烷、聚碳酸酯
1933	聚苯乙烯	1959	聚甲醛
1935	聚氯乙烯	1960	聚邻苯二甲酸二烯丙酯
1936	聚甲基丙烯酸甲酯、聚乙烯醇缩醛	1962	聚酚氧树脂
1939	高压聚乙烯、聚偏氯乙烯	1963	聚酰亚胺
1942	不饱和聚酯	1965	聚苯醚树脂、聚砜树脂

1939 年德国研制出与尼龙同属聚酰胺纤维的锦纶，其性能接近于天然纤维。一双锦纶袜子比五双棉袜还耐穿，以它代替棉绒作轮胎的帘子布，性能有了明显的提高。尼龙和锦纶的产量在 70 年代以前一直居于合成纤维之首。1972 年产量超过尼龙、锦纶的合成纤维品种是聚酯纤维，其代表产品就是涤纶制品。其实，涤纶早在 1940 年就已研制成功，只是由于战争的原因，拖到 1946 年才实现工业化生产。初期原料采用煤焦油的副产品，产量有限；60 年代后改用石油为原料的合成路线，产量成倍增长。涤纶制品热稳定性高、强度大、抗褶皱性强，穿在身上得体挺拔，是一种深受欢迎的合成纤维，70 年代后已成为发展快、产量大的合成纤维。此外，被人们称为“人造毛”的聚丙烯腈纤维在 1950 年问世，也是发展较快的合成纤维品种。合成纤维的迅速发展，不仅丰富了服装的材料，而且在工业、农业、国防等方面也有广泛用途。因为合成纤维与天然纤维各有所长，所以目前合成纤维并不能完全取代棉花、羊毛、蚕丝等天然纤维，表 3-8 说明了这一状况。

表 3-8　世界纺织纤维的生产构成

年份	纺织纤维总产量(万吨)	天然纤维所占比例(%)			化学纤维所占比例(%)		
		棉花	羊毛	合计	人造纤维	合成纤维	合计
1940	918.17	75.29	12.36	87.65	12.29	0.06	12.35
1945	628.88	73.72	16.46	90.18	9.57	0.26	9.83
1950	935.94	70.72	11.30	82.02	17.24	0.74	17.98
1955	1331.44	71.35	9.51	80.86	17.16	1.98	19.14
1960	1505.42	68.25	9.72	77.97	17.31	4.72	22.03
1965	1850.46	62.77	8.07	70.84	18.06	11.10	29.16
1969	2085.86	54.05	7.74	61.79	17.08	21.13	38.21
1971	2268.32	51.95	6.58	58.80	15.19	26.01	41.20

摘自《世界经济统计简编》。

高分子合成工业除了生产塑料、合成橡胶、合成纤维外，还生产涂料和胶黏剂。人类最熟悉的天然高分子涂料就是油漆。现代的房屋和家具的装饰主要使用合成的高分子涂料，日常使用的胶黏剂也不再以淀粉一类天然高分子物质加工而成。现代的高分子涂料和胶黏剂多达千种以上，可分为 17 大类，表 3-9 仅列出其中三类的部分产品介绍，可以清楚地看到表内所列胶黏剂都是由高分子材料加工而成的。

表 3-9　三类胶黏剂的部分产品介绍

类别	主要品种	主要成分	主要性能	主要用途
热固性树脂胶黏剂	脲醛胶	脲醛树脂	黏接力较强，耐霉菌；耐水性差	胶合板、木屑板、木材加工以及建筑材料的黏接
	酚醛—缩醛胶	酚醛树脂、聚乙烯醇缩醛	黏接力强，耐大气老化；耐热性差	金属—金属、金属—非金属(木材、塑料等)的黏接
	酚醛—丁腈胶	酚醛树脂、丁腈橡胶、固化剂	黏接力好，韧性好，耐疲劳，耐大气老化	金属—金属、金属—非金属(塑料、陶瓷等)的黏接
	环氧胶	环氧树脂、固化剂	黏接力强，使用工艺简便；性脆	金属—金属、金属—非金属、非金属—非金属的黏接
	环氧—聚硫胶	环氧树脂、聚硫橡胶	黏接力强，密封性好；耐热性差	金属或塑料结构的密封
	环氧—丁腈胶	环氧树脂、丁腈橡胶、固化剂	黏接力强，密封性好；耐热性差	金属结构、金属—非金属的黏接
	聚氨酯胶	聚酯树脂、异氰酸酯	黏接力强，综合性能好，可以中温固化	金属—金属、金属—非金属的黏接
	杂环高分子胶	聚酰亚胺等、固化剂	耐高温，黏接力强；固化工艺复杂	高温(300℃)下使用的金属构件的黏接

（续表）

类别	主要品种	主要成分	主要性能	主要用途
热塑性树脂胶黏剂	氰基丙烯酸酯胶	α-氰基丙烯酸酯	黏接力强，固化快；胶膜脆	金属零件、医用塑料件的黏接
	聚乙酸乙烯酯乳液胶	聚乙酸乙烯酯、水	黏接力较强，水为分散介质，无污染；耐水性差，蠕变大	木材加工、包装、建筑用胶黏剂
	乙醋胶(EVA)	乙烯—乙酸乙烯酯共聚物	黏接力较强，韧性好，使用工艺简便	木材加工、包装、装订用胶黏剂
	聚乙烯醇缩醛胶	聚乙烯醇缩甲醛、增塑剂	黏接力强，透明；耐热性差	安全玻璃、织物加工用胶黏剂
	聚丙烯酸酯胶	聚甲基丙烯酸双酯、固化剂	黏接力强，使用工艺简便	电子仪器、轻工产品、日用品的黏接；可做压敏胶
橡胶型胶黏剂	氯丁橡胶	氯丁橡胶、叔丁基酚、酚醛树脂、氧化镁等	黏接力强，耐大气老化；贮存期不长	金属与许多非金属材料的黏接
	硅橡胶	室温硫化硅橡胶、固化剂	耐热(180℃)，耐老化，电性能好；黏接力弱	电子、航空、建筑用胶黏剂；可做密封胶

高分子合成工业发展的新亮点

在高分子科学理论的指导下，又加上诸如高分辨率的核磁共振分析、电子显微镜等技术手段的帮助，化学家对高分子特别是结晶型高分子的结构(包括构象、构型、形态)与性能有了更深入的了解。齐格勒、纳塔发明的催化体系，将合成技巧提高到了一个新水平。20 世 60 年代后，由于航天和其他诸多部门对新材料的需要，开发耐高温高分子材料成为重要方向。工程塑料在一些部门的使用，不耐高温成为它的最大缺陷，一般塑料通常在 300 ℃时就易软化变形。经过一番努力，人们先后开发出三类耐高温的新型高分子：芳香族聚酰胺高分子，芳香族杂环高分子，梯形结构高分子。这些材料具有耐高温、耐辐射、耐磨、高温力学性能好，应用范围广的诸多优点。在研制上述耐高温的特种高分子材料的同时，还开发出五种新型工程塑料：聚甲醛，聚碳酸酯，聚苯醚，聚对苯二甲酸二丁酯，少量玻璃纤维增强的尼龙。它们具有可预期的工程性能，可以像金属那样加工，因而可替代金属、玻璃、木材。当然，其中的少量玻璃纤维增强的尼龙实际上是复合材料。用玻璃纤维、碳纤维与高分子共制的复合材料更有发展前景。

在 20 世纪 70 年代研制的具有较好综合性能或独特性能的高分子材料中，人们特别关注的是功能高分子材料的研制和生产。功能高分子一般在主链或侧链上具有显示某种功能的基团，其功能性的显示往往是很复杂的，不仅取决于高分子链的化学结构、结构单元的顺序、分子量及其分布、支化结构和立体结构，还取决于高分子链的构象、高分子链在聚集时的高级结构等，后者对于生物活性功能的显示更为重要。功能高分子材料开发从 70 年代起步，目前已在光敏高分子、电学功能高分子、高分子催化剂、选择分离功能高分子、医药功能高分子等方面取得了不少成果。随着功能高分子领域的扩大，又出现了荧光高分子、高分子增稠剂、高分子减阻剂、高分子抗氧剂、高分子驱油剂、高分子染料、高分子食用色素等。功能高分子的发展历史虽短，然而其发展速度之快、涉及领域之广是十分惊人的。仅从化工生产这一领域的变化就可以看出科学技术在当今社会、经济发展中的巨大作用。

参考文献

[1] 周嘉华，张黎，苏永能. 世界化学史. 长春：吉林教育出版社，2009.

[2] 周嘉华，倪莉. 造化之功——再显辉煌的化学. 广州：广东人民出版社，2000.

[3] 赵匡华. 化学通史. 北京：高等教育出版社，1990.

[4]《化学思想史》编写组. 化学思想史. 长沙：湖南教育出版社，1985.

[5] 周嘉华，王德胜，乔世德. 化学家传. 长沙：湖南教育出版社，1987.

[6] 北京化工学院化工史编写组. 化学工业发展简史. 北京：科学技术文献出版社，1985.

[7] 周嘉华，赵匡华. 中国化学史. 南宁：广西教育出版社，2003.

[8]（英）J. R. 柏廷顿著. 化学简史. 胡作玄译. 北京：商务印书馆，1979.

[9]（英）H. M. 莱斯特著. 化学的历史背景. 吴忠译. 北京：商务印书馆，1982.

[10]（日）原光雄著. 近代化学的奠基者. 黄静译. 北京：科学出版社，1986.

[11] 吴守玉，高兴华. 化学史图册. 北京：高等教育出版社，1993.

后　记

早在10年前，我和四川绵阳师范学院的李华隆先生合作，参照《化学史图册》一书编写了一本插图本的化学史，图片较多，文字较少，内容尚感不够详尽。后来忙于课题研究，加上其他一些原因，这本书的出版就搁浅了。一放就是10年。这次山东科学技术出版社要出一套科普性的科学史著作，又要求内容精炼一些，恰好这本书符合要求。为此，我对原稿进行了修改，特别增加了关于20世纪化学发展的内容。

为了便于化学的学习，现在一般把化学分为7大分支学科（无机化学、有机化学、物理化学、生物化学、高分子化学、应用化学和化学工程学）及80多项（诸如植物化学、食物化学、地球化学、海洋化学、大气化学、环境化学、宇宙化学……）。化学体系的构架和内容已较100多年前丰富、复杂多了。要真正认识化学的全貌，特别是化学在20世纪的发展，最好从了解化学发展的历史入手。这可能是个捷径，问题难在怎样把这段历史讲清楚。由于有篇幅的限制，本书只能是一部简史，加上前面冠以“大众”之名，即有通俗的要求，能够让更多的读者看懂，所以本书只能遵从“厚今薄古”的原则在20多万字的框架内尽量把化学的历史整理清楚，讲解明白。做好这点实属不易，例如对20世纪的化学理论量子化学、化学键理论等要用简单、通俗的话讲明白。由于内容实在浩繁，有些内容只好忍痛割舍，例如稀土元素、纳米化学、碳正离子与C_{60}、飞秒激光技术等。总之，缺陷不足、差错谬说必定不少。

完成一本书的编写，不仅需要作者的知识积累和努力，还需要众多有事业责任感的热心人的扶持。这本书能顺利出版，我们要感谢中国科学院自然科学史研究所研究员、博士生导师郭书春的支持，也要感谢山东科学技术出版社领导和编辑的帮助。

周嘉华